유머 수업

## 유머 수업

2020년 10월 10일 초판 인쇄
2020년 10월 15일 초판 발행

지은이 | 이동규
펴낸이 | 이찬규
펴낸곳 | 북코리아
등록번호 | 제03-01240호
주소 | 13209 경기도 성남시 중원구 사기막골로 45번길 14
우림2차 A동 1007호
전화 | 02-704-7840
팩스 | 02-704-7848
이메일 | sunhaksa@korea.com
홈페이지 | www.북코리아.kr
ISBN | 978-89-6324-723-6 (03320)

값 15,000원

# 유머 수업

이동규 지음

북코리아

# 책머리에

유머는 웃음의 방아쇠를 당기는 언어미학이고 인생 순례길의 동반자이다. 웃음꽃을 피우는 유머 한마디면 삶이 즐거워지며 행복해진다.

대전시민대학에 설강한 "나도 유머달인이 될 수 있다"라는 수업을 진행하면서 그 핵심을 정리하여 여러 면에서 아쉽기는 하지만《일주일 만에 유머 달인 되기》,《행복은 유머를 먹고 자란다》에 이어 세 번째 유머 책《유머 수업》을 출간한다. 수업에 참여하여 함께 웃고 성원해준 시민대학의 여러 수강생들에게 감사를 표한다.

이 책은 제1장 "유머로 살맛나는 세상을!", 제2장 "유머는 긍정, 웃음 뻔뻔, 맞장구와 한 팀이다", 제3장 "유머의 맛: 말장난과 아재개그", 그리고 제4장 "유머의 멋: 스토리유머비법과 유머"로 구성되어 있다.

제1장 "유머로 살맛나는 세상을!"에서는 유머가 무엇인지, 유머 작

동 원리인 예측파괴기법이란 무엇인지를 알아본다. 제2장 "유머는 긍정, 웃음 뻔뻔, 맞장구와 한 팀이다"에서는 유머를 할 때 항상 함께 하는 팀원인 긍정마인드, 웃음미즘, 뻔뻔 마인드, 그리고 맞장구치기를 소개한다. 제3장 "유머의 맛: 말장난과 아재개그"에서는 말장난을 다룬다. 말장난은 유머달인이 되려면 반드시 몸에 익혀야 하는 것으로 방법 및 그 대표적인 말장난 유머인 아재개그를 소개한다. 제4장 "유머의 멋: 스토리유머비법과 유머"에서는 스토리유머 비법으로 수첩유머비법, 준비유머비법, 실행유머비법을 그리고 유머 실전능력을 높이기 위해 "이럴 때는 이런 유머를 써먹자"를 통해 상황별로 활용 가능한 유머를 기술한다.

이 책은 "유머수업"을 설강해 준 대전평생교육원(금홍섭원장) 덕분에, 〈오유행〉(오늘도 유머로 행복하기)을 연재하여 준 금강일보 덕분에, 항상 곁에서 응원해준 장병식 회장 덕분에 출간하게 되니 생각할수록 고마운 일이다.

그런데 아무리 생각해도 내가 유머 책을 세 권이나 내다니 정말 웃기는 일이다.

*"아, 내가 있다는 것은 내 안에서 항상 나를 성원해준 아내가 있어서라는 것을 이제야 아네."*

2020. 10.
대전 서구 둔산동 서재에서
지은이 이동규

# CONTENTS

# CONTENTS

는 온상 내지는 통제질서를 돌려서 깨트리는 불온사항으로 취급한 것이다. 예를 들어 히틀러는 자신과 나치정권을 우습게 만들지 못하도록 통제하고 개나 말에게도 아돌프라는 명칭을 붙이지 못하게 했다. 또 우리나라의 군사독재 시절 어떤 대통령은 자신과 닮은 배우의 출연을 아예 막아버리기도 했다. 그러다 보니 직접적인 유머보다는 참새 시리즈, 사오정 시리즈, 최불암 시리즈 등 사회를 간접적으로 풍자하는 유머 시리즈가 등장하기도 했다. 우리나라 판소리에서도 억압받고 있는 민중들을 대변하여 양반 권력집단에 대해 풍자한다. 이처럼 유머는 사회적 약자를 대변하며 배려하고 평등한 세상을 이루려고 노력하는 마음이 밑바탕에 깔려 있다.

이처럼 유머는 갈등을 해소하는 해피 바이러스이며 소통의 촉진제이다. 유머는 기본적으로 공존(共存), 공생(共生), 윈윈(win-win), 그리고 평화를 지향한다. 그래서 유머 한마디는 우리가 행복하게 세상을 살아가도록 하는 필수품이며 최고의 웰비잉 서비스(well being, well aging, well dying)이다. 따라서 유머를 배운 자와 배우지 않은 자, 유머를 하는 자와 유머와 담을 쌓는 자 사이의 행복의 격차는 커진다. 유머란 유엔미(you and me)가 즐거우면 머니(money)가 보너스(bonus)로 들어온다는 말이라고도 한다. 오프라 윈프리는 "나에게 유머가 없었다면 오늘의 나도 없었을 것이다. 기억하라. 한 번 웃을 때마다 성공의 확률이 조금씩 늘어간다는 것을!"

따라서 유머라고 이야기를 했는데 누군가 웃지 못할 때, 누군가 웃고 나서 불편한 감정을 가질 때에는 실패한 유머가 된다. 왜냐하면 유머는 나의 공감, 상대의 공감, 세상의 공감을 밑바탕으로 하기 때문이다. 유머가 나의 장점을 보고 자화자찬할 수 있으며, 상대의 장점을 찾아서 칭찬할 수 있으며, 세상의 장점을 보면서 살 만한 이유를 찾아볼 수 있게 만드는 마력을 가질 때 진정한 유머가 된다.

유머에는 재치(위트), 익살, 농담, 골계, 해학, 웃음 단막극이라고 할 수 있는 개그, 코미디, 그리고 사실상 사회적 모순을 풍자하는 판소리나 각설이 타령 등이 모두 포함된다.

## 유머의 종결자는 무엇인가?

유머의 종결자는 당연히 웃음이다. 웃음은 인간과 비인간을 구별하는 잣대이다. 웃음은 인간만이 가진 최고의 긍정적 감정표현이다. 웃음이란 뭔가 마음에 맺힌 억압된 감정이 한순간에 풀어져 배출되며 어떤 쾌감을 느낄 때 터진다. 유머가 웃음을 터트리는 것은 허를 찌르는 극적 반전을 통해 당연한 예측이나 기대를 파괴하면서 뒤통수를 때리기 때문이다.

그런 만큼 유머는 엉뚱한 곳으로 빗나갈 위험도 많다. 웃자고 한 말인데 죽자고 덤비는 사태가 발생하기도 하고, 반대로 진지한 말을 농담처럼 받아넘겨 본질을 흐려버리기도 한다. 그러므로 유머 달인이 되려면 웃겨 보려고 한마디 했는데 전혀 웃기지 못했을 때의 썰렁함이나 무안함도 감당하는 자존감이 있어야 한다. 또 상대방이 "유머 할 테면 해봐, 나는 절대 웃지 않을 거야" 하면서 버티는 상황도 예상하면서 끝까지 웃음으로 향하는 길로 나아가야 한다.

어떻든 유머의 최종 목적지는 웃음이기 때문에 웃기, 웃기기, 웃어주기가 유머의 본질이 된다. 웃음 바이러스를 퍼트리는 것이다. 그러므로 유머 달인이 되려면 우선적으로 나부터 잘 웃어야 한다. 상대방을 비방, 비난, 조롱하거나, 상대의 학연, 지연, 혈연, 나이, 약점 등으로 흉을 보거나, 지나치게 자신을 자랑하는 것 등은 좋은 유머가 될 수 없다.

오늘날의 드라마, 애니메이션, 영화 등은 곳곳에 유머를 심어 웃음을 선물하고 있다. 1,000만 관객을 달성한 〈극한직업〉, 〈백두산〉, 〈기생충〉 등의 영화나 우리나라 최고의 애니매이션이라고 평가받는 〈마당에 나온 암탉〉 등이 대표적인 예이다. 또한 상품의 브랜드, 상품명, 회사명, 영화나 예능 프로그램의 제목 등도 유머기법을 적극 적용하고 있다. 예를 들어 〈만남의 광장〉이라는 예능 프로그램의 명칭은 '만남'과 '맛 남'이 같은 발음이라는 점에 착안하여 지은 이름이다. 피자 광고에서 보면 "감자봤어" 하면서 노래를 부른다. 이 말은 "감을 잡았느냐"라는 뜻도 되지만 피자에 들어 있는 "감자를 봤어"라는 뜻으로도 해석할 수 있는 전형적인 동음이의어이다.

영화 기생충은 미국의 대문호 마크 트웨인을 기념하여 제정한 "마크 트웨인 유머상"까지 수상하였다. "유쾌하게 살자, 그래야 삶이 적막하지 않다", "정치가들은 기저귀와 같다. 자주 갈아줘야 하기 때문이다", "유머는 기쁨에서 나오는 것이 아니라 슬픔에서 나온다. 그래서 천국에는 유머가 없다", "침대는 가장 위험한 장소이다. 왜냐하면 80% 이상의 사람들이 그곳에서 죽기 때문이다", "금연만큼 쉬운 일은 없다. 나는 매일 끊었다.

그래서 수백 번도 더 끊었다"고 마크 트웨인은 말한다.

## 유머의 작동원리는 무엇인가?

유머의 작동원리는 예측파괴이다. 임마누엘 칸트는 웃음이란 의외성에서 비롯된다고 말한다. 대화 도중에 상대방이 자연스레 갖게 되는 선입견이나 고정관념, 예상을 어느 순간 갑자기 긍정적으로 확 뒤집으면 웃음이 터지는 것이다. 예측을 파괴하는 뒤집기의 강도가 강하면 강할수록, 예상을 깨트리는 정도가 크면 클수록 여기에 비례하여 웃음의 강도도 높아진다.

이처럼 유머의 작동방법은 먼저 상대에게 자연스럽게 선입견, 고정관념으로 예측을 하도록 유도하는 데에 있다. 즉, 상대방으로 하여금 이성적으로 잘 따라오도록 이끌어가다가 결정적인 순간에 상대방의 예측을 뒤집으면서 역주행하는 것이다. 따라서 내가 가진 고정관념은 유머의 적이지만 남의 고정관념은 유머의 좋은 희생양이 된다. 유머에서 핵심은 예측을 못하도록 하는 것이 아니라 예측을 제대로 하도록 하되 이것을 효과적으로 무너뜨리는 데 있다. 이런 목적을 달성하려면 상상력과 연상능력, 언어감각, 표현능력, 공감능력, 소통능력, 순발력 등을 고루 갖출 필요가 있다.

일단 예측파괴의 방법과 그 시점을 터득하고 나면 굳이 아재개그나 스토리유머 형식의 우스개가 아니더라도 얼마든지 상대의 웃음을 이끌어낼 수 있다. 효과적으로 이어지는 한두어 마디의 짤막한 말만 가지고도 상대의 선입견이나 고정관념을 자유자재로 뒤흔들 수 있다는 뜻이다.

물론 이러한 예측파괴 작동방식이 제대로 성공하기 위해서는 다음과 같은 몇 가지 조건을 갖출 필요가 있다.

- (보편적인 소재를 택하라) 유머소재는 모두가 알 만한, 경험한, 상식적으로 이해하며 공감할 수 있는 보편적인 이야깃거리가 좋다. 다 아는 이야기이므로 듣는 사람이 '이 이야기의 결과는 ○○이겠구나' 하고 쉽게 예측할 수 있는 것이다.
- (이야기에 조미료를 뿌려라) 유머는 예측파괴라는 작동원리를 기본으로 하되 유머가 맛깔스러우려면 이야기를 조금 부풀리거나 줄이는 등 소위 재미라는 조미료(MSG)를 넣는 것이 좋다.
- (신뢰성을 높여라) 유머를 시작할 때 "이것은 내가 겪은 이야기인데…", "이 이야기는 누구한테서 들은 이야기인데…", "이 이야기는 유머 책에서 읽은 이야기인데…", "이 이야기는 지난 주 〈개그콘서트〉에서 본 것인데…" 등 현실성을 부각시키면서 일단 믿고 따라오도록 만드는 것이 필요하다.
- (아재개그는 파괴부터 해버리는 방식이다) 아재개그는 예측파괴의 정상적인 과정을 바라지도 않고 또 거치지도 않으므로 구태여 조미료를 칠 필요가 없다. 즉, 아재개그는 처음부터 밑도 끝도 없는 퀴즈를 던

지면서 상대로 하여금 예측 자체를 못하게 막아버린다. 아재개그에서는 상대방의 예측이나 공감을 무시해버리기 때문에 황당유머, 썰렁유머, 억지유머, 막장유머, 막판유머, 엉터리유머, 직격유머, 부장유머, 공장유머, 포켓유머 등으로도 불린다.

## 유머에도 비법이 있는가?

유머가 말로서 웃음의 방아쇠를 당긴다고 하지만 말만 가지고는 성공하기 어렵다. 말과 함께 팀을 이루면서 가야 하는 것들이 함께 있을 때 성공확률은 높아진다. 긍정 마인드, 뻔뻔 마인드, 웃기, 그리고 맞장구치기 등은 유머의 팀원들이다. 이들은 유머의 주빈은 아니지만 유머와 일심동체이며 유머의 옷, 유머의 마음, 유머의 몸이다.

그리고 유머의 기본 바탕은 역시 말장난이다. 말장난은 유머달인이 되기 위해 반드시 갖춰야 기본 필수역량이다. 말도 안 되는 말장난 아재개그를 뻥뻥 날릴 수 있을 때 펀펀(fun fun)한 유머를 할 수 있는 것이다. 어휘를 자유자재로 구사할 수 있는 말장난 능력과 능청스럽게 이야기할 수 있는 뻔뻔함도 갖추고 있을 때 유머달인의 기본은 달성된다. 그리고 일반적인 스토리 유머비법으로서 수첩유머비법, 준비유머비법, 실행유머비법 등 세 가지를 터득한다면 충분히 유머달인에 등극할 수 있다.

이 책의 제3편에서는 어떻게 말장난 실력을 높일 수 있을 것인가에 대해 다양한 방법을 제시한다. 특히 동음이의어와 이음동의어 아재개그를 소개하여 말장난 유머를 익히도록 한다. 그리고 스토리유머 비법으로서 세 가지 방법, 즉 수첩유머, 준비유머 그리고 실행유머를 소개한다.

수첩유머란 재미있는 유머를 최대한 많이 수집하고 정리하라는 것이다. 이런 유머가 많을수록 유머달인되기가 쉬워진다. 그래서 유머는 적어두어야 생존할 수 있다는 적자생존 원칙을 중요시한다.

그리고 준비유머를 하라는 것은 아무리 수첩유머에 많은 유머를 가지고 있다고 하여도 이것을 써먹기 위해서는 이들 중에서 써먹을 유머를 매번 몇 가지 선정해서 충분히 연습하여야 한다는 것을 말한다. 이렇게 적절한 유머를 선정하고, 선정한 유머를 충분히 연습한 다음 그 유머를 기억하기 위한 메모까지 준비해갈 때 준비유머가 완성되는 것이다. 소위 유비무환이다. 유머를 준비하지 않는 것은 실패유머를 준비하는 것이나 마찬가지이다.

마지막으로 실행유머를 비법으로 제시하는 이유는 아무리 연습하고 준비했다고 하더라도 이것을 직접 써먹어봐야 내 유머가 되는 것이기 때문이다. 뻔뻔하게 써먹어봐야 유머에 생명이 들어간다. 써먹어보지도 못하면 결국 죽은 유머, 녹슨 유머, 수첩에 갇혀 있는 유머일 따름이다.

## AI(인공지능)시대에도 유머는 필요한가?

인공지능(AI, artificial intelligence)시대가 열렸다. 무인카페, 코인빨래방, 코인노래방, 무인키오스크, 자율주행차, 드론, 알파고 등이 세상을 바꾸고 있다. 사람이 AI를 개발했지만 갈수록 AI는 사람을 밀어내고 있다. 그런 만큼 삭막한 세상으로 변해가고 있다고 할 수 있다. 이러한 AI의 비인간적 질주를 멈추게 하면서 사람 냄새가 나는 세상으로 만들려면 AI에게는 없지만 유머가 가지고 있는 긍정마인드, 공감력, 창의력, 상상력, 직관력, 엉뚱함 등을 적극적으로 활용할 필요가 있다. AI시대에 유머에서 고려해야 할 몇 가지를 들어보면 다음과 같다.

- 유머는 AI가 없는 긍정마인드와 공감능력을 갖고 있다.
- 유머는 AI가 없는 소통능력을 갖고 있다.
- 유머에는 AI가 갖기 어려운 역발상, 뒤집기, 예측파괴, 엉뚱함의 사고방식이 있다.
- 유머에는 AI에게서 기대하기 어려운 긍정적 사고방식, 따뜻한 감성, 인간적인 정서가 있다.
- 유머에는 AI에게서 기대하기 어려운 미소, 웃음, 웃기, 웃기기, 웃어주기가 있다.
- 유머에는 AI에게서 기대하기 어려운 직관적 판단력과 정서적 반응을 가진다. 즉, 인간은 어떤 것을 보고 듣는 순간 옳다, 그르다,

좋다, 싫다, 웃기다, 안 웃기다 등 직관적 감정 판단과 감정반응을 나타낼 수 있다. 즉 웃어야 할 시점(타이밍)을 제대로 맞출 수 있는 것이다.

- 유머는 AI에게서 기대하기 어려운 융복합적 사고방식, 유연한 사고방식, 엉뚱한 사고방식을 가지고 있다.

유머는 이러한 장점을 가지고 있으므로 AI가 발전할수록 더욱 그 의미가 커지고 있다. 유머의 상상을 뛰어넘는 엉뚱한 발상은 고정관념 · 기대감 · 상식을 무너뜨리면서 새로운 아이디어를 내는 데도 이바지할 것이다. AI시대에 있어 유머는 유머를 위한 유머가 아니라 인간과 인간을 연결시켜주는 촉매제로서 중요한 역할을 하게 되는 것이다.

# 2.
# 나도 유머리스트가 될 수 있을까? 나의 유머지수는?

## 나도 유머리스트가 될 수 있을까?

물론 될 수 있다. 선천적으로 입담, 재담이 있고 말발이 좋다면 얼마나 좋을까만 대부분은 그렇지 못하다. 어떤 이는 '감히 내가 어떻게 다른 사람을 웃길 수 있겠는가' 하면서 지레 겁먹고 유머달인 꿈도 꾸지 않는다. 사실 저자도 유머에 자신감을 갖기까지 가로막고 있는 장벽이 참 많았다. 우선 타고난 입담이 없었다. 이러한 장벽을 끝까지 버티면서 넘어갈 것인가 아니면 이 자리에서 포기할 것인가? 이때 저자가 끝까지 갈 수 있었던 것은 그나마 타고난 도전정신, 그리고 노력한다면 반드시 성과가 있을 것이라는 신념이 있었기 때문이다.

사실 인생사는 다음에, 나중에, 내일에 등의 마음가짐으로써는 아무 것도 이뤄낼 수 없다. 꿈을 꾸고 목표를 세우는 것이 인생이다. 그리고 지금, 당장, 이제라도, 늦게라도 해보는 것이 삶에서 중요한 것이다. 삶에 꿈이 없다면, 목표가 없다면, 도전해보지 않는다면 결국 다른 사람의 꿈, 다른 사람의 목표를 위해 살게 되는 것이라고 하지 않는가! 유머달인이 되는 길도 마찬가지이다.

인간이 처음부터 어른으로 태어나지는 않지만 어른이 되는 것이나 마찬가지로 중도에 포기하지만 않는다면 유머달인 되는 것은 시간문제이다. 우리가 유머달인으로 태어나지는 않았지만 행복 · 성공 · 건강하게 살기를 바라는 꿈이 있다면 우리는 유머달인이 되고 말 것이다.

보다 확실하게 유머달인이 되기 위해서는 다음과 같은 꿈깡끼뙴땀뻔의 정신으로 무장할 필요가 있다.

- 꿈과 목표가 분명해야 한다. 나도 유머달인이 되겠다는 꿈을 꾸고 이를 실현하기 위한 목표를 가지는 것이다.
- 깡, 뙴, 땀이 필요하다. 유머달인 되는 것이 쉽지 않겠지만 도중에 포기하지 않고 끝까지 노력하는 노력중독자가 되어 땀을 흘린다면 분명한 성과를 얻게 되는 것이다.
- 만약 끼가 없다면 내 안에 숨어있는 끼를 찾아내야 한다. 비록 타고난 끼는 없다고 해도 관심을 갖고 노력하다 보면 자신의 몸속에 잠재되어있는 끼를 알게 된다. 끼가 없는 사람은 없다.
- 뻔뻔하게 도전해야 한다. 남이 웃어주지 않는다고, 썰렁해진다고

> 내가 죽는 것은 아니지 않는가! 내 자존심이 무너지는 것은 아니지 않는가! 웃을 때까지 웃길 때까지 7전8기의 정신으로 도전하는 것이다.

유머달인은 유머가 우리 삶에 꼭 필요하다고 생각하여 관심을 갖고 노력한다면 분명히 이루어진다. 관심을 갖고 유머로 세상을 보고 듣는다면 유머가 보이고 들리는 것이다. 베르나르 베르베르의 《웃음》 등의 소설, 유머리스트들의 각종 유머 관련 책, 유튜브에 소개되는 유머 강의, 유머가 듬뿍 들어있는 영화 등은 우리를 유머달인으로 만드는 최고의 스승이다. 여기에서는 과연 나의 유머지수는 과연 어느 정도인지를 추정해보고, 유머지수와 연관시켜 내 자신을 유머달인으로 만들기 위한 방법에 대해 정리한다.

## 나의 유머지수는?

나는 과연 유머달인이 될 수 있을까? 나의 유머지수는 과연 어느 정도일까? 사람마다 성격이 다양하기 때문에 획일적으로 유머지수를 측정할 수는 없지만 다음과 같은 문항에 대해 어떻게 응답을 하는가에 따라 어느 정도 가늠해볼 수는 있다. 이 질문표는 참고로 만든 것이지 정확한 진단표는 아니다.

## 유머지수 측정을 위한 20개의 문항

| | 질문 | ○ | × |
|---|---|---|---|
| 1 | 모르는 사람에게도 먼저 말을 쉽게 건다. | | |
| 2 | "남자가 임신을 한다면, 나무가 말을 한다면, 혹은 말이 말을 건다면"과 같이 가끔 엉뚱한 생각을 한다. | | |
| 3 | 장례식에 가서 웃음이 나오는 것을 억지로 참은 적이 있다. | | |
| 4 | 지하철, 잡상인 노점상의 이야기와 상품에도 관심이 많다. | | |
| 5 | 어린 시절 집에 들어오면 부모님께 학교생활에 대해 자주 이야기했다. | | |
| 6 | 끝말잇기를 잘한다. | | |
| 7 | 가위바위보를 하면 주로 이기는 쪽이다. | | |
| 8 | 주변 사람들에게 조언(잔소리가 아님)을 많이 해준다. | | |
| 9 | 부모님 중에 웃기는 이야기를 잘하는 분이 있다. | | |
| 10 | 횡단보도의 파란불이 깜빡이면 기다렸다가 다음에 건넌다. | | |
| 11 | 나의 창피했던 일도 남에게 이야기할 수 있다. | | |
| 12 | 개그 프로그램이나 오락 프로그램을 일주일에 한 번 이상 본다. | | |
| 13 | 신문이나 잡지 혹은 인터넷에 나온 유머를 외워서 남에게 써먹어봤다. | | |
| 14 | 유명 스타나 정치인의 성대모사를 해본 적이 있다. | | |
| 15 | 자신이 본 영화나 드라마를 남에게 이야기하는 것을 좋아한다. | | |
| 16 | TV를 보면서 혼잣말을 하거나 웃고 다음의 반전을 예상해보기도 한다. | | |
| 17 | 엘리베이터 거울을 보면서 혼자 빙그레 웃어본 적이 있다. | | |
| 18 | 한 달에 3권 이상 책을 사서 읽어본다. | | |
| 19 | 일기를 쓰거나 다이어리를 활용한다. | | |
| 20 | 휴대전화 문자나 '카톡' 메시지를 하루에 20회 이상 주고받는다. | | |

③ 이게 어디서 감히? (where), ④ 내가 왕년에는 (when),
⑤ 내 앞에서 어떻게 감히 네가? (how), ⑥ 내가 그걸 왜 해? (why)

## 측정 결과에 대한 평가

- 20개~17개의 "예"가 나왔다면 "축하합니다. 당신은 유머리스트 자질을 충분히 타고났습니다. 조금만 노력해도 최고의 유머리스트가 될 것입니다."
- 16개~12개 문항에서 "예"가 나왔다면 "가능성이 충분합니다. 제대로 노력한다면 유머리스트가 됩니다."
- 11개~7개 문항에서 "예"가 나왔다면 "타고난 끼는 없지만 노력하면 충분히 유머리스트가 될 수 있습니다."
- 6개 이하 문항만 "예"가 나왔다면 "주위의 도움이 필요하며, 함께 노력해야 유머리스트가 될 수 있습니다."

## 개인 성향별 유머처방전

타고 난 유머 지수가 어느 정도인지 그리고 유머리스트에 대한 개인별 성향은 어떤 지라는 두 가지 요인을 가지고 A형, B형, C형, D형 등 네 가지로 구분하여 유머달인이 되기 위한 처방전을 제시하면 〈표 1〉과 같다.

### ① B형(Best)

이 유형의 가장 큰 장점은 유머 DNA가 장착되어 있다는 점이다.

〈표 1〉 유머 지수 및 성향별 네 가지 처방

| | |
|---|---|
| **C형**(Challenge):<br>DNA를 일깨워야 함<br>• 유머능력을 타고나지 않음<br>• 유머에 관심이 있으며 노력을 함 | **B형**(Best):<br>가장 이상적인 유형<br>• 유머능력이 타고남<br>• 유머에 관심을 가지고 노력함 |
| **D형**(Dare):<br>유머 동기부여가 필요함<br>• 유머능력을 타고나지 못함<br>• 유머에 무관심하며 노력을 안 함 | **A형**(Able):<br>본인의 유머 DNA를 일깨워주는 것이 필요<br>• 유머능력을 타고났음<br>• 유머에 무관심하며 노력하지 않음 |

하나의 유머를 들으면 바로 응용하여 더 확대 · 발전시키는 입담이나 재담을 가지고 있다. 거기에다가 유머달인에 대한 관심도 가지고 있으므로 가장 먼저 유머달인이라는 고지에 도착할 수 있는 유형이다. 이들이 유머달인이 되는 제대로 된 방법을 알게 된다면 더 빠르고 확실하게 유머전문가가 될 수 있을 것이다.

② A형(Able)

이 유형의 가장 큰 장점은 B형과 마찬가지로 유머 DNA가 장착되어 있다는 점이다. 하나의 유머를 들으면 바로 응용하며 더 발전시키는 능력이 있다. 그러나 이 유형의 가장 큰 문제점은 자기의 이러한 능력만 믿고 더 이상 노력을 하지 않는다는 점이다. 우스갯소리나 몸짓에 대해 그냥 웃고 또 써먹기도 하지만 좀 더 발전시키기 위한 말장난, 수첩유머, 준비유머, 실행유머 노력은 하지 않는다. 따라서 몸에 기억된 유머까지에서 머무른다. 이 유형에 필요한 것은 첫째, 유머달인이 되려면 노력도 필요하다는 것을 깨닫는 일이며, 둘째, 유머달인이 되려면 어떤 방법으로 노력해야 하는가를 알고 이를 실천하는 일이다.

③ C형(Challenge)

이 유형의 가장 큰 단점은 유머 DNA가 장착되어 있지 않다는 점이다. 그렇지만 유머에 대해 관심을 갖고 노력한다는 장점을 가지고 있다. 저자를 포함한 대부분의 사람들이 이 유형에 해당된다. 즉, 유머에 대해 특별한 능력을 타고나지 않았지만 유머에 관심을 갖고 있으며 유머달인이 되려고 열심히 노력하는 것이다. 따라서 C형의 사람들은 유머를 듣거나 웃고 나면 나중에 나도 한번 써먹어보겠다는 도전정신을 가지고 그것을 기록한다. C형은 비록 유머 DNA를 가지고 있지는 않지만 유머달인이 되기 위해 노력하기 때문에 잠재되어 있던 유머 끼도 끄집어낼 수 있게 된다. 따라서 이 유형이 오히려 유머달인이 될 확률이 매우 높다. 이 책에서 제시하는 방법, 즉, 예측을 파괴하는 뒤집기 사고방식, 잘 웃기, 아재개그를 활용한 말장난 연습, 수첩유머비법, 준비유머비법, 실행유머비법 등을 몸에 익히기 위해 연습중독자, 노력중독자가 된다면 100% 유머달인이 될 수 있다.

④ D형(Dare)

이 유형의 사람들은 유머를 무시하며 잘 웃지도 않는다. 유머 DNA가 없을 뿐만 아니라 웃음 자체를 거부한다. 심지어는 "너 웃겨봐 나는 안 웃는다" "뜨신 밥 먹고 신소리한다"고 비꼬며 웃음이나 유머에 대해 한 발짝도 다가오지 않는다. 이 유형이 유머달인이 되기란 매우 어려운 일이다. 그러나 이 유형의 사람을 무심하게 그냥 놔두는 경우, 이들은 영원히 유머치에서 벗어나지 못할 뿐만 아니라 오히려 유머를 방해하는 유머 훼방꾼이 되어버린다. 따라서 이 유형의 사람들이 적어도 유머 훼방꾼, 웃음 저지꾼이 아니라 유머에 대해 중립의 상태라도 유지할 수 있도록 이끄는 것이 바람직하다. 즉, 가까이에 있는 사람들이 이들에 대해 "유머가 행복이다. 행복하려면 웃어야 하며, 웃기 위해서는 유머가 필요하다. 얼굴은 펴야 사람이 사는 것이다. 당신도 유머달인이 될 수 있다" 등을 꾸준히 반복적으로 암시하고 감히(dare) 도전해야 한다는 것을 말해줄 필요가 있다. 유머는 본인이 하는 것이니만큼 본인이 필요성을 느껴야 첫걸음을 뗄 수 있는 것이다. 유머는 공감이기 때문에 D형의 사람들을 그냥 무시하고 나의 유머를 성공시키기란 어려운 일이다.

④ 말하지 말고 들어라, 답을 내지 말고 물어라

(의견을 듣는 척하면서 미리 정해놓은 주장을 강요하지 마라. 특정 대답을 강요하는 질문도 하지 마라. 내 말이 옳더라도 상대가 듣기 싫어하면 짜증나는 소음공해일 뿐이다).

# 유머는
# 긍정, 웃음,
# 뻔뻔, 맞장구와
# 한 팀이다

⑤존경은 권리가 아니라 성취다(지금의 나를 욕하는 사람이 당연히 있다.
나를 존경하지 않은 이유는 내 노력이 부족하기 때문이다. 지갑 열 자신이 없으면 입 다물어라).

*꿈이 없으면 다른 사람의 꿈을 위해 살게 된다.*

# 1. 긍정마인드는 유머의 뿌리

*나는 하루 중 98%는 내가 하는 일에 긍정적이다. 그리고 나머지 2%는 어떻게 하면 매사에 긍정적이 될 수 있을까 궁리한다.*

*– 릭 피티노, 보스턴 셀틱스 감독*

## 유머의 바탕은 긍정마인드이다
## 긍정마인드는 유머가 지향하는 공존, 공생, 윈윈의 기초이다

유머는 상대방의 말이나 행동에 대해 찬반, 선악, 희비, 시비, 진위, 과오 등 가치판단을 내리지 않고 있는 그대로를 그냥 인정하는 긍정마인드를 바탕으로 하고 있다. 긍정마인드는 자신을, 상대방을, 세상을 각각의 관점에서 바라볼 수 있도록 여유를 주는 사고방식이다. 옳고 그름에 대한 판단은 별도의 문제로 본다. 불행은 불평과 부정으로 자라지만 긍정과 솔직함은 불평을 다스린다. 세상의 일들은 남 탓으로 해결되는 일은 없다고 생각하는 것이다. 긍정마인드는 절대 비교하는 말을 하지 않는다. 그러기 때문에 긍정마인드는 상대방으로 하여금 말문을 닫지 않도록, 말문을 열어두도록 유도한다. 이렇게 될 때 상대의 감정 섞인 부정적 말과 행동은 악화된 감정으로 증폭되지 않고 일단 흡수된다. 만일 똑같이 화를 내면서 맞대응한다면 상대는 더 이상 입을 열지 않게 되어 대화는 두절되고 관계는 끝나버린다.

자신의 마음이 긍정으로 가득할 때 나를 칭찬하고, 상대를 칭찬하며 세상을 칭찬하며 유머를 할 수 있다. 긍정으로 나를 보고, 긍정으로 상대방을 보며, 긍정으로 세상을 보게 되면 유머가 힘을 발휘한다. 인간의 감정은 반사 효과(mirroring effect)여서 긍정마인드로 대해주면 상대도 긍정마인드를 갖게 되는, 소위 감정의 유유상종(類類相從) 현상이 발생한다.

웃음은 웃음을 울음은 울음을 불러온다.
공감은 공감을 기쁨은 기쁨을 불러온다.
행복은 행복을 이해는 이해를 불러온다.
사랑은 사랑을 칭찬은 칭찬을 불러온다.

긍정마인드가 있는 엄마는 딸이 "엄마가 해준 게 뭐야, 내 삶은 없고 엄마 생각대로만 내가 살아왔단 말이야"라고 감정 섞인 말을 퍼부어도 곧바로 "그게 엄마한테 할 말이냐? 내가 너한테 어떻게 해주었는데…" 하면서 화를 내는 것이 아니라 "네가 그렇게 생각하다니 내 마음도 아프구나, 네가 엄마 뜻대로만 살았다니 미안하구나, 그렇게 생각했다면 나라도 화가 났겠다, 맞아, 나도 네 마음이 이해가 돼, 사실 이런 경우 나는 당황해서 너만큼 말하지도 못했을 거야" 등과 같이 일단 딸의 말에 공감해주면서 솔직하게 자신의 현재 느낌을 말하면 딸도 마음의 창을 열어두게 된다. 또한 긍정마인드를 가진 사람들은 자신을 낮추는 데 익숙하다. 즉, "제가 잘 몰라서 그러는데, ○○○라는 것이 무슨 뜻인가요?"라면서 상대를 높여주며 대화를 이끌어내는 것이다.

사람들 모두가 긍정마인드를 가지고 있다면 얼마나 좋을까만 대부분은 그렇지 못하다. 특히 한국 사람은 잘 웃지 않기로, 또 남을 잘 칭찬하지 않기로, 상대에게 마음을 함부로 열지 않기로 정평이 나 있지 않은가! 그럼에도 불구하고 우리 자신을 긍정마인드를 가진 사람으로 변화시키기 위해서는 어떻게 해야 할 것인가? 그것은 억지로라도 웃음을 일상화시키기 위한 웃음 연습을 하는 것이다. 자꾸 웃다 보면 자연스럽게 긍정의 눈으로 세상을 볼 수 있게 된다. 웃음과 긍정주의는 서로 함께 가면서 쌍방향으로 긍정적 영향을 미치기 때문이다.

긍정마인드를 가지다 보면 부정적인 말도 긍정적인 말로 바꾸는 것에 익숙해진다. 점 하나만 찍으면 불가능(Impossible)에서 가능(I'm possible)으로, 연결을 달리하면 "꿈은 어디에도 없다(Dream(Opportunity) is no where)에서 어디에나 꿈은 있다(Dream(or opportunity) is now here)"로 바꿀 수 있게 된다. 또

받침이나 글자를 바꿔서 '걸림돌은 디딤돌로, 빚은 빛으로, 고질병은 고칠병으로, 밑바닥은 밑바탕으로' 생각할 수 있게 한다.

그러므로 긍정마인드를 갖게 되면 어디에서나 무엇에서나 감사할 일, 칭찬할 일을 발견한다. 즉, 내 스스로를 칭찬하는 자화자찬(自畵自讚), 내 스스로에게 만족하는 오유지족(吳唯知足), 만족하며 항상 즐거움을 가지는 삶의 지족상락(知足常樂), 즐겁게 만족하는 쾌족(快足)으로 살게 된다. 부족한 것을 한탄하기보다 가진 것에 고마워하는 것이다. 아침마다 자신에게 "일어날 수 있으니 얼마나 감사할 일인가! 세상을 볼 수 있으니 감사할 일인가! 말하고 들을 수 있으니 얼마나 감사할 일인가!" 하며 자화자찬한다. 이렇게 스스로에게 감사를 표현하게 되면 신체적, 정신적으로 튼튼해진다. 감사하는 마음은 어려움과 좌절이라는 상황과 마주했을 때, 모두에게 긍정적인 길을 알려준다. 그리고 긍정마인드를 갖게 되면 유머의 출발인 칭찬을 잘할 수 있게 된다. 칭찬을 볼 수 있기 때문이다. 칭찬은 세상에서 가장 아름다운 원초적인 유머이며, 웃음꽃을 피우게 하는 기본 소재이다. 칭찬받는 사람은 발걸음이 가벼워지고 절로 웃음과 콧노래가 나오며 기쁨이 열 배, 백 배로 증폭된다. 그러면서 칭찬은 계속 확대 재생산된다. 이렇게 되면 상대방뿐만 아니라 칭찬하는 자신도 행복해진다. 이에 대해 부정주의자가 보여주는 비난 · 조롱 · 찡그림 · 짜증은 불행하기 위한 연습이다. 인생은 자신이 보는 대로, 생각하는 대로 말하는 대로 되는 것이다. 행복하려는 사람은 남의 잘못에 대해 내 탓이지 네 탓이 아니라고 생각하며 또 너를 바꿀 수 없지만 내가 나를 바꿀 수는 있다고 여긴다.

긍정마인드를 가진 사람들의 얼굴에서는 미소와 웃음이, 입에서는 칭찬과 유머가, 몸에서는 친절과 배려가 나온다. 항상 최선을 다하며 결과에 대해서는 긍정적으로 생각한다. 자신의 미소나 웃음, 행복을 자신의 의지와 관계없이 남이 좌지우지해서는 안 된다고 생각한다. 긍정마인드를 가진 사람들은 웃음을 주지 않으면서, 유머 한마디 하지 않으면서 남에게서 웃음이나 유머가 되돌아오기를 기대하지 않는다. 거울은 절대 혼자서 웃지 않기 때문이다. 나부터 웃어야, 내가 유머를 해야 내 인상도 바뀌며 인상이 바뀌면 인생도 바뀌는 것이다. 웃으면 인생 대박, 찡그리면 인생 쪽박이라고 하지 않는가! 긍정마인드가 있을 때 그는 웃는 사람, 웃겨주는 사람, 웃어줄 수 있는 사람이 되며, 스스로에게, 상대방에게, 세상에 웃음을 줄 수 있는 것이다. 긍정마인드로 세상을 바라보게 되면서 몸과 마음이 더욱 건강해진다. 즉, "나는 항상 왜 이래, 나만 왜 이래, 힘들어 죽겠어, 나는 지지리 운도 없어, 내가 왜 이런 것을 해야 해" 등의 자학병(自虐病)이나 자책병(自責病), 조그마한 실수를 과장하고 침소봉대하여 걱정하는 과잉 걱정병이나 피해망상 증상 등에서 벗어날 수 있는 것이다. 긍정마인드가 있으면 역경에 처해도 "이 또한 지나가리라"고 다짐하면서 이겨낸다. 소위 역경지수가 높다.

*98세 할머니의 장수비결은 술이다. 술을 전혀 마시지 않아서이다.*

## 긍정마인드도 연습으로 키울 수 있다

긍정마인드를 가지는 방법은 긍정연습을 하는 것이다. 칭찬도 자꾸 하다 보면 입에 붙어 칭찬이 튀어나오듯 긍정 연습을 자주 하면 긍정마인드가 몸에 배게 된다. 긍정하기 연습에 중독되면 긍정이 몸에 배어들어 모든 것에 대해 긍정적인 면을 보고, 장점을 찾아내는 습관을 갖게 된다. 즉, 입에서는 칭찬하는 말이, 표정에서는 긍정적인 미소가, 몸에서는 친절의 몸짓이 나오게 되는 것이다.

### 항상 내가 가진 것, 할 수 있는 것에서 만족한다

많은 것을 가지고 있으면서도 더 많이 가진 사람과 비교하며 경쟁의 길로 가는 사람은 긍정마인드를 갖기 어렵다. 그러나 물질적으로는 별로 가진 것이 없지만 현재 가진 것에 만족하는 마음을 가지게 되면 생각 자체가 여유롭고 상대를 인정하는 데 인색하지 않게 된다. 긍정마인드에서는 자신이 통제할 수 있는 것(controllable)에, 가지고 있는 것에 관심을 가지는 것이다. 자신이 통제할 수 없는 것(uncontrollable), 가지지 못하는 것을 통제하려고 애쓰지 않는다. 따라서 긍정마인드를 가지기 위해서는 나에게 무엇이 없는가, 부족한가보다는 내가 가진 것에, 내가 할 수 있는 것에 감사하는 마음이 필요하다.

행복도 긍정마인드를 가지고 긍정적인 면을 보려고 하는 사람에게 손을 내민다. 긍정마인드에서는 오리의 다리가 짧다고 늘리려 하지 않으며 학의 다리가 길다고 줄이려 하지 않는다. 시베리아 사람보고 왜 그렇게 추운 데서 사느냐고 탓하지 않는다. 그러나 부정적 마인드를 가지면 쓸데없는 걱정이 처소를 마련한다. 만족함을 아는 지족(知足), 만족하며 즐기는 쾌족(快足), 만족하며 항상 즐거움을 갖는 지족상락(知足常樂), 내가 만족함을 아는 오유지족(吾唯知足) 등의 말 뿌리는 모두 오늘, 현재에 대한 만족이라고 하는 데서 나온 것이다.

### ✌ 과거나 미래가 아니라 지금에서 행복을 찾는다

인생은 두 번 다시 돌아오지 않는다. 따라서 '다음에, 나중에, 언젠가는, 내일부터' 라는 말은 아무 소용없다. 지금, 현재, 당장, 늦게라도, 지금이라도 실행에 옮기는 것이 더 좋은 것이다. 그리고 내 자신을 가장 중요하다고 생각하며 자화자찬하고 즐길 필요가 있다. 우리는 세상에 잠깐 머물고 있는 동안 유머를 통해 최대한 웃고 즐겨야 하는 것이 아닌가!

### ✌ 나와 세상을 긍정적으로 본다

어떤 상황에서도 "노력하면 잘되겠지, 잘될 거야. 와우, 이게 어디야,

정말 나는 복이 많다. 이보다 더 나을 수가, 천만다행이다. 네 덕이야" 등으로 생각한다. 해코지를 당하지 않고 살아왔다는 것, 화마나 수마에 휩쓸리지 않았다는 것, 스토킹을 당하지 않고 살아왔다는 것, 코로나 19를 잘 이겨냈다는 것 등등 얼마나 나는 복 받은 사람인가라고 생각하는 것이다. 걱정을 해서 걱정이 없어진다면 걱정할 일이 없을 것이라는 말의 뜻을 잘 생각할 필요가 있다. 차라리 자신에 대해 감사하기, 자신을 칭찬하기, 가족에게 감사하기, 지인들에게 감사하기를 하면서 생각을 긍정적으로 해보는 것이다.

## 매일 자화자찬을 한다

긍정마인드를 가지려면 나를 칭찬하기(자화자찬), 남을 칭찬하기(타화자찬)를 통해 자신을 변화시키려는 반복연습이 필요하다. 칭찬도 자꾸 해봐야 입에 붙어 제대로 칭찬을 할 수 있듯 자기 스스로가 자부심, 자존심, 자긍심을 가지고 자신을 칭찬하는 것이다. 사실 자기 긍정이 없으면서 타인을 칭찬하기는 어려운 일이다. 자화자찬을 하지 못하는 사람들은 남으로부터 위로를 받으려 하지 남을 위로해주려고 하지 않는다. 대부분의 사람들은 나를 칭찬하는 일이 익숙하지 않지만 연습을 통해 습관화할 수 있다. 자화자찬하면 자화자찬할 일이 생기는 법이다. 매일 자신을 껴안고 이렇게 외쳐보자.

"나는 소중하다." "나는 할 수 있다." "나는 나를 사랑한다." "나는 참

괜찮은 사람이다." "나는 내가 좋다." "나는 내가 참 좋다." "나는 내가 가장 좋다." "나는 내가 너무 좋다." "나는 내가 매우 좋다." "나는 내가 엄청 좋다." "나는 내가 정말 좋다." "나는 내가 진짜 좋다." "나는 내가 미치게 좋다." 물론 자화자찬하려면 내 스스로 "오늘 내가" 자화자찬할 일을 했는지에 대해 자문자답하는 것도 필요하다. "과연 나는 오늘 얼마나 웃고 배우고 주었는가? 나는 얼마나 움직였으며 남에게도 웃음을 주었는가?"에 대해 진중하게 생각해봐야 한다.

〈표 2〉의 자화자찬 자문자답표 각 10개의 문항에 10점씩 총 100점을 만점으로 평가한다. 그리고 문항별로 10점 만점으로 하여 2점 척도로 평가한다(2, 4, 6, 8, 10). 그러나 ⑨⑩ 문항에 대해서는 부정적인 것이 있으면 무조건 5점 이하부터 배점한다. 총점이 80점 이상은 자화자찬, 70점 이상은 자찬, 60점 이상은 무난, 60점 미만은 노력 등으로 평가한다. 매일, 매월, 매년의 평균 및 누계점수를 통해 자신의 자화자찬지수(행복지수)를 산출할 수 있다.

과거는 바꿀 수 없지만 과거에서 배울 수 있다. 그리고 오늘은 하루뿐이지만 내일은 많지 않은가! 과거에 붙들리고 집착하여 벗어나지 못한다면 오늘도 내일도 행복할 수 없다. 나와 너 사이에 남이, 현재와 미래 사이에 과거가 끼어들도록 놔둬서는 안 된다. 혹시 당신은 오늘 속에 남이, 과거가 끼어들도록 놔두진 않았는가? 행복, 불행은 내가 결정하는 것이다.

〈표 2〉 자화자찬 자문자답표: 오늘 나는 얼마나 웃고 배우고 했는가?

| 항목 | 평점<br>(각 10점씩) |
|---|---|
| ① 오늘 얼마나 미소를 지었는가? | |
| ② 오늘 얼마나 남을 웃게 하였는가? | |
| ③ 오늘 얼마나 남과 나누었는가? | |
| ④ 오늘 얼마나 남의 이야기를 잘 들었는가? | |
| ⑤ 오늘 얼마나 열심히 운동했는가? (만보 걷기, 기타) | |
| ⑥ 오늘 얼마나 다른 사람과 잘 어울렸는가? (취미, 동아리 활동) | |
| ⑦ 오늘 얼마나 감사하고, 칭찬하고, 감동했는가? | |
| ⑧ 오늘 얼마나 일을 많이 배우고, 책 읽고, 글쓰기를 하였는가? | |
| ⑨ 오늘 얼마나 일회용품 소비를 하지 않았는가? | |
| ⑩ 오늘 얼마나 남에게 상처 주는 불평, 험담, 조롱, 비난, 자기 자랑, 참견 등을 안 했는가? | |
| 총점 및 종합평가 | |

## 긍정마인드 유머들

긍정마인드를 가지게 되면 무조건 반사적 부정이나 반대가 아니라 포용을 통해 대화의 장을 열고, 긍정을 볼 수 있도록 함으로써 상대방의 기를 살리며, 나아가서는 잠재력을 끄집어낼 수 있도록 한다.

### 에디슨을 칭찬하는 어머니의 교육

토머스 에디슨은 결점투성이 아이였다. 머리가 유달리 크고 못생겼으며, 자기 멋대로 행동하기 일쑤였고, 성격도 차분하지 않았다. 에디슨은 7살 때 성홍열을 앓아 한쪽 귀가 멀어져버렸고, 병 때문에 일년 동안 학교에 갈 수가 없었다. 그렇기 때문에 에디슨은 학교 수업에 흥미를 느끼지 못했다. 대신 질문이 많은 아이였다. 그래서 초등학교 1학년 1학기도 채우지 못하고 퇴학을 당했다. 이유는 질문이 많을 뿐만 아니라 1+1=2란 것을 인정하면서도 때로는 1이 된다고 고집했기 때문이다. 견디다 못한 선생님이 에디슨에게 어머니를 모시고 오게 하고는 흥분한 어조로 어머니에게 "당신 아들은 조금 모자라서 더 이상 가르칠 수 없습니다"라고 말했다. 어머니가 "아니, 애가 똑똑한데 왜 그런 말씀을 하십니까?"라고 반문했더니 선생님이 에디슨을 불러 어머니가 보는 앞에서 "1+1은 얼마가 되지?"라고 물었다. 에디슨은 "예, 둘이지만 하나가 되기도 합니다"라고 대답했다. 선생님은 "보시오, 언제나 이렇게 말을 물고 늘어지기 때문에 다른 아이들 교육에 막대한 지장을 줍니다, 데리고 가십시오"라고 말했다. 어머니는 하는 수 없이 에디슨을 데리고 나왔다. 에디슨은 학교를 그만두게 된 것이다. 그러나 교사였던 어머니 낸시는 호기심 덩어리 그 자체라고 할 수 있는 골칫덩이 아들을 그 모습 그대로 사랑했다. 착한 일을 한다면, 숙제를 잘한다면, 심부름을 잘한다면 등의 조건을 붙이지 않았다. 낸시는 결점투성이의 아들 토머스를 다른 사람과 비교하지 않고, 있는 그대로를 사랑하고 장점을 칭찬했다. 어머니의 사랑, 칭찬, 믿음 그리고 격려에 힘입어 에디슨은 자신의 결점보다는 장점을 최대한 살리면서 살아가며 끊임없이 새로운 것에 도전하는 지적 호기심을 가질 수 있었다. 정규교육을 받고 일류대학에 가지 않았지만 덕분에 선입관 · 편견 등에 얽매이지 않고 자유롭게 상상할 수 있어 인류 최고의 발명가가 될 수 있었던 것이다. 에디슨은 평생 동안 미국에서 1,093개의 특허를 받았고, 다른 국가에서 1,239개의 특허를 받았다. 특히 에디슨의 발명품 중 백열등, 축음기, 영화 등은 20세기 과학기술 문명의 시대를 열어주는 중요한 역할을 담당했다.

### 어떻게 맘먹느냐에 따라 세상이 달리 보인다

맥주가 1/3 남은 컵을 보고 부정적인 사람은 1/3밖에 안 남았다고 하고 긍정적인 사람은 1/3이나 남았다고 한다. 부정적인 사람은 임기가 절반밖에 안 남았다고 하지만 긍정주의자는 임기가 절반이나 남았다고 생각한다. 부정적인 사람은 오늘은 내 삶에서 가장 늙은 상태라고 말하지만 긍정적인 사람은 오늘이 내 남은 삶에서 가장 젊은 날이라고 생각한다. 부정적인 사람은 과거에 집착하고 긍정적인 사람은 미래를 내다본다.

### 가장 좋은 포도만 먹을 수 있는 방법은?

포도 한 송이를 먹을 때 긍정주의자는 포도송이에서 가장 좋은 것부터 골라 먹는다. 이런 사람은 포도를 다 먹을 때까지 최고로 좋은 포도만 먹는 셈이 된다. 그러나 부정주의자는 포도 한 송이 중에서 가장 안 좋은 것부터 먹기 시작한다. 이런 사람은 포도를 다 먹을 때까지 가장 안 좋은 포도만 먹는 셈이 된다.

### 새로 태어난 시어머니

시어머니에게 언어폭력으로 시달리다가 화병을 앓게 된 며느리가 있었다. 나도 살아야 한다는 마음에, 마지막 방법으로 심리치료사에게 찾아가 못된 시어머니를 병나게 할 수 있는 묘책을 알려달라고 부탁했다. 상담수당을 두둑하게 내자 3개월이면 충분히 끝낼 수 있다는 비법을 알려준다. 비법은 3개월 동안 먹여서 병나게 하는 방법이란다. "시어머니가 먹는 것 중에서 제일 좋아하는 것이 뭔지요?" "인절미입니다" "그럼 한 입에 먹을 수 있는 크기의 맛있는 인절미를 만들어서 매일 세 개씩 시어머니가 먹건 안 먹건 상관하지 말고 시어머니 방으로 밀어 넣으세요" "그렇게 인절미를 드려도 처음에는 쳐다보지도 않을 것입니다. 이때 먹지 않은 인절미는 과감하게 버려야 합니다. 시어머니도 안 먹는 인절미는 버린다는 것을 눈치채도록 해야 합니다" "만약 한 달 정도 지나 시어머니가 한두 개씩이라도 가져가기 시작하면 먹는다는 것을 뜻합니다. 그리고 드디어 세 개를 다 가져가게 될 것입니다. 그때부터는 인절미를 다섯 개로 늘리세요. 이렇게 점차 늘려서 10여 개 이상이 되는 시점이 바로 시어머니가 병들어서 드러눕게 되고 당신은 시집살이의 고통에서 해방되는 날입니다. 내가 하라는 대로 하는데도 효과가 없을 때는 오늘 받은 상담비를 전부 되돌려드리지요."

시어머니는 마을 사람들에게 며느리의 흉만 봐왔다. 그런데 어느 날부터는 "형편없는 며느리가 인절미는 잘 만든다. 인절미는 제대로 만든다. 인절미는 맛있게 만든다"라고 하다가, "인절미도 잘 만든다. ○○○ 것도 잘한다" 이렇게 변한 것이다. 긍정을 보기 시작하자 며느리의 여러 가지 긍정적인 것들이 보인 것이다. 이렇게 하여 시어머니는 며느리의 긍정을 보는 시어머리로 변하였다. 부정적인 면만 보던 시어머니는 병들어 없어지고 대신에 긍정을 보는 시어머니가 새로 태어난 셈이다.

## 위암 이외는 아무 걱정도 없다

노인회관에서 어르신들에게 노래를 지도하던 홍길동은 언제나 싱글벙글한 80대 할머니가 부럽기도 하고 또 그 비결이 궁금하기도 해서 할머니에게 말을 걸었다. "할머니 건강하시죠?" 그러자 할머니가 씩씩하게 대답하신다. "응…, 아주아주 건강해…, 말기 위암 빼고는 다 좋아…." 그 대답에 그는 그만 어리둥절해졌다. 아니 말기 위암이라니…. 그런데도 할머니는 너무너무 행복하다고 말씀하신다. 아무것도 없이 태어나서 집도 있고 남편도 있고 자식들도 5명이나 있다는 것이다. 그리고 이제는 암이 몸에 들어와서 언제 이 세상을 떠나게 될지도 알기 때문에 행복하다는 것이다. 그 할머니의 이야기에서 삶이 무엇인지, 행복이 무엇인지, 마음의 평안이 무엇인지를 다시 한 번 생각하며, 결국 행복이란 끝없이 몰아치는 어려운 상황을 긍정적으로 해석하는 능력에 달려 있음을 알 수 있었다. 암에 걸렸을지라도 고질병이라고 생각하는 사람에게 암 치유율은 38%에 그치지만, 점 하나 붙여서 고칠 병이라고 믿는 사람에게 있어서 암의 치유율은 70%까지 올라간다는 통계도 있다. 똑같은 암이지만 암을 죽음으로 연결하느냐, 삶으로 해석하느냐는 전적으로 우리의 긍정적인 태도에 달려 있는 것이다.

### 미소가 살린다

하늘이 무너져도 솟아날 구멍이 있다. 호랑이에게 물려가도 정신만 차리면 살 수 있다. 아우슈비츠 수용소에서도 극적으로 살아난 빅터 프랭클 역시 긍정적 마인드로 살아난 사람이다. 감옥에 갇혀 죽을 처지였으나 간수에게 보낸 미소로 목숨을 구한 생텍쥐페리의 경우도 긍정이 목숨을 구한 예이다. 공자도 "가까이 있는 사람이 기뻐하면(近者悅) 멀리 있는 사람도 다가온다(遠者來)"라고 하지 않았는가! 가까이 있는 것, 지금 여기 있는 사람들과 기쁨을, 즐거움을 누릴 때 멀리 있는 사람까지 모여든다.

### 자식에 대해 항상 긍정적인 아버지의 한마디

- 5년째 백수라고 하자 "같은 직장에서 5년간 버티는 것은 초지일관이며 초인적인 인내력이다. 몇 년만 더 버티면 백수의 왕이 될 수 있겠다"고 말한다.
- 성적표를 받아본 아버지가 "성적이 모두 '가'라니 일관성을 가지는구나, 그런 네가 자랑스럽다."
- 성적표를 보니 "음악 가" "미술 가"였다. 이것을 보고 아버지가 "너는 천부적인 재능을 가졌구나. 초등학교부터 벌써 음악가, 미술가라니!"

### 내 나이는 이제 다섯 살이다

나이란 모든 사람이 자동으로 매년 한 살씩 먹는다. 어떤 사람은 욕심이 많아서 서너 살씩 더 먹는 사람도 있다. 어떤 사람은 맘이 착해서 서너 살씩 뚝 떼어서 남에게 그냥 주는 사람도 있다. 이처럼 같은 나이인데도 더 늙어 보이는 사람이 있는가 하면 젊어 보이는 사람도 있다. 장수마을에 가서 105세 어르신에게 물었다. "장수 비결이 뭡니까?" "안 죽으니깐 오래 살지!" "올해 연세가 어떻게 되세요?" "다섯 살밖에 안 먹었어." "네? 무슨 말씀이신지…." "100살은 무거워서 방에다 두고 다녀." 낙천적이고 긍정적인 생각이 장수의 비결이라는 이야기이다. "그런데 어르신, 105년간을 살면서 많은 사람들이 어르신을 욕하고 음해하고 그래서 열 받았을 텐데, 그걸 어떻게 참아내고 이렇게 오래 사세요? 우리 같으면 못 참고 스트레스 받아서 죽었을 텐데요." 그랬더니 너무나 간단하게 답을 하신다. "그거야 쉽지. 욕을 하든 말든 내버려뒀더니 다들 제풀에 먼저 죽었어. 나 욕하던 녀석은 세상에 한 놈도 안 남았어."

### 걱정도 팔자다

두 아들이 있는데 큰아들은 우산 장사, 작은아들은 소금 장사를 하고 있다. 부정적인 사람은 비가 오면 소금이 안 팔릴 것이고 비가 안 오면 우산이 안 팔릴 것이라고 생각하여 항상 걱정이다. 그러나 긍정적인 사람은 비가 오면 우산이 잘 팔리고 비가 안 오면 소금이 잘 팔릴 것이라고 생각한다.

### 말은 더듬어도 수상하는 데는 지장이 없다(캐나다 쥐스탱 트뤼도 수상)

캐나다 수상 쥐스탱 트리도의 말더듬증에 대해 "그렇게 말을 더듬어가지고 무슨 수상을 하겠느냐"며 반대당의 공격이 시작되었다. 이에 대해 "의원님의 말씀이 다 맞습니다. 제가 말을 더듬는 것은 사실입니다. 대신 옳다고 생각하는 바를 천천히 말함으로써 말실수하는 일은 없을 것입니다"라고 말했다.

### 두 얼굴의 사나이라면 얼마나 좋을까

대통령 선거에 출마한 링컨에 대해 "저렇게 못생긴 얼굴로 어떻게 합중국 대통령을 맡기느냐. 양심도 없는 두 얼굴의 사나이다." 후보사퇴를 주장하는 상대방에게 링컨은 자신이 못생겨서 죄송하다고 솔직하게 인정하면서 링컨은 "제가 얼굴이 두 개면 얼마나 좋겠습니까? 이 못생긴 얼굴은 집에 두고 와도 될 텐데요. 그러지 못하여 대신에 못생겼지만 마음이 아름답고 정직한 얼굴을 들고 나왔습니다."

## 나는 하나만 있어요

나는 예일대(예전에 일하던 데)에서 자칭 테미교 교주였다. 테미교란 테니스에 미친 교수의 준말이다. 그래서 아침 5시경부터 일과를 시작하고 오후 3시 정도 되면 매일 테니스장을 지켰다. 어느 해 겨울이었다. 영하의 날씨였지만 테니스는 매일 먹어야 하는 밥(테니스는 밥이다)이니 당연히 테니스장으로 가서 경기를 하였다. 그런데 상대방 S 교수가 갑자기 어지럽다고 쓰러지는 것이 아닌가! 우선 들쳐 업고 교내 진료소로 갔으나 대학병원으로 가보란다. 이렇게 하여 응급실에 입원을 시켰다. 다음 날 담당의에게 들어보니 뇌혈관 중 하나가 꽈리였는데 이것이 갑작스러운 체온 변화로 터졌다는 것이다. 겨울에는 반드시 모자를 써서 체온의 급격한 저하를 막는 것이 예방책이라는 것을 분명히 알게 되었다. 뇌를 개봉하는 대수술이었지만 위험하지 않은 부위여서 성공적으로 마쳤다. 며칠 후 문병을 갔다. 그런데 S 교수의 표정이 매우 밝은 것이 아닌가! 그 이유는 두 가지란다. 첫째는 수술이 매우 성공적이었다는 점, 둘째는 퇴원하면 더 이상 꽈리 걱정하지 않고 평생 테니스를 해도 되어 기쁘다는 것이었다. 왜냐하면 어떤 사람은 수술을 받기 위해 MRI를 찍었는데 이런 뇌혈관 속 꽈리가 하나 또 있어서 3개월 기다렸다가 다시 두 번째 수술을 받아야 했지만 자기의 머리에는 더 이상 파리가 없으니 수술을 더 받지 않아도 되어 기쁘다는 것이었다. 이렇게 좋은 쪽으로만 생각하니 퇴원도 빨리하고 다시 건강해졌다.

### 무엇을 잃었고 무엇을 얻었는가? 공자 물음과 제자들의 대답

공자가 나라에 관리로 일하고 있는 조카 '공멸'에게 질문했습니다. "네가 일하며 얻은 것은 무엇이며 잃은 것은 무엇이냐?" 공멸은 한숨을 쉬며 대답했습니다.

"제가 얻은 것은 한 가지도 없는데 잃은 것은 무려 세 가지나 있습니다. 첫째, 아직 제가 많이 부족하여 해야 할 공부가 많은데 일이 너무 많아 공부를 제대로 못하고 둘째, 보수가 너무 적어 부모님을 봉양하기도 어렵고 주변 사람들을 대접하지 못해 평판이 나빠지고 있습니다. 셋째, 관리 일이 너무 바쁘고 시간이 없어서 매일 늦은 시간까지 일해야 하다 보니 친구들과 멀어지게 되었습니다."

이후 공자는 공멸과 같이 관리로 일하는 제자 '자천'에게 같은 질문을 했습니다. 그 질문에 자천은 대답했습니다. "잃은 것이라니요? 그런 것은 없습니다. 그런데 얻은 것은 세 가지나 있습니다. 첫째, 일하면서 배운 것을 실행해보게 되어 배운 내용이 더욱 확실해졌습니다. 둘째, 받은 보수로 조촐하게라도 주변 사람들에게 대접하니 사람들과 더욱 친숙해졌습니다. 셋째, 친구들과 만날 시간을 만들기 위해 제 업무를 더 정확하고 빠르게 하도록 노력했더니 제 능력도 높아지고 친구들과의 우정도 더욱 두터워졌습니다."

### 감사할 일은 어디에나 있다

"만일 다리 하나가 부러졌다면, 두 다리가 모두 부러지지 않은 것을 하늘에 감사하라. 만일 두 다리가 부러졌다면 목이 부러지지 않은 것에 감사하라. 만일 목이 부러졌다면, 더 이상 걱정할 일이 없어진 것이다"라는 유태인 속담이 있습니다. 어떤 고난(苦難)을 당하더라도, 최악(最惡)이 아님을 감사(感謝)할 줄 알아야 하고 살아 숨쉴 수 있어 무엇인가 할 수 있다는 걸 감사해야 한다는 것입니다.

### 할머니의 명언: 그놈이 그놈이여

결혼 적령기에 들어선 손녀가 할머니와 결혼에 대해 얘기를 하고 있었다. 이런저런 이야기를 나누다 손녀가 할머니에게 물었다. "할머니, 다시 태어난다면 할아버지와 또 다시 결혼하실 거예요?" 그러자 할머니는 망설임 없이 대답하셨다. "오냐, 그럴 것이야…." 손녀는 할머니의 대답에 존경스러움을 느꼈다. "할머니는 할아버지에 대한 사랑이 정말 깊으시군요." 그러자 할머니는 "넌 철들려면 아직 멀었구나. 결혼해서 살아보면 다 그놈이 그놈이여, 그래도 길 난 게 더 낫지…."

### 할아버지의 명언: 지야 좋지유

목사가 할아버지에게 다음 세상에서도 할머니와 결혼할 것이냐고 물었다. 머뭇거리다가 "예 그렇게 하겠습니다." 그러자 목사가 할아버지의 대답에 존경스러움을 느꼈다. "할아버지는 할머니에 대한 사랑이 정말 깊으시군요. 그러나 만약에 할머니가 싫다고 하면 어떻게 하시겠어요?" 그러자 할아버지, "그러믄야 지야 좋지유."

### 가장 어려운 질문: 엄마가 좋아? 아빠가 좋아?

유치원에 막 들어간 다섯 살 난 딸 영희는 아빠나 엄마가 "아빠가 좋아 엄마가 좋아?"하고 물어보면 참 난감하다. 영희는 고민이 되어 유치원 선생님에게 물어보니 전혀 걱정할 필요가 없다며 다음에, 엄마가 물어보면 "엄마가 좋아, 아빠만큼 좋아"라고 말하고, 아빠가 물어보면 "아빠가 좋아, 엄마만큼 좋아"라고 말하란다.

### 나도 남자다

- 내 것도 있어

  친구 홍길동의 집에 갔는데 그는 목욕탕에서 속옷들을 손빨래하고 있다. "아이고, 이 사람 또 마누라 속옷까지 빨래하구만" 그러자 홍길동, "무슨 말이야. 내 팬티도 하나 있다구…."

- 절대 안 나가

  마누라에게 쫓겨 침대 밑으로 들어간 홍길동에게 마누라가 "빨리 안 나와!" 그러자 홍길동 "나도 남잔데 자존심이 있지. 절대 못 나가!"라며 대꾸한다.

### 금중에서 최고의 금은?

홍길동이 부장 딸의 결혼식장을 다녀와서 마누라에게 우선 전화로 보고한다. 주례선생님 말씀이 "사람이 살아가는 데 있어 가장 가치 있는 금이 세 가지가 있는데 그것은 바로 황금, 소금, 지금이고 그 중에서 지금이 제일 귀하다는 거야. 정말 금과옥조 주례사야." 조금 있으니 마누라에게서 문자가 왔다. "나에게 있어 가장 중요한 금은 지금, 현금, 입금이야." 홍길동은 할 수 없이 "방금 쪼금 입금"이라는 문자를 보냈다.

### 기도

- **마시면서 기도해**: 신도가 목사에게 기도하면서 술을 마셔도 되느냐고 묻자 목사는 절대 안 된다고 한다. 그러자 이번에는 술을 마시면서 기도해도 되냐고 되묻자 그것은 된다고 한다.
- **피우면서 기도해**: 신도가 목사에게 기도하면서 담배를 피워도 되느냐고 묻자 목사는 절대 안 된다고 한다. 그러자 이번에는 담배를 피우면서 기도하는 것은 되냐고 되묻자 그것은 된다고 한다.
- **씹으면서 기도해**: 신도가 목사에게 기도하면서 껌을 씹어도 되느냐고 묻자 절대 안 된다고 한다. 그러자 이번에는 껌을 씹으면서 기도하는 것은 되냐고 되묻자 그것은 된다고 한다.
- **밀면서 기도해**: 목사님의 마차가 수렁에 빠졌다. 아무리 밀어도 빠져나올 수 없자 하나님께 기도하기 시작했다. "전능하신 하나님, 저의 마차를 수렁에서 꺼내주십시오." 그러자 하나님의 소리가 들린다. "마차를 밀면서 기도해라."
- **로또나 사면서 기도해**: 홍길동은 제발 로또에 당첨되게 해달라고

밤낮으로 하나님께 기도했다. 그러자 어느 날 하나님께서 "로또라도 사고 나서 기도해라."

- 홍길동이 퇴근했는데 아들이 방에서 "하나님, 자전거 사주세요" 하면서 크게 소리를 지르고 있다. 아내에게 저 녀석 왜 저렇게 큰 소리를 지르고 난리냐고 묻자 아내가 "자전거 사달라고 하나님한테 기도한대요." 이 말을 듣고 남편이 "하나님은 조용히 기도해도 다 들으니 조용히 기도하라고 해." 아내가 아들 방에 다녀와서 하는 말, "하나님은 작은 소리도 잘 들어주시는데 아빠는 아무리 큰 소리를 쳐도 못 듣는다고 저렇게 고래 고래!"

### 이 반은 참 조용하구만

자율학습을 제대로 하고 있는지 보려고 교장선생님이 교실마다 돌아다니다가 시끄럽게 떠드는 어느 교실 앞에서 걸음을 멈췄다. 그리고는 뒷문을 열고 들어가 "여기가 2학년 3반인가? 옆 반 애들 깨니 조금 조용히 해요!" 그러자 조용해졌다. 그런 다음 교실을 나와 앞문을 열고 들어선다. 학생들이 쳐다보자 "이 반이 제일 조용하구만. 공부들 해" 하면서 나가신다.

### 효심이 지극해서

분명히 성적표가 나올 때가 된 것 같은데 아들이 내놓지 않자 어머니가 물었다. "왜 성적표를 보여주지 않니?" "선생님의 가르침을 제대로 실천하느라고요." "그게 무슨 소리냐?" "선생님께서 오늘 그러셨거든요. 부모님께 걱정 끼쳐드리는 일을 해서는 안 된다고요."

### 엘리자베스 여왕: 포격으로 왕실과 국민 사이가

독일군의 포격으로 버킹엄 궁이 무너지자 엘리자베스 여왕은 이렇게 말했다. "국민 여러분, 안심하십시오. 독일의 포격 덕분에 그동안 왕실과 국민 사이를 가로막고 있던 벽이 사라져버렸습니다."

### 철학자 쇼펜하우어: 2인분의 생각을

독일의 철학자 쇼펜하우어는 대식가로 알려져 있다. 어느 날 쇼펜하우어는 호텔 레스토랑에서 2인분의 식사를 혼자서 먹고 있었다. 옆 테이블의 사람들이 그 광경을 보고 "혼자서 2인분의 밥을 먹다니…" 라며 비웃었다. 왜냐하면 그 당시 상류 사회에서는 음식을 많이 먹는 사람을 업신여기는 풍조가 있었기 때문이다. 하지만 쇼펜하우어는 당황하지 않고 이렇게 말했다. "전 늘 2인분의 밥을 먹습니다. 1인분만 먹고 1인분의 생각만 하는 것보다 2인분을 먹고 2인분의 생각을 하는 게 더 나으니까요."

### 화가 고흐: 모델을 구했다

어떤 사람이 고흐에게 물었다. "돈이 없어서 모델 구하기가 힘드시다고요?" 그러자 고흐가 "하나 구했어요." "누구요? 나요. 그래서 요즘 자화상만 그려요."

### 모파상: 에펠탑의 경관

모파상은 파리의 경관을 망친다는 이유로 에펠탑 세우는 것을 반대했다. 그런 모파상이 매일 에펠탑에서 식사를 하는 것이 아닌가. 사람들은 모파상에게 에펠탑이 싫다면서 왜 여기서 식사를 하냐고 물었다. 모파상이 대답했다. "파리 시내에서 에펠탑이 안 보이는 유일한 곳이 여기니까요."

### 지휘자 프랑코: 지휘봉은?

내한 공연까지 한 하반신 장애인 지휘자 프랑코에게 기자가 물었다. "불편한 몸으로 어떻게 지휘봉을 잡으시나요?" "나만의 노하우가 있죠." "어떤 노하우인가요?" "바로, 오른손으로 잡습니다."

### 브람스: 천사에게는 구름이!

브람스가 파티에서 배짱 좋은 부인들에게 둘러싸였다. (그는 독신이었다.) 대화 도중 브람스는 대답이 궁색해지자 시가에 불을 붙였다. (시가는 연기가 많고 독하다.) 그러자 부인들은 금세 담배 연기에 휩싸였다. 그때 한 부인이 브람스에게 따졌다. "여보세요, 선생님! 숙녀들 앞에서 이렇게 담배를 피우시면 어떡해요?" 브람스가 대답했다. "아니, 천사들이 있는데 구름이 없어서야 말이 되겠습니까?"

### 연주자 막스 레거: 다음에는 황소 미뉴에트로

독일 함부르크 연주회에서 막스 레거는 슈베르트의 현악 5중주곡

〈송어〉를 연주하였다. 그리고 그다음 날 다섯 마리의 송어를 선물로 받았다. 레거는 즉시 감사의 편지를 보냈다. "부인, 어제 〈송어〉 연주가 매우 마음에 들었다는 뜻으로 보내주신 송어, 정말 감사드립니다. 다음에는 하이든의 〈황소 미뉴에트〉를 연주할 계획입니다. 착오 없으시기 바랍니다. 그럼 안녕히 계십시오."

### 처칠: 새가 날아가지 않는다

처칠이 궁중 무도회에서 춤을 추고 있는데, 상대하는 백작부인이 "아이고 수상님, 남대문이 열렸네요." 그러자 처칠이 하는 말 "백작부인, 걱정 마세요. 요즘은 문이 열려 있어도 새가 날아가지 않습니다."

### 영어 수업

영어수업 시간에 선생님이 김똘이에게 질문을 했다.

선생님: 'I can see'를 해석해본나."

똘이: ….

선생님: 'I'가 뭐꼬?

똘이: 나입니더.

선생님: 'can'은 뭐꼬?

똘이: 할 수 있다입니더….

선생님: 'see'?

똘이: 보다입니더….

선생님: 좋다! 그라모 이제 연결해본나.

똘이: 나는 할 수 있는가 보다!

## 앙드레 김을 만든 칭찬

앙드레 김의 본명은 김봉남으로 1935년 경기도 고양군 신도면 구파발리(현 서울시 은평구 진관동)에서 태어나 신도초등학교와 고양중학교를 1회로 졸업했다. 한 신도초등학교 동창은 그를 이렇게 기억했다. "봉남이는 그때 여자 같다고 하여 계집애라고 놀림당하기 일쑤였고, 그는 그런 일이 부끄러워 늘 아이들을 피해다니는 내성적인 친구였다." 또 친구들도 재수 없다고 그와 노는 걸 피하였고 그는 항상 외톨이로 지낼 수밖에 없었다. 중학교에 들어가서도 그와 같이 노는 친구들이 없었다. 체육시간에 모두 축구하러 운동장으로 나갔을 때 '봉남이가 우리 편이 되면 축구에 지니까' 친구들이 나가지 못하게 해서 텅 빈 교실을 혼자서 지키고 있었다. 그때 우연히 미술 선생님이 지나가다가 김봉남을 발견했고 자초지종을 미리 알고 있었던 미술 선생님이 그를 불러 미술실로 데려갔다. 그리고 김봉남이 그린 그림들을 보며 칭찬을 아끼지 않았다.

"이 그림 네가 그린 거 맞지?" "이런 그림은 아무나 그릴 수 있는 그림이 아니야." "너 참 대단하다." 그리고 봉남이를 꼭 안아주며 마지막 결정적인 한마디 칭찬을 했다. "너는 정말 훌륭한 미술가가 될 수 있어."

봉남이는 이 순간을 잊지 못했다. 칭찬을 받은 봉남이는 그 후로 달라졌다. 자긍심, 자존감이 생겨나기 시작한 것이다. 그 후 6.25전쟁으로 인해 부산에 피난 가서 고등학교를 다니며 패션디자이너의 꿈을 키우고 열심히 노력하였다. 드디어 1964년 영화배우 신성일과 엄앵란 결혼식 웨딩드레스를 디자인하면서부터 국내는 물론 세계적인 패션 아티스트로 자리매김하게 되었다.

죽을 때까지 그는 자신이 다닌 고양중학교를 자랑하였고 그때 미술 선생님을 평생의 은인으로 기억한다. 그가 매년 몇천만 원씩 고양중학교에 장학금으로 기부하고 어떤 때는 패션쇼 수입금 전부를 고양중학교에 기부하는 것만 보아도 그 당시 미술 선생님에 대한 은혜를 잊지 못하는 것이 확실하다.

### 나이는 아무도 훔쳐가지 않는다

어느 기자가 사슴목장을 찾았습니다. 주인 어르신과 얘기를 나눴지요. "사슴이 몇 마리나 되나요?" "289마리요." "그럼 어르신 올해 연세가 어떻게 되십니까?" "한 80 넘었는데, 끝자리는 잘 모르고 산다오." "아니, 사슴 숫자는 정확히 아시면서 어찌 어르신 나이는 모르십니까?" "그거야 사슴은 훔쳐가는 놈이 많아서 매일 세어보지만 내 나이야 훔쳐가는 놈이 없어서 그냥저냥 산다오."

### 웃는 돼지 머리가 더 비싸다

우리나라에서는 슈퍼컴퓨터를 사와 설치하면서도 고사를 지낸다. 고장 없이 슈퍼컴퓨터가 잘 돌아가기를 기원하면서 돼지 머리에 돈을 꼽으며 큰 절을 하는 것이다. 이때 사용하는 돼지 머리는 웃어야 비싸다. 웃는 돼지 머리가 웃지 않은 돼지 머리보다 30% 이상 더 비싼 것이다.

### 몇 번이고 넘어질 수 있다

처칠수상이 의회 개회 시간에 30분이나 늦어 황급히 계단을 올라가다가 그만 넘어지고 말았다. 이 우스꽝스러운 모습에 모든 의원들이 다 웃었다. 이윽고 연단에 선 처칠, "의원님들이 이렇게 웃을 수만 있다면 몇 번이고 넘어지겠습니다"라고 하여 다시 폭소를 자아냈다. 그리고 처칠이 내친김에 한마디 더 하였다. "사실 저처럼 아름다운 아내와 살다 보면 아침에 가끔 늦을 수 있다는 것을 이해해주실 것입니다. 그러나 제가 수상이니 다음 의회가 열릴 때에는 반드시 각방을 쓰도록 하겠습니다"라는 유머로 모든 위기를 웃어넘겼다.

### 건강함이 최고의 보물이다

자신의 가난한 처지에 대해 항상 불평을 늘어놓던 청년에게 어떤 노인이 물었습니다. "자네는 이미 대단한 재산(財產)을 가졌으면서 왜 아직도 불평(不平)만 하고 있나?" 그러자 청년은 노인에게 간절(懇切)하게 물었습니다. "대단한 재산(財產)이라니요? 아니 그 재산이 어디에 있다는 말씀이세요?" "자네의 대단한 재산이 어디에 있는지 알고 싶은가? 좋네, 자네의 양쪽 눈을 나한테 주면 자네가 얻고 싶을 것을 주겠네." "아니, 제 눈을 달라니요. 그건 안 됩니다!" "그래? 그럼, 그 두 손을 나한테 주게. 그럼 내가 황금(黃金)을 주겠네." "안 됩니다. 두 손은 절대 드릴 수 없어요." 그러자 노인은 웃으면서 이렇게 말했습니다. "두 눈이 있어 배울 수 있고, 두 손이 있어 일할 수 있지 않은가? 이제 자네가 얼마나 훌륭한 재산을 가졌는지 알겠구먼."

건강(健康)한 몸을 가지고 있는 것만으로도 커다란 축복(祝福)입니다. 돈을 잃으면 조금 잃는 것이고, 명예(名譽)를 잃으면 많이 잃는 것이고 건강(健康)을 잃으면 모두를 잃는 것이라고 했듯이 우리가 살아가는 데 재물(財物)이나 명예도 중요하지만 가장 중요한 건 바로 건강입니다. 돈이 없으면 살아가는 데 불편하지만 살 수는 있습니다. 또 명예를 잃으면 당당하진 못하더라도 살 수가 있습니다.

물론 살 수 있다고 다 기쁘고 행복한 건 아니겠지만 그래도 살아 숨쉬며 무엇인가를 할 수 있는 것처럼 기쁘고 행복(幸福)한 일은 없습니다. '전분세락(轉糞世樂)'이란 말이 있습니다. '개똥밭에 뒹굴어도 저승보다는 이 세상이 더 즐겁다'는 뜻입니다. 살아있으니 인생(人生)을 논(論)할 수가 있는 것이고, 희로애락(喜怒哀樂)도 삶을 이어갈 수 있을 때라야 의미(意味)가 있는 것입니다. 누리며 살아가는 즐거움을 뒷받침해주는 것이 바로 건강입니다. 그 어떤 것보다도 소중한 건강, 잃지 않도록 해야겠습니다.

### 긍정으로 행복하기

- 밥을 먹다가 돌이 씹혀도 돌보다는 밥이 많다며 웃는 사람은 행복한 사람입니다.
- 밥이 타거나 질어 아내가 미안해할 때 누룽지도 먹고 죽도 먹는데

무슨 상관이냐며 대범하게 말하는 사람은 행복한 사람입니다.

- 나의 행동이 다른 이에게 누를 끼치지 않는가를 미리 생각하며 행동하는 사람은 행복한 사람입니다.
- 남이 잘사는 것을 배 아파하지 않고 사촌이 땅을 사도 축하할 줄 아는 사람은 행복한 사람입니다.
- 자신의 직위가 낮아도 인격까지 낮은 것은 아니므로 기죽지 않고 당당하게 처신하는 사람은 행복한 사람입니다.
- 비가 오면 만물이 자라나서 좋고 날이 개면 쾌청해서 좋다고 생각하는 사람은 행복한 사람입니다.
- 하루 세 끼 먹을 수 있는 양식이 있다는 것을 감사하게 생각하고 비가 새도 바람을 막을 집에 살고 있다는 것을 감사하게 느끼는 사람은 행복한 사람입니다.
- 좋았던 추억을 되살리고 앞날을 희망차게 바라보는 사람은 행복한 사람입니다.

# 2.
# 웃음미스트로 환한 표정을!

## 웃음이 유머이며 유머가 웃음이다

유머는 웃음의 방아쇠를 당기기 위해 말을 재미있게 하는 것이다. 유머란 웃음꽃을 피우기 위해 말로 뿌리는 씨앗인 셈이다. 그런데 웃음은 반사효과(메아리효과, 에코효과)가 있어서 웃음 자체만으로도 웃음을 불러올 수도 있다. 그래서 유머달인은 기본적으로 웃기, 웃기기, 웃어주기를 잘하는 웃음미스트가 되어야 한다.

웃음은 미소 짓는 것부터 박장대소에 이르기까지 다양하다. 또 웃음에는 좋은 웃음도 있지만 나쁜 웃음도 있다. 좋은 웃음은 건강을 증진시켜 주지만 나쁜 웃음은 건강을 오히려 해친다. 여기에서 좋은 웃음과 나쁜 웃음을 가르는 기준은 상대방의 공감 여부이다. 함께 웃지 못하는 유머는 나쁜 유머로 일종의 언어폭력이다. 냉소와 고소, 비관은 아주 좋지 않은 웃음이다. 농담도 상대방이 웃지 않으면 잘못된 유머이다. 냉소(冷笑)란 말 그대로 '찬웃음'이다. 몸과 마음을 차갑게 만들고, 돌처럼 굳어지게 한다. 무관심과 부정적인 마음, 비관은 냉소를 낳고, 그 냉소가 바이러스처럼 번지면 개인도 사회도 절망의 벼랑 끝으로 빠지게 된다. 무조건 잘 안 될 것으로 생각하는 데 일이 잘될 수는 없는 것 아닌가! 냉소의 반대가 미소이다. 냉소와 미소는 같은 '웃음'이지만 하늘과 땅 차이이다.

행복해서 웃는 것이 아니라 웃어서 행복하다고 하듯이 유머가 있어서 웃는 것이 아니라 웃어서 유머가 되는 것이다. 웃음은 관상(觀相)과 심상(心相)을 바꾸고 인상(人相)이 변하게 하여 인생까지 바꾼다. 그래서 웃음은 인생까지 바꾸는 공짜 성형수술이다. 웃음을 웃으면 사람의 내면에 있는 향기가 천리 밖까지 퍼진다는 소향천리(笑香千里) 효과가 있다. 또 웃음은 거울효과, 반사효과, 메아리효과가 있어 옆에 있는 사람까지 웃게 만든다. 그래서 유머는 남에게 주는 최고의 선물이라고 한다.

내가 웃을 수 있다는 것은 내가 가난하지 않고 행복한 사람이라는 것을 나타낸다. 웃음은 최고의 화장법이며, 웃는 사람에게는 밤에도 해가 뜨고, 어떠한 고난도 감사할 수 있다. 웃으면 기분이 좋아지고 면역력이 증가하며, 스트레스가 줄어들고 혈압이 낮아진다. 웃으면 인생 대박, 찡그리면 인생 쪽박이다. 웃지 않은 날은 헛산 것이다. 재산을 얼마나 모았는가는 크게 중요하지 않다. 얼마나 웃고 살았느냐가 바로 잘 살았는가를 결정하는 바로미터이다. 웃음 횟수와 웃음량을 늘리는 삶이 행복한 삶이다. 그래서 삶의 고통에서 벗어나는 최고의 방법은 '웃어버리라'는 것이다. 이별 없는 삶이란, 고통 없는 삶이란 태어나지 않은 사람에게밖에 없다는 말을 새겨들을 필요가 있다. 그런데 사람들은 쓸데없는 걱정을 하면서 스스로를 못 살게 구는 것이 문제이다. 없는 병도 걱정하다 보면 생긴다. 스스로 걱정염려증 환자, 질병염려 환자, 피해망상증 환자가 되는 것이다. 웃음주의자에게는 이러한 병이 걸리지 않는다. 사람의 행복은 웃음에 비례한다. 긍정적이고 칭찬의 말을 하는 사람과 비난하며 욕설을 많이 하는 사람 중 누가 더 행복할 것인가?

① 좋은 웃음

- 갑자기 터져 나오는 웃음
- 입을 크게 벌리고 떠들썩하게 웃음
- 기쁜 웃음
- 실없는 웃음 또는 예쁜 웃음
- 귀염성 있는 웃음
- 소리 내어 크게 웃음
- 아양 떠는 웃음, 요염한 웃음
- 소리를 내지 않고 빙긋이 웃는 웃음
- 바보 같은 웃음

② 나쁜 웃음

- 거짓 웃음
- 같잖아서 웃는 웃움

- 간교한 웃음
- 남을 업신여기는 웃음
- 칼같이 날카로운 웃음
- 쓴웃음
- 조롱하여 비웃음
- 쌀쌀한 태도의 비웃음
- 코웃음, 비웃음
- 빈정거리며 웃음

③ 웃음과 관련된 사자성어

- 박장대소(拍掌大笑): 온몸으로 손뼉치며 웃는 것을 말함
- 파안대소(破顔大笑): 얼굴이 찢어질 정도로 크게 웃음
- 포복절도(抱腹絶倒): 배를 안고 몸을 가누지 못할 정도로 몹시 웃음
- 소향천리(笑香千里): 웃음의 향기는 천리에 퍼진다는 말
- 소인미인(笑人美人): 웃는 사람이 아름답다는 말
- 요절복통(腰折腹痛): 허리가 끊어질 듯하고 배가 아플 정도로 몹시 웃음
- 치자다소(痴者多笑): 어리석은 자가 많이 웃는다. 그렇지만 웃는 자가 못 웃는 자보다 더 행복하다.
- 일소일소(一笑一少) 일노일노(一怒一老): 웃으면 웃을수록 젊어지며 화를 내면 내수록 늙어진다는 말
- 무소환자(無笑患者) 혹은 무소증환자(無笑症患者): 웃음을 잃어버린 사

람을 말함. 대표적인 사람이 바로 히틀러이다.

- 소문만복래(笑門萬福來): 웃으면 복이 온다고 하는 말

## 유머란 나부터 웃는 것이다 웃으면 웃음이 따라온다

유머달인이 된다는 것은 나부터 잘 웃는 일이다. 그런데 나를 포함하여 우리나라 사람들은 대부분 잘 웃지 못한다. 외국 사람들은 우리나라 사람들의 첫인상을 "무슨 화난 일이라도 있는" 표정이라고 한다. 왜 그렇게 웃지 않느냐고 물어보면 대부분이 "웃을 일이 있어야죠!" 하고 대답한다. 그런데 웃을 일이 있어야 웃는다는 말은 뒷북치는 소리이다. 예부터 사람들이 찾아낸 결론은 "웃을 일이 있을 때까지 기다리지 말고 웃기부터 먼저 하라"는 것이다. 웃을 일이 생겨서 웃는 것이 아니라 웃으면 웃을 일이 생긴다고 말한다. "웃으면 복이 와요"를 뜻하는 소문만복래(笑門萬福來)나 "웃는 사람이 성공한다"라는 말이 바로 그것이다. 내가 웃어야 거울이 웃으며, 내가 웃어야 세상도 웃는다. 내가 웃어야 웃을 일도 생기는 것이다. 웃는 얼굴에는 침을 뱉지 못한다.

낙하산과 얼굴은 펴져야 사람이 산다고 하지 않은가! 낙하산이 펴지지 않는다면 당장에 사람이 죽기 때문에 미리 펴는 연습을 수없이 반복한

다. 그러나 얼굴은 펴지 않는다고 당장에 죽지는 않기 때문에 평소에 별로 연습하지 않는다. 그런데 얼굴을 펴지 못하고, 찡그리고 산다면 과연 살아있다고 볼 수 있을까? 그러므로 웃어야 한다. 허리가 끊어지도록 웃는 것이다. 웃다가 자빠지도록 웃고, 눈물이 나도록 웃으며 세상이 떠나가도록 웃고 실성한 사람처럼, 바보처럼 웃어야 한다. 세상은 웃는 사람이 주인이다. 인생은 웃는 사람에게 행복을 선물한다. 내면이 웃음, 미소, 긍정으로 가득하다면 나도 모르는 사이에 이들이 자연스럽게 밖으로 내비치게 된다.

내가 웃고 상대방도 웃고, 내가 웃기고 상대방도 웃고, 나는 안 웃지만 상대방이 웃고, 나는 안 웃기지만 상대방이 웃고, 나는 안 웃지만 상대방이 나를 웃긴다면 유머는 성공이다. 그러나 내가 안 웃고 상대방도 안 웃으면, 내가 안 웃기고 상대방도 안 웃으면, 내가 안 웃고 상대방도 나를 웃기지 못하면 유머는 실패하며 분위기는 썰렁해진다.

미소가 가득한 사람과 있으면 미소가
웃음이 가득한 사람과 있으면 웃음이
감사가 가득한 사람과 있으면 감사가
칭찬이 가득한 사람과 있으면 칭찬이
사랑이 가득한 사람과 있으면 사랑이 다가온다.
웃음, 감사, 칭찬, 사랑은 행복하기 연습이다.

## 웃음의 효력과 웃음 원칙

웃는 얼굴은 수명도 늘여준다. 미국에서는 활짝 웃는 메이저리그 선수들의 평균 수명은 79세이지만 별로 웃지 않는 선수들의 평균 수명은 72세였다는 연구결과를 밝히고 있다. 웃는 얼굴 덕분에 7년을 더 산 것이다. 웃으면 살고 화내면 죽는다(笑卽生 怒卽死)고 한다. 웃으면 인생 대박, 찡그리면 인생 쪽박이다. 웃지 않은 날은 헛산 것이다. 재산을 얼마나 모았는가가 중요한 것이 아니라 얼마나 웃고 살았느냐가 잘살았는지를 결정하는 바로미터이다. 웃음 횟수와 웃음의 양을 늘리는 삶이 행복한 삶이다. 인생이 고해라고 하지만 여기에서 벗어나는 최고의 방법은 바로 '웃어버리라'는 것이다. 이별 없는 삶이란, 고통 없는 삶이란 태어나지 않는 사람에게밖에 없다는 말을 새겨둘 필요가 있다. 그런데 사람들은 쓸데없는 걱정을 하면서 스스로를 못 살게 구는 것이 문제이다. 없는 병도 걱정을 하다 보면 생긴다. 스스로 걱정염려증 환자, 질병염려증 환자, 피해망상증 환자가 되는 것이다. 웃음을 잘 웃는 사람에게는 이러한 병이 다가오지 않는다. 긍정적이고 칭찬의 말을 하는 사람과 비난하며 욕설을 많이 하는 사람 중 누가 더 행복할 것인가?

## 웃음의 효력

웃음은 행복의 표현이며 그 효력은 마력에 가까울 정도로 대단하다.

- 웃음은 사람과 사람 사이에 좋은 관계의 끈을 맺어주며 이 끈을 단단하게 해준다. 좋은 인간관계는 직장생활 및 사업의 성공으로 이어진다. 웃음이 이처럼 인간관계를 좋게 하는 이유는 웃음이 재미지수(엔큐 ENQ: Entertainment Quotient)를 높여주기 때문이다.
- 웃음은 인간만이 가지는 최고의 매력 포인트이다. 웃음은 유머러스한 상황을 만들며 유머는 웃음을 불러온다. 그래서 유머가 있는 사람은 매력이 있는 사람이 된다. 유머는 인간의 최고 문화 수준이며 웃음은 신이 인간에게 준 가장 큰 선물보따리이다.
- 성공해서 웃는 것이 아니라 웃으니까 성공한다. 하버드 졸업생 중에서 미소를 짓고 사진을 찍은 집단과 그렇지 않은 집단에 대해 30년 후 삶을 추적해보고 "웃으며 사진을 찍은 집단이 그렇지 않은 집단보다 훨씬 더 성공하였으며 행복하게 살고 있다"는 것을 확인하였다.
- 엔도르핀, 도파민, 옥시토신 증가로 면역력이 커지며, 스트레스가 줄어들고 혈압이 낮아져서 심장마비의 위험성도 적어진다.
- 웃음은 평생 복용해도 전혀 부작용이 전혀 없는 최고의 무료 보약이다. 웃음은 내장운동, 정신건강운동이기 때문이다. 웃음보약을 많이 먹을수록 9988234, 즉 99세까지 88하게 23십대처럼 사(4)는

복을 받는다.

〈웃음은 행복이다〉

행복해서 웃는 것이 아니라 웃어서 행복한 것이다.

복이 있어 웃는 것이 아니라 웃어서 복이 있는 것이다.

성공해서 웃는 것이 아니라 웃어서 성공한 것이다.

칭찬거리가 있어 칭찬하는 것이 아니라 칭찬하면 칭찬거리가 생긴다.

긍정적인 사람이 유머를 하는 것이 아니라 유머를 하면 사람이 긍정적이 된다.

그러므로

사랑받으려면 먼저 사랑하라. 칭찬받으려면 먼저 칭찬하라.

유머를 하려면 먼저 유머를 하라. 행복하려면 먼저 웃어라.

성공하려면 먼저 웃어라. 웃기려면 먼저 웃어라. 즐거우려면 먼저 웃어라.

## 웃음 원칙

웃음도 원칙을 알고 웃으면 더 효과가 있다.

① 웃음의 양과 웃음 횟수를 늘려라

- 시간을 정해놓고 웃어라, 그리고 시간을 점점 늘려라.
- 회의할 때 먼저 웃고 시작하라, 아이디어가 샘솟는다.
- 오래 살려면 웃어라, 1분 웃으면 이틀을 건강하게 더 산다.
- 돈을 벌려면 웃어라, 잠깐 웃을 때 5백만 원 상당의 복이 들어온다.
- 죽을 때도 웃어라, 천국의 문은 저절로 열리게 된다.
- 남을 웃겨라, 내가 있는 곳이 웃음천국이 된다.
- 사랑을 고백할 때 웃으면서 하라, 틀림없이 점수가 올라간다.
- 웃으면서 물건을 팔라, 사는 사람이 하나 살 것을 두 개 사게 된다.
- 물건을 살 때 웃으면서 사라, 파는 사람의 서비스가 달라진다.
- 돈을 빌릴 때 웃으면서 말하라, 웃는 얼굴에 침 뱉지 못한다.
- 옛날 웃었던 일을 회상하며 웃어라, 웃음의 양이 배로 늘어난다.
- 웃기는 책을 그냥 읽지 말라, 웃으면서 읽어보라.
- 도둑이 들어와도 두려워 말고 웃어라, 도둑이 놀라서 도망친다.
- 웃기는 개그맨처럼 행동해보라, 어디서나 환영받는다.
- 비디오는 웃기는 것을 선택하라, 웃음 전문가가 된다.
- 화날 때 화내는 것은 누구나 한다, 그러나 화가 나도 웃으면 화가 복이 된다.
- 우울할 때 웃어라, 우울증도 웃음 앞에서는 맥을 쓰지 못한다.
- 힘들 때 웃어라, 진정한 웃음은 힘들 때 웃는 것이다. 모르던 힘이 저절로 생겨나고 일이 잘 풀릴 것이다.
- 아프면 웃어라, 웃음에는 모르핀의 1,000배나 되는 천연 진통제

엔도르핀(endorphine)이 몸에서 생산된다. 산삼 이상의 효과가 나타난다. 병원과는 영원히 바이 바이(bye bye)다.

- 웃는 사진을 걸어 놓고 수시로 바라보라, 웃음이 절로 난다.
- 웃음노트를 만들고 웃겼던 일 웃었던 일을 기록하라, 웃음도 학습이다.
- 웃는 데는 시간과 장소가 필요 없다, 웃음에는 바쁘다는 핑계를 대지 마라.
- 슬프면 웃어라, 슬픔도 기쁨으로 변한다.
- 빚쟁이가 오면 웃어라, 그도 웃으면서 돌아간다.
- 행복을 나누려면 웃어라, 웃음은 행복을 공유한다.
- 꽃을 그냥 보지 말라, 꽃처럼 웃으며 감상하라.
- 대화하면서 웃자, 이야기가 끝까지 잘 풀린다.
- 최후까지 웃음을 잃지 마라, 최후에 웃는 자가 승리자다.
- 내가 먼저 웃자, 그러면 남도 웃고 세상도 웃는다.
- 다 함께 웃자, 함께 웃으면 행복이 33배로 늘어난다.
- 마음까지 웃자, 얼굴 표정보다 마음 표정이 더 중요하다.
- 사랑하면 자신 있게 웃자, 사랑하는 마음이 웃음에 담겨 상대에게 전염되어야 한다.
- 아이처럼 자주 웃자, 자주 웃을수록 더 좋다.
- 시원하게 그냥 웃자, 자존심은 접어둬도 좋다.
- 꿈을 이뤘을 때를 상상하며 웃자, 꿈과 웃음은 한 집에 산다.
- 즐거운 생각을 하며 웃자, 즐거운 웃음은 즐거운 일을 창조한다.

웃으면 복이 오고 웃으면 웃을 일이 생긴다.

- 한 번 웃고 또 웃자, 웃지 않고 하루를 보낸 사람은 그날을 낭비한 것이다. 억지웃음도 웃음이다. 억지로라도 웃자.

② 아침부터 웃어라

- 일어나자마자 눈을 떴으니 감사하고 일어났으니 감사하고 세상을 볼 수 있으니 감사하다고 생각하면서 웃자.
- 아침에 첫 번째 웃는 웃음이 보약 중의 보약이다.
- 아침에 일어나 "오늘도 상쾌하다. 하하하" 하면서 힘차게 웃음으로 하루를 시작하라, 활기찬 하루가 펼쳐진다.
- 세수할 때 거울을 보며 "잘생겼다" "참 건강하다" "참 사람 좋다" 등 자신을 칭찬하며 웃으라.
- 거울을 보고 웃자, 미소를 지으면 거울 속의 사람도 나에게 미소를 보낸다. 거울은 절대 혼자 웃지 않는다.
- 밥을 그냥 먹지 말라, 웃으며 먹으라. 그러면 밥은 피가 되고 살이 된다.

③ 출근해서도 웃고 퇴근해서도 웃고

- 모든 만남은 웃음으로 시작하라! 자신과의 만남, 동료와의 만남, 친구와의 만남 등 모든 만남을 웃음으로 시작하라. 만나는 사람을 죽은 부모가 살아온 것처럼 대하라. 기쁨과 감사함이 충만해진다. 첫인상이 좋으면 끝까지 좋다.

- 집을 나서며 '오늘은 또 어떤 재미있는 일이 생길까!' 기대에 가득 차서 하하하 웃고, 모르는 사람에게도 미소를 보여라. 마음이 열리고 기쁨이 넘친다. 만나는 사람마다 웃으며 대하라. 최고 인기인이 된다.
- 웃으며 출근하여 "안녕하세요? 넥타이가 정말 멋지네요"라고 인사하며 하하하 웃으라.
- 신나게 일하면서 "좀 더 잘해보자"며 하하하 웃으라.
- 웃으며 퇴근하라. "오늘도 보람찼다" "역시 나는 잘해" "좋은 사람들과 많이 만났어","참 즐거운 날이야" 하며 하하하 웃으라.
- 집에 돌아와 가족들과 만나면 '내 사랑하는 아내' '즐거운 나의 집' '사랑하는 아이들'과 함께 하하하 웃어라.

## 웃음도 연습이다

어떻게 해야 잘 웃을 수 있을까? 잘 웃는 비결도 웃음연습과 노력이다. 평소에 잘 안 웃는 사람이라 하여도 입꼬리를 올리고 눈꼬리를 내리며 웃는 연습을 하다 보면 웃는 사람이 된다. 웃음 연습을 통해 웃는 사람, 웃기는 사람, 미소가 있는 사람으로 몸 기억이 바뀔 때 항상 웃을 수 있는 사람으로 태어난다. 평소에 웃음과 담을 쌓고 지내던 사람도 웃음 연습을 계속하면 잘 웃게 된다. 따라서 웃는 사람이 되기 위해서는 되풀이하여 웃음을 연습하는 것이다. 이를 위해서는 웃음 노력중독자, 웃음 연습중독자가 되어야 한다. 헤밍웨이는 하루에 연필 10자루를 사용하는 습작을 통해 결국 《노인과 바다》라는 노벨문학상 작품도 쓰게 되었다. 사라사테는 하루에 14시간씩 연습하여 세계 최고의 〈G선상의 아리아〉를 연주할 수 있었다. 인디언은 기우제를 올리기만 하면 비가 내린다고 한다. 왜냐하면 비가 내릴 때까지 계속해서 기우제를 지내기 때문이다. 한승헌 변호사는 의뢰인을 반드시 감옥에서 꺼내준다고 한다. 그 비결은 의뢰인이 감옥에서 나올 때까지 기다리기 때문이란다. 유머달인도 10,000시간 원칙, 즉 하루에 3시간씩, 일주일에 20시간, 1년 1,000시간씩을 10년 투자하면 틀림없이 등극하는 것이다. 전문가가 되면 커다란 웃음보가 생기고 그것이 풍선처럼 부풀어 있다가 당기만 하면 뻥하고 터지게 된다.

사람은 울고 태어나지만 죽을 때까지 웃어야 제대로 삶을 살도록 되어있다. 그런데 조물주가 사람에게 웃음보만 선물로 주었지 그것을 여는 열쇄는 각자에게 맡겨두었다는 데 문제가 생긴다. 그러다 보니 사람들 중에는 이 선물 보따리를 풀어보지도 못하고 죽는 경우가 많이 생긴다. 심지어는 웃음보라는 선물이 있는 줄도 모르고 산다. 그러므로 이 책을 읽는 사람들은 나에게 웃음보가 있다는 사실을 분명히 깨닫고 웃음보를 풀어보도록 노력해야 한다. 웃음은 10초 이상 하루에 세 번 이상 웃을 때 얼굴 근육과 몸 근육이 웃음을 기억하며 웃음보가 커진다. 소위 웃음의 몸 기억이 만들어진다. 웃기와 미소 연습은 누가 대신할 수 있는 것이 아니다. 자연스럽게 웃음이나 미소가 나올 수 있을 때까지 스스로 계속 연습해야 한다.

## 웃음에도 선행학습이 필요하다

낙하산과 얼굴은 펴져야 사람이 산다. 평소에 많이 웃어본 사람들은 얼굴이 잘 펴진다. 웃음보도 크고 그것을 풀어봤기 때문이다. 그러나 대부분의 사람들은 평소에 웃어보지 않아 웅크려진 얼굴을 하고 있다. 웃음능력이 없는 것이다. 심지어는 "한번 웃겨봐라", "나는 절대 안 웃어" 하면서 버티는 사람들도 있다. 이런 상황에서 유머를 하려면 인위적이지만 사전에 미리 다음과 같이 웃음 연습을 해서 얼굴을 펴보도록 하는 것이 필요하다. 낙하산도 잘 펴기 위해서는 훈련에 훈련을 거듭하지 않는가!

"자, 우리 얼굴 펴는 연습을 한번 해봅시다. 얼굴과 낙하산은 펴져야 사람이 산다고 하지요" 하면서 다음과 같이 유도한다. "나를 따라서 함께 복창하세요."

"하, 하하, 하하하, 하하하하, 하하하하하하."

"이번에는 각자가 하하하를 네 번, 여덟 번, 열두 번, 열다섯 번, 스무 번까지 웃어보도록 합니다. 이때 여덟 번 이상은 내가 몇 번을 웃었는지 헤아리기 어렵기 때문에 네 번씩 혹은 다섯 번씩 끊어서 웃습니다. 예를 들어 열 번 웃으려면 "하하하하하 하하하하하" 이렇게 두 번으로 끊어서 웃는 것입니다. 다섯 번씩 네 번을 웃어야 하는 스무 번 웃기에도 도전해 봅시다. 실제 해보면 쉬운 일이 아니라는 것을 알 수 있습니다."

이어서 박장대소하는 방법을 알려주면서 실제 박장대소를 해본다. 박장대소를 하게 되면 얼굴이 잘 펴지며 몸에 가장 좋다는 엔도르핀 내지는 다이돌핀이 다량 분출된다. 박장대소를 하게 되면 암세포까지 도망간다. 박장대소란 다음과 같이 웃는 것을 말한다.

- 입꼬리는 최대한 올리고 눈꼬리는 최대한 내리며 웃는다.
- 손뼉을 치며, 목 · 어깨 · 배를 흔들며 온몸으로 웃는다.
- 최대한 큰 소리로 삼척동자처럼 웃는다.
- 항문을 꽉 조이면서, 웃음소리가 단전(아랫배)으로부터 위로 올라가도록 웃는다.
- 숨을 멈췄다가 10초 이상 숨을 완전히 뱉으면서 웃는다. 처음에는 6~7초 웃으면 숨이 다 뱉어져서 더 웃질 못한다. 그러나 몇 차례 연습하게 되면 10초 이상까지 웃을 수 있다.
- 허리가 끊어질 때까지(요절복통, 포복절도), 눈물이 날 때까지 웃는다.

## 혼자 있을 때 많이 웃자

혼자 있을 때 최대한 많이 웃자. 웃을 때 웃음 주름이 얼굴에 생긴다. 어깨에도 웃음근육이 생긴다.

- 거울을 보면 무조건 미소를 짓는다. 거울이 없더라도 거울이 앞에 있다고 생각하면서 웃거나 미소를 짓는다. "야, 너 참 잘생겼다. 야, 너 참 이상하게 생겼다. 야, 너 참 웃기게 생겼다. 야, 너 주름

만드느라고 고생 많았다" "네 주름은 참 멋져" 등을 생각하며 웃는다. 배우들은 거울 앞에서 볼펜을 입으로 물어 입꼬리를 올리고 눈꼬리는 내리는 연습을 한다. 사진 찍을 때 사진사는 모두에게 "김치, 위스키, 워치, 갈치, 꽁치" 등을 외치라고 한다. 억지로라도 입꼬리는 올리고 눈꼬리는 내리도록 유도하는 것이다.

- 자화자찬을 자주 한다. 매일 자신에게 감사를 선물하면서 웃자. 오늘도 보고 들을 수 있으니, 오늘도 걸어다닐 수 있으니, 오늘도 친구들과 만날 수 있으니, 오늘도 맛있는 음식을 먹을 수 있으니, "당신 덕분이야, 와우, 이게 어디야, 내가 복이 많아, 감사하지" 등을 생각하면서 웃는다. 이렇게 자화자찬과 감사함을 계속하며 웃다 보면 실제로 자화자찬할 일, 감사할 일도 따라온다.
- 혼자 운전할 때는 꼭 웃는다. 차 속의 공간은 완전히 나의 것이므로 아무리 큰 소리로 웃어도 방해를 받지 않는다. 이때 "하하하" 열다섯 번, "하하하" 스무 번 해보기에 도전한다. 박장대소하며 눈물 나도록, 숨이 끊어질 때까지 큰 소리로 웃는다.
- 박장대소는 최고의 무료장수명약이다. 박장대소하며 온몸으로 웃는다. 눈 · 맘 · 몸 · 입 · 말까지 다 웃는다. 어깨와 목까지 함께 웃을 때 진짜 웃음이다. 매일 세 번 이상 무조건 박장대소를 한다. 10초 이상을 웃어야 얼굴에 웃음 근육이 생긴다.
- 아이를 보면 미소를 지으며 웃는다. 아이를 보는 데도 웃지 않으면 아이가 운다.
- 산책하거나 산행하며 웃는다. 누가 들으면 미친 사람이라고 할지

도 모른다. 그러나 웃는 사람이 결국 이긴다. 내가 웃는 것이다. 자신 있게 큰 소리로 웃어라.

- 개그 코너를 볼 때, 유머 책을 읽을 때 웃으면서 보며 웃으면서 읽는다. 그렇게 할 때 그 유머는 내 것이 되며 내 몸은 웃음 조깅을 한다. 누구의 눈치를 보면서 웃는 것이 아니라 내가 그냥 웃는 것이다. 웃음은 부끄러운 일이 아니다.
- 졸면서도, 멍 때리면서도, 무의식 상태에서도, 명상하면서도 항상 미소를 지어라. 죽음도 편안하게 맞이하려면 평소에 웃음 연습을 많이 해서 내공을 쌓아야 한다. 어떤 상황에 처해서도 내면이 평화롭고 편안하며 안정적이어서 그것이 미소로 발현될 정도가 되면 이것을 인간으로써 자기수양의 최고의 경지에 이르렀다고 할 수 있다.
- 주위에 사람이 있어서 큰 소리로 웃기가 망설여진다면 주저하지 말고 자기의 휴대폰을 꺼내서 귀에 대면서 마치 통화라도 하듯이 웃어라. 통화만 되면 무조건 아무 이유도 없이 박장대소하자고 약속한 웃음친구를 둬서 웃어라.
- 오석준의 〈웃어요〉를 따라 부르며 웃어라.

세상 사람들은 언제나 삶은 힘들다고 하지만

항상 힘든 것은 아니죠 가끔 좋은 일도 있잖아요

웃어요 웃어봐요 모든 일 잊고서

웃어요 웃어봐요 좋은 게 좋은 거죠

## 웃음 선물을 주자

웃음 선물은 남에게 줄 수 있는 최고의 선물이며 동시에 나 자신에게 주는 선물이다. 아무리 낭비해도 좋은 것이 웃음 선물이다.

- 상대에게 웃음을 주려면 나부터 웃어야 한다. 그리고 내가 웃어서 남을 웃길 수만 있다면 그 웃음이 화려하고 대단할 필요는 없다. 그냥 내가 웃으면 되는 일이다. 입에서는 웃음과 칭찬이 얼굴에는 미소가 가득하다면 당신은 이미 유머달인이다.

웃음 선물은
나부터 웃고 미소를 짓는 일이다.
나부터 상대방을 칭찬하는 일이다.
나부터 나 자신을 낮추는 일이다.
나부터 상대방을 높이는 일이다.

- 지위가 높은 사람, 고상한 사람, 나이든 사람은 자신을 적당히 낮추면 웃음 선물이 이루어진다. 소위 신분 낙차의 크기가 웃음을 유발하는 것이다. 지위가 상대적으로 높은 사람이 자신의 부족한 면, 자신의 약점을 이야기하는 경우, 자신도 사실 보통 사람과 똑같은 고민을 가지고 있다고 말하는 경우, 자신이 관리를 잘못하여 살이 너무 쪘다거나 기타 남모르는 고민을 이야기하는 경우, 상

대방은 당신 같은 사람도 약점이 있다는 것을 알게 되면서 생기는 일종의 동지의식 등으로 경계심, 경각심을 지워버리며 함께 웃을 수 있게 된다. 회사 CEO가 바보가 되는 1인극을 해보는 것도 이러한 상황을 만들기 위한 것이다. 2020 아카데미 감독상을 받은 봉준호 감독이 "스콜세지 감독 앞에서 감독상을 수상한다는 것은 비현실적인 느낌이다"라면서 자신을 낮춤으로써 웃음과 찬사를 받았다. 미국의 퍼스트레이디였던 낸시 여사가 당시 인기드라마 〈위기의 여자들〉의 주인공이 "바로 나"라고 하여 사서직 출신의 딱딱한 이미지를 일거에 지워버리면서 일약 유머리스트가 된 것도 자신을 낮춤으로 이뤄진 것이다.

- 상대방을 가급적 높여주는 것이다. 나를 높이려면 상대방을 높여야 한다고 하지 않은가! 상대방으로 하여금 존중받고 있다는 생각을 갖도록 할 때 상대방은 마음이 넓어지면서 맘을 쉽게 열고 웃음을 웃는다. 상대방이 과거에도 최고였고, 지금도 최고이며, 앞으로 최고일 사람으로 대해주는 것이다. 상대방에 대한 장점을 찾아내어 적시에 칭찬의 말을 하면 바로 웃음으로 화답한다.
- 내 유머에 대해 상대방에게서 미소가 보이면, 웃음이 보이면 이에 뒤질세라 바로 더 웃어주는 것이다. 이렇게 되면 상대방은 덩달아서 또 웃게 된다.

## 가나다마다, 요일마다, 숫자마다 웃는다

① 가나다로 웃는다

가-가다가도 웃는다. 나-나부터 웃는다. 다-다함께 웃는다. 라-라일락처럼 향기 나게 웃는다. 마-마음껏 웃는다. 바-바라보며 웃는다. 사-사랑하며 웃는다. 아-아침부터 웃는다. 자-자면서도 웃는다. 차-차 안에서 웃는다. 카-카나리아처럼 밝게 웃는다. 타-타잔처럼 큰 소리로 웃는다. 파-파도치듯 거창하게 웃는다. 하-하루에 세 번 이상씩 웃는다.

② 요일마다 웃는다

월요일은 월래 웃는 날, 화요일은 화끈하게 웃는 날, 수요일은 수십 번이고 웃는 날, 목요일은 목 터져라 웃는 날, 금요일은 금방 웃고 또 웃는 날, 토요일은 토하도록 웃는 날, 일요일은 일부러 웃는 날이다.

③ 숫자마다 웃는다

1 일부러 웃는다, 2 이참에 웃는다, 3 삼삼오오로 웃는다, 4 사정없이 웃는다, 5 오늘도 웃는다, 6 유쾌하게 웃는다, 7 칠칠맞게(야무지고 단단하게) 웃는다, 8 팔팔하게 웃는다, 9 구수하게 웃는다, 10 열열하게 웃는다.

# 3. 뻔뻔마인드 옷 입기

월남 이상재 선생은 70세에 YMCA 회장을 하셨다. YMCA 사무실에 나와서는 젊은이들과 어울려 장기를 두며 놀았다. 그런데 장기를 두다 보면 "한 수 물려달라", "못 물려준다" 하며 옥신각신하기 마련이다. 이런 모습을 본 월남 선생의 친구들이 "이 사람이 나잇살이나 먹어가지고 체신머리 없이 애들과…"라고 나무랐다. 이 말을 들은 이상재 선생은 "이보게, 내가 젊어져야지 젊은이보고 늙으라고 할 수는 없지 않은가! 나이든 사람은 젊어봤지만 젊은 사람은 늙어본 적이 없지 않은가! 체면을 내려놓아야 젊은이들과 소통할 수 있는 것이라네."

이렇게 스스로를 내려놓고 당당하고 뻔뻔하게 노닥거리며 낄낄댈 수 있어야 유머달인을 향한 첫걸음을 떼는 것이다. 이러한 뻔뻔 마인드의 정도는 바로 펀펀(fun fun)의 수준이 된다. 경영에서도 최고경영자인 사장(社長)이 구성원의 수준에 맞추어 자신을 낮추면서 한 마음이 될 때 갑질 경영이 아닌 공감경영, 서번트리더십(servant leadership)이 가능하게 된다. 이런 마인드가 없으면 그 사장은 그 바닥에서 사장(死藏)될 것이다. 회사(company)란 함께(com) + 즐기는 것(funny)이라고 하지 않는가! 유머는 뻔뻔하게 체면을 내려놔야 뻔뻔, 즉 펀펀 할 수 있다.

뻔뻔 마인드를 가져야 한다고 하여 자존심까지 다 버리라는 것은 아니다. 비굴해서는 안 된다. 스스로를 낮추는 것과 비굴함은 서로 다르다. 또 철면피나 가식 또는 만용으로 가라는 말은 결코 아니다. 자존감, 자긍심, 자신감이 바탕에 있는 뻔뻔 마인드를 이야기하는 것이다.

## 뻔뻔해지는 것도 훈련과 노력으로 얻을 수 있다

① 체면을 내려놓자

각종 체면의 옷을 벗어버려야 한다. 유머에서 필요한 자신감, 넉살, 뻔뻔함을 갖기 위해서는 우선적으로 자신이 걸치고 있는 나이, 체면, 지위 등을 내려놔야 한다. '이 나이에, 내가 어른인데, 내가 부장인데' 등을 잔뜩 껴입고 있는 상태에서는 유머를 제대로 하기 어렵다. 이것들을 몽땅 벗어버리고 민낯으로, 자신을 최대한 낮춰서 다가갈 때 성공적으로 유머를 할 수 있다. 바보짓 해보는 것, 영구가 되어보는 것, 마빡이가 되어보는 것 등으로 분장을 하고 1인 연기를 해본다. 몇 번 하다 보면 자신이 뻔뻔해짐을 느낄 수 있다. 또 뻔뻔마인드를 갖기 위한 가장 대표적인 연습방법은 아재개그를 많이 외우고 해보는 것이다. 아재개그를 논리적으로 외우기는 힘들다. 아재개그는 태생이 논리적이지 않기 때문이다. 그래서 아재개그는 그냥 외워야 한다. 외우기 어렵다면 항상 메모를 하여 가지고 다녀야 한다. 얼토당토 않는 아재개그를 하고 들이대면 처음에는 '나잇살이나 먹어 가지고, 그래도 배운 사람이, 임원이나 되는 사람이' 하며 속으로 흉을 보거나 불편해할 수 있다. 그러나 몇 번 이러한 행동을 보여주면 격하게 가까워지면서 서로 마음을 여는 관계로 발전하게 된다.

② 자신의 약점이나 단점도 이겨내자

내 자신의 약점이나 단점을 자신 있게 드러낼 수 있어야 한다. 등소평의 작은 키는 그의 최대 약점이었다. 기자들도 이것을 끈질기게 물고 늘어졌다. 이에 대해 등소평은 "내가 만약 키가 컸더라면 여러분이 아마 나를 볼 수 없었을 것이다"라며 말머리를 꺼냈다. "왜냐하면 나는 키가 작아 100만 대장정을 하면서 수많은 공격을 받았지만 총알을 피할 수 있었으니까요."

유머를 하려면 이처럼 자신의 약점을 드러내는 뻔뻔함이 필요하다. 스스로 웃는 바보가 되는 용기가 있어야 하는 것이다. 자신의 약점을 인정하는 순간 다른 사람들이 나를 얕잡아 볼 것이라는 생각은 일종의 강박관념이다. 오히려 자신의 약점과 한계를 솔직하게 인정하여 상대방이 마음의 문을 열도록 하면 약점을 숨기느라 힘과 노력을 소모할 필요가 없게 된다. 그렇게 되는 순간, 우리 안에 잠재되어 있었지만 우리가 미처 깨닫지 못했던 유머능력도 깨어날 수 있다. 우리는 자신의 불완전함을 받아들임으로써 그 불완전함을 관리할 수 있는 것이다. 이렇게 할 때 타인과의 사이에 존재하던 인공적인 장벽도 허물어진다.

### ③ 자신감을 갖자

유머 치에서 벗어나 뻔뻔한 유머달인이 되기 위해서는 유머에 대한 자신감을 갖는 일이다. "나는 유머를 못한다. 나는 유머에 재능이 없다. 나는 유머 치다"라고 생각한다면 유머달인이 되기 어렵다. "나만 그런가? 다들 마찬가지야, 나도 할 수 있어, 특별한 사람은 별로 없어"라고 생각하며 가능성에 대해 자기암시를 하는 것이 필요하다. 소위 체면불구, 넉살 갖기, 나이 잊기, 뻔뻔하기 등의 자기 최면이 필요한 것이다. "내가 상사인데, 내가 교수인데, 나는 체면이 높은 사람인데, 내가 왕년에 어떤 사람이었는데, 내가 이 나이에" 등으로 자신을 얽어맨다면 유머달인 되기는 매우 어렵다. 웃기는 바보가 못 웃기는 똑똑한 사람보다 훨씬 나은 법이다. 뻔뻔하게 유머를 말하고 만약 상대방이 약간이라도 반응을 보이면 내가 더 마구 웃어야 한다. 그러면서 웃는 나 자신에게 스스로 취해보라. 상대방도 덩달아서 웃음에 취하게 된다.

듣는 사람이 "저 사람 제정신으로 하는 소리야?" 하고 놀랄 만큼 마구 농담을 던질 수 있어야 유머의 입이 터진다. 유머랍시고 말을 꺼냈는데 말도 더듬거리며, 아무도 웃지 않고 빤히 나만 쳐다보는 상황에 부딪칠 때일수록 뻔뻔하게 이를 돌파할 수 있어야 하는 것이다. 내가 이야기한 유머가 허공에 메아리가 될망정, 달밤에 체조가 될지언정, 아무리 썰렁하게 얼어붙을지언정 냅다 해버리는 용기가 필요하다. 이것은 유머로 가기 위한 첫 관문이기 때문이다. 어처구니란 맷돌의 손잡이를 말한다. 어처구니가 없다는 것은 맷돌의 손잡이가 없다는 것이며, 따라서 맷돌을 돌릴 수 없다. 어처구니가 없는 맷돌은 소용이 없다. 유머는 말하자면 어처구니없이 뱉어버려야 한다. 시치미란 매의 발에 매놓은 주인의 표시를 말하는데 이것을 떼어버린다는 것은 주인이 누구인지를 알 수 없게 해버린다는 뜻이다. 유머는 시치미를 딱 떼고 무대포로 뱉어버려야 하는 것이다.

④ 썰렁함을 이겨내자

썰렁해진다고 의기소침할 필요까지는 없는 것이다. 상대방이 웃지 않더라도 아재개그를 그냥 막 날리는 뻔뻔함을 익혀야 하는 것이다. 유머 실패는 오히려 유머성공의 비결이다. 아무리 좋은 부적도 귀신이 무식하면 못 알아볼 수 있으니 실망하지 말라. 뻔뻔 마인드가 클수록 유머달인이 되기 쉽다. 썰렁 해를 건너면 바로 좋아해, 사랑해가 다가온다.

예를 들어 여러분의 앞에 많은 사람들이 웃을 생각을 전혀 하지 않고 우두커니 당신을 쳐다보고 있다고 상상해보자. 이런 상황에서는 아무리 유머를 잘해도 웃기기는 쉽지 않다. 그 근본적인 이유는 청중이 웃을 준비가 전혀 안 되어 있기 때문이다. 이런 상황에서 성급하게 웃음을 기대한다면 착각이다. 그러므로 아이스브레이킹(ice-breaking) 과정이 필수적이다. 일단은 차가운 분위기, 얼어붙은 분위기부터 깨고 웃을 수 있는 예열을 충분히 한 다음 유머에 들어가야 한다. 이러한 과정이 없이 그냥 유머로 직행한다면 결과는 실패할 것이 뻔하다.

⑤ 유머는 내가 하는 것이다

내가 말솜씨가 없다고 해도 그것이 오히려 나 나름의 개성이라고 생각해보자. 어눌한 말씨, 거짓말 못하는 성격, 표정관리가 안 되어 아무것도 숨기지 못하는 얼굴 등 내가 가진 약점들도 사실은 내 유머의 특성이 될 수 있는 것이다. 약점을 긍정으로 전환시키는 긍정 마인드가 필요하다. 자신의 목소리 내지는 생김새 등을 이용하여 나와 비슷한 배우나 명사의 흉내를 내거나 짐승이나 사물들의 소리를 흉내 내보면서 뻔뻔함을 훈련한다.

⑥ 119유머를 준비하라

갑자기 유머를 해달라는 경우에도 당황하지 말아야 한다. 이런 때를 대비하여 항상 써먹을 수 있는 소위 119유머를 준비하여 활용하여야 한다. 119유머란 평소에 자주하여 입에 붙어 있는, 말하자면 애창곡 같은 유머이다. 이 유머는 버튼만 누르면 자동으로 튀어나올 수 있도록 몸에 녹음된 유머이다. 전에 같은 119유머를 써먹어봤건 안 써먹어봤건 상관없다. "유머 좀 해봐!"라고 하면 무조건 119유머 하나를 뻔뻔하게 또 해버리는 것이다. 이 유머에 덧붙여서 몇 가지 다른 유머를 실타래 풀 듯 풀어간다면 당신은 당당한 유머달인이다. 또한 미리 준비한 3행시, 스토리 등으로 자기를 소개하기, 준비한 건배사 하기, 시키지 않아도 노래 부르기, 셀프 앙코르 하며 노래 더 부르기, 다른 사람보다 마이크 0.5배 더 잡기 등으로 뻔뻔해지기 훈련을 한다.

## 뻔뻔 유머

상대방이 전혀 예상치 못한 엉뚱한 말을 통해 예측을 파괴하면서 웃음의 방아쇠를 당긴다. 유머에서는 고정관념이란 고장관념이며 상식은 식상한 것이라고 생각한다. 이 유형에서는 일단 사람들이 고정관념이나 상식으로 답하는 것을 기대한다. 정답을 말하려는 사람들은 이 유형의 유머에 걸려드는 것이다.

### 남자의 자존심: 당신 없인 못 살아

주말 부부여서 주말에 집에 온 남편에게 부인이 "나는 당신 없이는 못 살아"라고 말하자 그 말을 들은 남편, "당신 말이 맞아, 나도 나 없이는 못 살아!"

### 남자의 자존심: 여왕과 민중

남편과 말다툼 끝에 밀쳐 넘어진 아내가 눈물을 흘리며 따지고 들었다.

아내: 결혼만 해주면 날 여왕같이 모시겠다고 하더니, 그래, 이게 여왕 대접하는 거요?

남편: 그럴 리가 있나! 여왕이 정치를 잘 못하니까 민중이 들고 일어난 거지.

### 생애 첫 비행(기장의 멘트)

"저는 LA발 Chicago행 사우스웨스트항공 기장 레인보우입니다. 제 생애 첫 비행이어서 가슴이 매우 떨립니다. 여러분도 저와 마찬가지일 것입니다. 제가 첫 비행이란 것은 오늘 첫 비행이라는 것입니다. 오해하지 마시기 바랍니다. 저는 20년간 무사고 기장입니다. 참고로 흡연하실 분은 비행기 밖의 베란다를 이용하시기 바랍니다."

### 금요일 밤의 회식

회식이 무르익었다. 팀장이 일어서더니 "우리 팀의 분위기는 역시 최고야, 내가 선심 쓴다, 모두 내일은 출근하지 않아도 돼!" 물론 토요일은 휴무이다.

### 이 핸드폰 주인 누구세요?

목욕탕 탈의실에 갑자기 많은 사람들이 몰려와 여기저기에서 저마다 옷을 갈아입느라고 야단법석이다. 옷장과 바닥에는 사람들의 옷가지와 소지품이 어지럽게 널려 있었다. 그런데 그 소지품들 사이에서 핸드폰 하나가 계속 울리기 시작한다. "전화 받아요 전화 전화 받아요 전화"라는 멘트가 계속 나온다. 그러나 핸드폰 주인은 그것을 듣지 못했는지 계속 전화기에서 멘트가 나온다. 시끄러운 소리에 사람들이 조금씩 짜증이 날 무렵 한 남자가 핸드폰을 자연스럽게 받는다. 상대방의 목소리가 핸드폰 밖으로 크게 들린다. 전화를 건 사람은 남자의 아들 같았다. "아빠, 나 게임기 사도 돼? 저번에 사준다고 했잖아?" "어, 그래! 사." "아빠, 핸드폰도 바꾸고 싶은데 바꿔도 돼?" "그럼!" "진짜? 그러면 아빠 카드로 인터넷에서 주문한다?" "알았어, 그렇게 해." 남자는 아들의 말에 흔쾌히 승낙한다. 그리고 휴대전화를 끊고 주위를 두리번거리면서 남자가 큰소리로 외친다. "이 핸드폰 주인 누구세요?"

### 먹을 만하다고 했지 익었다고는 안 했구만요

수박장사가 한 통에 만 원인데 떨이라 싸게 준다고 외친다. 한 손님이 "이 수박 맛있어요?" 하고 묻자 "먹을 만해유"란다. 손님은 7천 원으로 깎아서 한 통을 사갔다. 그런데 조금 있으니 그 사람이 달려와서 "여보시오, 수박이 안 익었어요" 하며 물러달란다. 이때 수박장수 하는 말, "아따 이 양반, 내가 언제 익었다고 말했슈? 그냥 먹을 만하다고 했지!"

### 돼지나 멕이지유: 속셈을 알 수 없어라

수박장사가 "한 통에 만 원이지만 떨입니다. 거저 드려요"란다. 지나던 한 손님이 "그럼 한 통 3천 원에 주시오"라고 말한다. 그러자 수박장수 하는 말, "됐슈, 3천 원이면 우리 집 돼지나 멕이쥬"란다.

### 저도 모르지요

"최신 음악 흐름에 관심이 많으신 김 선생은 BTS가 며칠 전 발표한 음반의 스토리가 뭔지 아시지요?"하고 물었을 때, 모르지만 당황하지 말고 당당하게 "아, BTS가 며칠 전 발표한 음반의 스토리 말이군요? 그것은… 저도 잘 모르지요."

### 한 사람이 술을 끊었다

술집에 와서 항상 각테일 세 잔을 주문하여 마시는 길동에게 마담이 "왜 세 잔씩 시켜서 마시는지"를 물었다. 이에 대해 길동, "제가 3형제인데 함께 모이지 못해서 형들을 대신해서 제가 마시는 것이랍니다." 그런데 어느 날은 두 잔만 시키는 것이 아닌가! 왜 오늘은 두 잔만 시키느냐고 마담이 물었다. 이에 대해 길동 "사실은 3형제 중 한 사람이 술을 끊었거든요. 그래서 둘이서만 마시는 것입니다." "그렇군요. 어느 형이 술을 끊었나요?" "아, 형들이 술을 끊은 것이 아니라 제가 술을 끊었어요. 지금 형을 대신해서 마시는 것입니다."

### 맞선: 끝까지 가봐야 한다

- **한 눈에 반했다**

맞선을 봤다. 남자가 선글라스를 끼었는데 멋있고 호감이 가서 결혼에 골인하였다. 그런데 첫날밤에 보니 한 눈이 멀었지 않는가! "당신은 나를 속인 사기꾼이다"라고 따지자 남자가 하는 말 "나는 한 번도 당신을 속인 적이 없어. 처음 만나고 나서 내가 바로 당신에게 한 눈에 반했다고 고백했잖아. 한 눈, 한 눈에 반했다고!"

- **안 산 땅이 있다**

맞선을 봤다. 여성이 남성에게 묻는다. 혹시 부동산 좀 있나요? 아예 땅이 좀 있습니다. 안 산 땅이 있지요. 결혼하고 나서 안산에 있다는 땅을 한번 구경가자고 하자 남편이 이제 와서 땅이 없다고 한다. 그러면서 "내가 말한 안산땅이 있다는 말은 안 산 땅(사지 않은 땅)이 있다는 것을 말한 것인데 당신이 오해한 모양이구만."

• 거짓말이 취미이다

맞선을 봤다. 남성이 묻고 여성이 답한다. "혹시 술은 드시나요? " "아닙니다. 저희 집안은 술을 입에 대지도 않습니다." "혹시 담배는 피우시나요?" "아닙니다. 저희 집은 금연 집안입니다. 아무도 담배를 피우지 않습니다." "혹시 연애는 해보셨나요?" "아닙니다. 순결을 주장하는 어머니 때문에 결혼하기 전까지는 반드시 10시 전에 들어가야 돼요. 연애는 꿈도 못 꾼답니다." "술, 담배, 연애도 안 해봤다면 도대체 취미는 무엇인가요?" 그러자 여성이 하는 말, "예, 취미는 딱 하나 있지요. 제 취미는 거짓말하는 것입니다."

## 장래희망

고등학교 때 선생님께서 학생들에게 장래희망을 물어보았습니다. "영철이 커서 뭐 될래?" "네, 저는 우주과학자가 되고 싶습니다." "영숙이는?" "저는 여자니까 애 낳고 평범하게 사는 현모양처가 될래요." "상용이는?" "저는 큰 꿈은 없고요. 영숙이가 애 낳는 데 협조하고 싶습니다."

### 내가 누군지 알겠지

신혼부부가 새 살림을 꾸미느라 정신이 없는데 한 통의 편지가 도착했다. 편지를 뜯어보니 "수고가 많다. 내가 누구인지 알겠어?"라는 글과 함께 영화 관람권 2장이 들어 있었다. 부부는 장난끼가 많은 친구가 보낸 것으로 생각하고 영화관으로 달려갔다. 영화를 재미있게 보고 집에 돌아와보니 살림을 다 털어가고 텅 빈 방 안에는 "내가 누군지 알겠지?" 쪽지가 벽에 걸려 있었다. 도적님.

### 아니 시어머니부터 구하겠다니!

수영을 못하는 나와 시어머니가 동시에 물에 빠지면 누구부터 먼저 구하겠냐고 묻자, 남편은 머뭇거리지도 않고 시어머니부터 구한단다. 잔뜩 화가 난 부인이 심리상담을 하였다. 사정을 듣고 난 상담사의 처방은 "뭘 고민하세요. 오늘 바로 수영 강좌에 등록하세요!"

### 여기는 주로 지하철 공짜로 타는 사람이 앉는 거여

지공선사가 지하철 노약자석에 가보니 20대의 젊은 여성이 버티고 앉아 스마트폰만 보고 있다. 임산부도 아닌 것 같아 "아가씨, 아가씨, 여기는 노약자석인데." 그러자 그 여성이 고개를 바짝 들고 똑바로 쳐다보면서 "할아버지 저도 돈 내고 탔어요"라지 않는가! 그 말을 들은 지공선사가 조용히 한마디 한다. "아가씨, 이 자리는 임산부나 돈 안 내는 사람이 타는 자리야!"

### 연락처는 남겼네!

마트에서 장을 보고 나와보니 자동차 옆문이 푹 들어가버린 것이 아닌가! 그런데 쪽지가 있다. 그래도 양심은 있는 모양이다 생각하고 쪽지를 펴보니 "다른 사람들이 다 보고 있네요. 그래서 쪽지를 씁니다. 아마 연락처를 쓰는 것으로 생각할 것이지만… 죄송해요."

### 여는 중입니다

남편이 아팠는데, 워낙 시골이라 의사가 왕진을 왔다. 누워 있는 남편을 진찰한다고 하여 부인은 방 밖에서 대기하고 있다. 의사가 방문을 살며시 열면서 "혹시 칼 있으면 좀 갖다 달라"고 한다. 칼을 갖다주니 조금 있으니 이번에는 "혹시 망치 있으면 좀 갖다 달라"고 하지 않는가! 점점 남편의 병이 궁금해진 부인이 "선생님, 남편이 무슨 병이죠? 큰 병입니까?" 하고 묻는다. 이때 의사가 하는 말, "아직은 모르겠네요, 지금 왕진 가방이 안 열려서 여는 중이니까요…."

### 뻔뻔한 백수: 작년에 하던 일을 올해도 한다

유병장수(有病長壽), 무업장수(無業長壽), 독거장수(獨居長壽), 무전장수(無錢長壽)라는 100세 시대에서 이렇게 웃고 지내는 것이 바로 백수가 살아남는 길, 백수다움이 아닐까?

- **사업구상 중이다.** 백수가 된 다음 오랜만에 아는 사람 만났을 때 상대가 안 물어봤으면 하는 질문이 바로 "요즘 뭐하고 지내? 어떻게 지내?"이다. 이때 고참 백수는 이런 물음에 대해서도 당황하지

않고 아주 뻔뻔하게 대답한다. "작년에 했던 일 하고 있어." "무슨 일 했는데?" "사업 구상 중이었지."

- "무슨 사업을 구상한 거야?" "피시 베이커리(fish bakery), 플라워 베이커리(flower bakery)야. 그게 뭐냐고 물어보면 "아 그거… 우리말로 붕어빵 장사, 국화빵 장사라고 하지."
- 다른 사람에게는 곡물팽창업을 구상하고 있다고 말하기도 한다. 곡물팽창업이란 다른 말로 '뻥튀기'이다. 지금까지 자기가 구상 중이라고 하는 것이 모두 뻥이라는 것이다.
- 더 고참 백수는 "작년에 했던 거 하고 있다"고 답한다. 작년에 했던 것은 과연 무엇이었을까? 작년에도 놀았었다. 즉, 백수였다는 것.

### 음치의 조건

음치의 7가지 조건은 음정, 박자, 관중, 가사, 자아도취, 오기로 2절까지, 부모가 음대와 치대를 나와야 하는 것이다.

### 뭐여?

화났을 때도, 놀랐을 때도, 짜증날 때도, 무서울 때도, 황당했을 때도, 당황했을 때도, 슬플 때도, 기쁠 때도, 기분 좋을 때도, 기분 나쁠 때도 전부 해당되는 충청도 마법의 사투리는? "뭐여."

### 컨닝도 알아야 하지

만날 놀기만 한 홍길동에게 시련이 닥쳤다. 중간시험을 보게 된 것이다. '"신은 죽었다"고 이야기한 독일 철학자의 이름은?' 할 수 없이 공부 잘하는 오공이의 답안지를 컨닝해서 그대로 적었다. '나체' 그런데 이를 뒷자리에 앉은 오정이가 컨닝하였는데 그대로 쓰자니 그렇고 하여 쓴 답은 '알몸'이었다.

### 비포(before)가 무엇인가

만날 놀기만 한 홍길동에게 시련이 닥쳤다. 중간시험을 보게 된 것이다. 1번 문제가 'before'의 뜻을 쓰는 것인데 바로 막혔다. 공부 잘하는 오공이의 답안지를 슬쩍 보니 '전'이다. 그런데 그대로 적기가 그래서 쓴 답은 '부치게'였다. 그다음 친구는 한 발 더 나가 '지짐이'라고 썼다.

### 어디까지가 항문인가?

고3 때였습니다. 마지막 시험으로 생물시험을 보았습니다. 마지막 문제의 답이 '항문'이었습니다. 그런데 갑자기 그 단어가 생각나지 않는 것이었습니다. 한 문제라도 더 맞추겠다는 욕심에 머리를 쥐어짜고, 또 짜다가 결국 '똥구멍'이라고 쓰고 말았습니다. 정말 그것밖에는 생각나지 않았습니다. 시험이 끝나고 친구들의 웅성거리는 소리를 듣고 정답이 '항문'이라는 것을 알았습니다. 게다가 생물 선생님께서는 '항문' 이외에는 다 틀리게 한다고 발표를 하셨습니다. 그래서 전 안 되겠다 싶어 선생님께 찾아갔습니다. "선생님! '똥구멍'은 맞게 해주세요. '항문'은 한자어지만 '똥구멍'은 순수 우리나라 말이

잖아요. 맞게 해주세요." 순우리말이라는 점을 강조한 저의 하소연에 '똥구멍'까지 맞게 해주신다고 하셨습니다. 그 얘기를 들은 친구는 자기도 맞게 해달라고 내민 답이 '똥꾸녕'이었습니다. 생물 선생님께서는 그건 사투리라서 안 된다고 하시고, 옆에 계신 국어 선생님께서도 곤란한 듯하다고 하셨습니다. 그러자 흥분한 친구는 이건 생물 시험이지 국어 시험은 아니지 않냐고 박박 우겼습니다. 그러자 선생님께서는 생각해보겠다고 하셨습니다. 그러자 갑자기 몇 명 친구들이 우르르 교무실로 가서 자기도 맞게 해달라고 했습니다. 그 친구들이 쓴 답은 이런 것이었답니다. '똥꾸녕', '똥꾸멍', '똥꾸넝' 등등. 생물 선생님께서는 근 일주일가량을 '똥구멍'에 시달려야 했습니다. 결국은 다 틀리다 하고 '항문'과 '똥구멍'만 맞다고 해줬답니다. 그중에 한 명은 가서 항의해보지도 못하고 쓴웃음만 지었답니다. 그 친구가 쓴 답은 '똥꼬'였습니다.

### 아니 내 돈으로 학원을 보내다니?

한창 일할 나이인데 실직한 친구에게 용돈으로 100만 원을 주었다. 1년 후에 만나니 아직도 실직 중이다. 용돈으로 10만 원을 주자 그 친구가 "아니 왜 이렇게 줄어든 거야?"라고 하자 "아이를 학원에 보내야 하고…." 그러자 그 친구가 하는 말, "아니 자네는 내 용돈으로 아이 학원 보내는 거야?" 아니 이럴 수가! 호의를 권력으로 알면 안 되는데….

### 부인의 질투

아내가 남편에게 물었다. "자기 결혼 전에 좋아하던 여자 있었어? 솔직히 말해봐, 응?" "응, 있었어…." "정말? 사랑했어?" "응, 가슴에 얼굴도 파묻고 뜨겁게 사랑했어." "뽀뽀도 해봤어?" "해봤지." 아내는 열이 받기 시작했다. "지금도 그 여자 사랑해?" "그럼, 사랑하지. 영원히 사랑해…." 완전히 열이 오른 아내가 소리를 빽 질렀다. "그년이 누구야 당장 데려와!" 그러자 남편 왈 "그 여자는 우리 엄마야! 당신의 시어머니인데 모셔올까?"

### 부인의 질투

아내가 남편에게 물었다. "자기 결혼 전에 사귀던 여자 있었어? 솔직히 말해봐, 응?" "응, 있었어…." "정말? 사랑했어?" "응, 뜨겁게 사랑했어." "뽀뽀도 해봤어?" "해봤지." 아내는 드디어 열이 받쳤다. "지금도 그 여자 사랑해?"라고 하자 남편이 "그럼, 사랑하지. 첫사랑인데…"란다. 완전히 열이 오른 아내가 소리를 빽 질렀다. "그럼 그년하고 결혼하지 그랬어… 엉?" 그러자 남편 왈, "그래서 그년하고 결혼했잖아."

### 판소리 박동진 임기응변: 심청이 같은 춘향아

박동진은 판소리의 대가이다. 그가 판소리를 완창하면 그 길이가 무려 장편소설 10권 분량이다. "내 머리에는 300시간의 소리가 들어있어, 소리를 시작하면 실꾸리 풀리듯 하지. 그런데 중간에 뚝 잘라버리면 가끔 잊어버리는 수도 있어. 한번은 〈춘향전〉을 하는데 갑자기 "아이고, 심청아"가 튀어나와 아차 싶었지. 그래서 "아이고, 심청이 같은 춘향아" 하며 슬쩍 둘러치며 위기를 모면한 적이 있지."

### 해일신문인가 매일신문인가?

해일신문(海日新聞)의 김일도 기자가 중학교 동창인 홍길동에게 동창회에서 한문으로 새긴 명함을 건넸다. 이 명함을 보고 홍길동이 반갑게 말을 건넨다. "야 너 그 유명한 매일신문 기자가 되었구나!" 그러자 옆에 있던 다른 동창생이 "야, 그건 해자야, 해자. 삼수변이 있으니 해일신문이지 무슨 매일신문이야 무식하게." 그렇게 핀잔을 주자 홍길동이 "야, 인마 내가 어떻게 수십만 개의 한자를 다 아냐? 너는 다 알아?" 하면서 오히려 대들자 다들 아무 말도 못한다.

### 나중에 닥칠 일을 좀 더 깊이 생각하라

친구들과 룸싸롱에서 신나게 놀고, 호기롭게 카드를 긁었다. 다만 마누라에게 룸싸롱에서 사용한 카드내역이 통보되면 곤란하겠다 싶어 주인에게 음식점으로 카드전표를 끊어달라고 부탁했다. 기분 좋게 집에 왔다가 마누라한테 죽어라고 얻어터졌다. 그 이유는 새벽 1시에 마누라에게 통지된 카드 사용 내역 때문이었다. '김밥나라 78만 원.'

### 너 같은 놈은 우리 집에도

운전하다 사거리에서 빨강 신호등에 멈췄는데 옆 차의 남자가 창문을 열어 윙크를 보낸다. 다음 신호등에서 또 함께 멈췄다. 옆 차의 남자는 다시 문을 열고 차나 한잔하자면서 말을 건네자 그 여인이 시원스럽게 대꾸를 한다. "너 같은 놈은 우리 집에도 있어!"

### 2시 40분입니다

점심을 먹고 난 트럭기사가 공원입구에 주차하고 잠깐 졸고 있는데 지나가던 사람이 차창을 두드리며 "기사님 지금 몇 시지요?" 하고 묻는다. 기사는 할 수 없이 시계를 보면서 "지금 오후 2시입니다." 그런데 조금 있으니 또 그 사람이 다시 와서 묻는다. "지금은 몇 시나 되었지요?" 귀찮지만 "2시 20분이요" 하고 알려줬다. 그런데 그 사람이 또 와서 시간을 묻는 것이 아닌가! 그러자 기사가 화가 나서 "내 시계 고장 났어요" 하면서 본 척도 안 한다. 그러고 나서 약 10여 분 지났는데 그 사람이 다시 트럭 문을 두드린다. 기사가 "아니, 시계 고장 났다니까!" 그러자 그 사람이 "기사님, 지금 2시 40분입니다. 시계가 고장 났다니 알려드립니다." 결국 그 기사는 도저히 쉴 수가 없었다.

### 낚시꾼이 고기 다 잡냐?

고속도로에서 교통경찰이 직접 스피드건을 사용하여 과속 단속을 하던 시절에 겪었던 이야기다. 세 명의 동승자와 함께 한참 고속도로를 달리고 있는데 코너를 돌자 교통경찰이 차를 길가로 대라는 수 신호를 한다. 조금 놀랐지만 정차했다. 그러자 경찰이 내게 다가와서 "사장님 과속하셨네요"라는 것이 아닌가! 그런데 내가 아무리 생각해도 과속은 안 한 것 같아 "수고하십니다. 그런데 저는 전혀 과속하지 않았습니다. 아무래도 내 앞에 가던 과속차를 잡는다는 것이 나를 잡은 것은 아닌지요?" 그러자 경찰관이 어색한 미소를 보이며 "낚시꾼이 고기 다 잡나요?"라고 한다. 사실 맞는 말이다. 낚시꾼이 저수지의 물고기를 다 잡을 수는 없고 물린 고기만 잡는 것이 사실이다. 그럼 내가 낚시에 물린 물고기란 말인가? 그냥 웃으며 쳐다보니 경찰관도 웃으면서 "안전운전 하세요" 하면서 가라고 한다.

### 짜장면과 바둑알: 당첨입니다

'올래갈까' 중국집에서 배달받은 자장면을 먹는데 바둑알이 튀어나왔다. 당장 중국집으로 전화를 걸었다. "짜장면에 바둑알이라니 이게 말이 됩니까" 하며 큰 소리 치자 주인 왈, "아이고, 고객님. 탕수육에 당첨되셨습니다. 바로 보내드리겠습니다."

### 백수

노령인구가 늘어나면서 천만 명 백수시대가 다가오고 있다. 백수를 활용한 말장난 훈련이다. 노인과 관련된 유머로 함께 떠올리면 유용하다.

- 백수는 허백과 실백으로 나눈다. 허백이란 헛 백수를 말한다. 여기에는 하루 종일 실속 없이 드나드는 하바드백수, 동네 경노당을

기웃거리는 동경백수, 예전에 일하던 직장 주위를 맴도는 예일백수, 그냥 방에 콕 박혀서 꼼짝도 않는 방콕백수, 하루 종일 와이프와 이불 속에서 노닥거리는 하와이백수, 거실 지킴이를 자처하는 거실백수(거백), 누가 불러야 거동하는 불백, 삼시 세끼에 간식까지 챙겨먹어 마누라도 포기한 백수(마포백수), 세끼를 꼬박꼬박 집에서 먹는 백수(삼식이세끼백수: 세백), 목적 없이 사는 목사백수, 장기간 그냥 노는 장노백수 등이 있다. 그리고 실백이란 실속을 챙기는 백수이다. 여기에는 미술관 · 영화관 · 도서관 · 음악관 등을 다니면서 견문을 넓히고 즐기는 관백, 열심히 공부하는 공백, 걷고 등산하는 데 대부분의 시간을 투자하는 등백, 여행을 즐기는 여백, 동아리 등 취미활동을 열심히 하는 취백, 취미 · 여행 · 음악 · 예술 등을 즐기면서 화려하게 사는 화백(화려한 백수) 등이 있다.

- 백수 기간에 따라 퇴직하기 직전의 백수는 공로연수 중인 인턴백수, 퇴직한 지 반년이 넘지 않아 아직 따끈따끈한 이등병 백수, 10여 년의 백수 경력을 자랑하는 베테랑백수, 언제 퇴직했는지 기억하기 어려울 정도로 왕고참인 전설백수 등 다양하다. 백수에게는 은퇴가 없다지만 그래도 규칙적인 생활을 하면서 어른다운 행동거지를 하고 매 시간을 건강하게 오래 즐길 줄 알아야 백수 중의 백수라는 백수왕에 등극할 수 있다. 백수에게는 휴가, 휴일 등이 무의미하다 하여 하루 일과를 불규칙하게 보내거나 쓸데없는 일에 자꾸 끼어들다 보면 백수가 과로사하는 경우도 생긴다. 이런 백수는 꼰대백수라는 별칭도 부여받는다.

• 건배사 노발대발이란? (젊은이들 앞에서는 조심해야 함) 노인이 발전해야 대한민국이 발전한다.

### 아버지의 조언: 엄마에게 물어봐

남편이 바람피운다고 어떻게 해야 할지를 아버지에게 묻는 딸에게 아버지 왈, "그런 문제라면 엄마에게 물어봐…."

### 엄마와 아들: 에디슨은 영어라도

공부를 정말 못하는 아들에게 화가 난 엄마가 꾸중을 했다. "아니, 넌 누굴 닮아서 그렇게 공부를 못하니? 제발 책상에 앉아서 공부 좀 해라!" 그러자 아들은 미안한 기색 없이 오히려 당당하게 말했다. "엄마, 엄마는 에디슨도 몰라? 에디슨은 공부는 못했어도 훌륭한 발명가가 됐어! 공부가 전부는 아니잖아!" 그러자 더 열 받은 엄마가 아들에게 소리쳤다. "에디슨은 영어라도 잘했잖아!"

### 아직 천자문도 못 떼다니, 아빠는?

아버지가 아들에게 "아들아 네 나이에 나는 사서삼경을 다 떼었는데 너는 아직 천자문도 못 뗐구나." 그러자 아들이 하는 말, "케네디는 아버지 나이에 대통령을 했는데 아버지는 뭐하세요?"

### 너보다만 빨리 가면 돼

사냥꾼 둘이서 곰 사냥을 갔다. 곰이 나타나자 둘이서 총을 쐈으나 모두 빗나갔다. 약이 바짝 오른 곰이 사정없이 쫓아온다. 두 사람은 발아 날 살려라 하면서 도망치기 시작했다. 한참을 달려가다가 한 사냥꾼이 숨을 헐떡이며 "이 사람아, 도망가봐야 곰에게 잡히게 생겼어. 그만 가자." 그러자 다른 사냥꾼이 "나는 너보다만 빨리 가면 돼" 하면서 앞서서 뛰어간다.

### 대기근의 원인

뚱뚱이와 홀쭉이가 쇼를 하면서 뚱뚱이가 홀쭉이에게 "자네를 보면 우리나라 사람들이 대기근으로 다 굶어 죽어가는 줄 알겠어." 그러자 홀쭉이가 뚱뚱이에게 싱글벙글 웃으며 "사람들이 자네를 보면 우리나라 대기근이 자네 때문에 온 줄 알 거야."

### 좀 봐드릴까요?

상대방 후보가 수의사 출신이라는 것을 비꼬며 "○○당의 ○○○는 의회가 동물원인 줄 착각하는 모양입니다"라고 비꼬자 수의사 출신 후보가 즉각 "○○○ 후보는 사람인 줄 알았는데 지금 한 말을 들어보니 그게 아니군요. 어딘가 잘못되어 있는 것 같은데 제가 좀 봐드릴까요?"

### 몸에 밴 관료주의

정부의 어느 부서에서 문서 담당자가 국장에게 보고했다. "서류철들이 꽉 차버렸습니다. 그래서 6년 이상 된 문서들을 모두 폐기해야

겠습니다." "그렇게 하게"라면서 국장은 지시했다. "하지만, 폐기처분하기 전에 서류들을 하나도 빠짐없이 복사해두어야 하네."

### 사랑과 존중을 나타내는 생일 선물

부부가 여행을 하던 도중 문득 생각해보니 오늘이 바로 남편 생일이 아닌가! 그제야 아내는 남편에게 줄 생일 선물을 안 챙겼다는 사실을 깨달았다. "미안해요, 여보. 내가 깜빡했네요." 아내가 사과했다. "괜찮아, 여보"라고 하며 남편은 "내가 정말로 원하는 것은 당신이 나를 사랑하고 존중해주며 나에게 잘해주는 거야." 그 말을 듣고 아내가 곰곰이 생각하더니 이렇게 답했다. "그냥 선물을 사드릴게요."

### 화가 난 화가

부동산으로 벼락부자가 되어 빌딩주가 된 김벼락은 자기 건물에서 갤러리를 하고 있는 화가 홍길동에게 자기 초상화를 의뢰하여 500만 원에 계약하고 계약금으로 200만 원을 지급했다. 그림이 다되었다고 하여 가서 보고는 자기가 생각하는 자기가 아니라면서 인수를 거절하고 계약금 중 절반은 돌려달라고 하는 것이 아닌가! 화가는 화가 났지만 일단 "이 초상화는 내(김벼락)가 아니다"라는 자필서명한 각서를 받는 조건으로 100만 원을 돌려주었다. 두 달 후 홍길동은 개인전을 열었다. 그리고 그 초상화는 '도둑놈의 얼굴'이라는 제목으로 전시되었다. 빌딩 관리를 하는 직원들이 급히 달려와 "사장님, 큰일 났습니다. 전시회에서 사장님의 얼굴을 그려놓고 도둑놈의 얼굴이라는데요." 즉 다른 사람은 예외 없이 그 그림을 김벼락으로 판단하고 있었던 것이다. 할 수 없이 김벼락은 당초 계약금의 두 배를 물어주고 그 그림을 떼어냈다.

### 술, 도박, 골프를 끊은 남자

더럽고 꾀죄죄한 부랑자가 한 남자에게 저녁 사먹게 만 원만 달라고 구걸하자 남자는 주머니에서 오만 원을 꺼내들고 물었다. "내가 이 돈을 주면 얼른 가서 술을 사 마시겠소?" 그러자 부랑자는 "아뇨, 술은 오래전에 끊었지요." "그럼 이 돈으로 도박을 하겠소?" "난 도박 안 해요, 먹고살기도 힘든 판국인데 무슨 도박을 해요?" "그럼 이 돈으로 골프를 치겠소?" "웬 개가 풀 뜯어먹는 소리요, 골프 쳐본 지 10년이나 됐수다." 그러자 남자가 "됐소, 그럼 우리 집에 가서 근사한 저녁이나 먹읍시다." 부랑자는 깜짝 놀랐다. "부인이 그런 행동에 엄청 화를 내지 않을까요?" 그러자 남자가 대답했다. "문제없소, 난 마누라에게 남자가 술과 도박, 골프를 끊으면 어떤 꼴이 되는지 똑똑히 보여주고 싶소."

### 와이프가 무료

당직하고 집에 도착해서 휴대폰을 열어보니 이웃집 소영이 아빠가 문자를 보냈다. "어젯밤에 당신의 와이프(wife)가 무료여서 좀 빌려 사용했습니다, 고맙습니다"라는 것이 아닌가! 깜짝 놀라 마누라에게 다그쳤으나 절대 그런 적이 없단다. 조금 있으니 다시 소영이 아빠에게서 문자가 왔다. "아이고 죄송합니다. 아까 와이파이(wifi)를 와이프(wife)라고 잘못 보냈네요."

### 공처가인가 경처가인가

왕이 스스로 공처가라고 생각하는 사람은 자신의 오른쪽으로 모이라고 한다. 그런데 한 사람이 왼쪽에 그대로 있다. 왕이 '한 사람은 있구나' 생각하면서 "그대는 어떻게 하여 공처가가 되지 않았는가?" 하고 묻자, 기어들어가는 목소리로 "황공하오나 아침에 나올 때 집사람이 사람 많은 곳으로는 절대 가지 말라고 엄명을 해서…."

### 내일은 부득이 해야 할 일이 있다

최불암은 오케스트라 연습을 한 번도 빼먹지 않고 참석했다. 내일 연주회가 열리게 되어있어 지휘자가 "여러분 그렇게 자주 연습에 빠졌는데 잘하겠어요? 한 번도 안 빠지고 연습한 최불암 씨를 본받으세요!" 그런데 최불암이 기어들어가는 목소리로 "지휘자님, 저는 내일 부득이한 일이 있어 연주회에 못 나오는데요."

### 저는 입석인데요

조폭이 기차 한 칸을 점령했다. 손님들에게 "모두 앉아!"라고 소리친다. 모두 벌벌 떨며 자리에 앉았다. 그런데 한 사람이 그냥 서 있는 것이 아닌가! 조폭이 "당신 뭐야! 빨리 앉아." 그러자 그 사람이 하는 말 "저는 입석인데요."

### 양주 사건

공동사업을 하는 한국인 세 사람이 필리핀에서 한 집에 살고 있다. 식사와 빨래 그리고 청소를 해주는 가정부를 한 사람 두었다. 문제는 집에 있는 양주가 계속해서 줄어든다는 것이다. 세 사람이 서로 누가 마셨는가 하고 따졌지만 아무도 안 마셨단다. 그래서 하루는 양주병에 양주를 비우고 대신 오줌을 넣어두고 출근하였다. 퇴근해서 보니 양주병이 비어있는 것이 아닌가! 아주머니가 범인이 틀림없다고 생각했으나 일단 저녁을 먹고 난 다음 이야기하기로 했다. 세 사람이 아주머니를 불렀다. "아주머니, 양주를 마시나요?" "아닌데요, 저는 술을 입에도 못 댑니다." "아니, 그럼 어떻게 아침에 가득하던 이 양주병이 빈 병이되었지요?" "아, 그거요. 저는 요리할 때마다 양주를 조금씩 넣어서 맛을 내는데 오늘은 양주를 아무리 많이 넣어도 맛이 나지 않아 결국 다 부어버렸는데요."

### 피쉬베이커리 아줌마와의 밀담

50대에 혼자된 여인이 붕어빵장사를 하고 있다. 직장 때문에 부인과 떨어져 살고 있는 홍길동은 퇴근길에 한 봉지에 1,000원인 붕어빵을 사가지고 들어간다. 그런데 사실 이 붕어빵을 먹는 것도 아니다. 그냥 아줌마 얼굴도 보고 조금 도와준다는 생각에서 사가지고 가는 것이다. 그러다가 나중에는 돈 1,000원만 주고 붕어빵은 필요 없다고 하면서 그냥 간다. 이렇게 한 지 3개월이 넘은 어느 날 아줌마가 잠깐 긴히 말씀드릴 것이 있다고 이야기를 하잔다. "아저씨, 그간 너무 고마워요. 그런데··· 요즘 밀가루 값이 올라서 한 봉지에 1,500원씩인데···."

### 구두쇠의 생각을 맞춰보세요

자선단체의 신임대표가 악명 높은 구두쇠를 찾아가서 말했다. 우리 기록에 의하면 선생님은 아직까지 한 번도 자선기금을 낸 일이 없습니다. 이번 기회에 이웃들에게도 좀 온정을 베푸시죠." 그러자 구두쇠가 억울하다는 표정으로 말한다. "내게는 아버지로부터 한 푼의 유산도 못 받은 가난한 어머니가 있습니다. 혹시 당신네 기록엔 그런 사실이 나와 있습니까?" "··· 없습니다." 구두쇠가 계속 묻는다. "그럼 내게 몸이 불구가 되어 일을 못하는 형님이 있다는 사실은 나와 있습니까? 또 남편을 잃고 어린 자녀와 살아가느라 끼니를 거르는 누이동생이 있다는 사실은 나와 있습니까?" "··· 없습니다. 우리 기록엔 그런 사실이 전혀 나와 있지 않습니다." 자선단체 대표가 당황스러운 표정으로 말을 이었다. "죄송합니다, 선생님께 그런 가슴 아픈 사연이 있는 줄은 미처 몰랐습니다." 그러자 구두쇠가 기다렸다는 듯이 "난 그런 어려운 가족들에게도 지금까지 한 푼도 준 일이 없는데 무엇 때문에 당신들에게 돈을 준단 말입니까?"

### 맹장수술은 간단해요

수술복을 입은 환자가 병원에서 도망치다가 정문에서 수위와 마주쳤다. "무슨 일이죠." 환자가 가쁜 숨을 몰아쉬며 말한다. "아, 글쎄,

간호사가 맹장수술은 간단한 거니까 겁내지 말라는 거예요." "그럼요, 겁내지 마세요." "어떻게 겁을 안 내요? 간호사가 의사보고 그러던데…."

### 영리한 개

"이 세상에 우리 해피처럼 영리한 개는 없을 거야." "어째서." "아침마다 내게 신문을 가져다주거든." "그게 뭐가 그리 대단하다고 그래." "대단하지. 우리 집은 신문을 구독하지 않아."

### 한 사람이 있어서 행복한 것이다

중국 베이징 여행 중 한 사람이 보이지 않는다. 22명이 긴장하여 찾았지만 찾을 수 없다. 큰일이다. 이때 한 사람이 나타났다. 모두 "너 한 사람 찾느라고 얼마나 애탔는지" 하며 나무란다. 그러자 그가 말하기를 "여러분은 한 사람을 찾았지만 나는 22명을 찾느라 얼마나 애가 탔는지 모른다"라고 하지 않는가?

### 칼루이스와 벤 존슨

세계적인 육상선수인 두 사람이 한국에 왔다. 버스를 타려고 슬쩍 보니 저쪽에 빈자리가 하나 있다. 둘이 먼저 앉기 시합을 벌였다. 과연 누가 먼저 앉았을까? 정답은 한국인 아줌마다. 한국 아줌마는 짐보따리부터 자리에 던져놓았던 것이다.

### 원수를 사랑하라

평소 부부 사이가 안 좋았다. 하루는 남편만 교회에 다녀왔는데 저녁에 너무 잘해준다. "당신이 오늘 웬일이야?" "오늘 목사님 설교에서 많은 것을 배웠어." 이상하게 생각한 부인이 다음 날 목사에게 찾아가서 물었다. "목사님, 어제 설교 제목이 뭐였지요?" 김 집사님이 어제 못 나오셨구나. 설교 제목은 '원수를 사랑하라'였는데요."

### 치명적인 문제

친구한테 우리 사위는 나무랄 데가 없는데 단 한 가지 결점이 있다고 한다. 그것은 노름을 할 줄 모른다는 것이다. 친구가 "그것은 결점이 아닌 것 같은데?" 그러자 "천만에! 할 줄도 모르는 주제에 자꾸 하는 것이 문제지."

### 구명보트: 끝까지 가보자

타이타닉호의 구명보트에는 몇 명이 탈 수 있는가? 9명이다. 왜냐하면 구명보트이기 때문이다. 그런데 12명이 탔다. 그래서 3명이 내려야 한다. 먼저 미국인이 "위대한 미국이여" 하면서 뛰어내렸다. 그다음 영국인이 "대영제국 만세" 하면서 뛰어내렸다. 일본인과 한국인 둘 중 하나가 뛰어내려야 하는데, 갑자기 한국인이 일어나면서 "대한민국 만세"를 외친다. 그러면서 안도의 한숨을 쉬고 있는 일본인을 냅다 걷어차 바닷속으로 밀어버렸다.

### 저 자식 나폴레옹 아닌가벼: 정신을 차려야 지도자다

로마를 점령하기 위해서는 진격을 가로막고 있는 앞산의 적부터 물리쳐야 한다. 지난 밤 술을 너무 마신 나폴레옹이었지만 장수들에게 큰 소리로 명령을 내린다. “앞산을 공격하라!” 아무 저항도 받지 않고 간단히 앞산을 점령했다. 사실 그곳에는 로마군이 없었다. 정신이 좀 깬 나폴레옹이 무안한 것을 숨기려는지 더 큰 소리로 “저쪽 산이 맞다. 저 산을 공격하라!” 그런데 역시 허탕이다. 다시 작전회의를 하려는데 뒤에서 한 장수가 혼잣말을 한다. “저 자식 나폴레옹 아닌가벼….”

### 한국인이 외국 여행 가서 제일 많이 먹는 음식: 미투

외국 여행 중 현지 말을 몰라도 손쉽게 음식을 주문하는 방법은 바로 다른 사람이 먹고 있는 음식을 손가락으로 가리키면서 “미투(me too, 나도)” 하거나 앞 사람이 주문한 것을 “미투” 하는 것이다. 그러다 보니 해외여행 바람이 불던 초기에 한국 여행객을 많이 상대하는 음식점에서는 한국인이 제일 좋아하는 음식은 바로 “미투”라고 하는 농담까지 생겼다. 특히 호텔 뷔페식당에서 맨 앞 사람이 달걀 프라이를 시키면 그다음 사람들이 모두 “미투”를 외치며 길게 줄을 섰다. 그러다가 다른 한 사람이 다른 곳으로 옮겨 에그 스크럼블을 주문하면 또 그곳으로 몰리는 미투족 때문에 호텔 요리사들이 긴장했다고 한다. 물론 영어가 아주 서툴어서 미투의 뜻을 모르는 사람은 그것이 투(two, 둘) 하고 발음이 같기 때문에 그다음은 셋일 것이라는 생각에서 당당하게 "미 쓰리(three)"라고 주문하는 사람도 있었다는…. (그런데 이것을 미스 리로 들은 이씨 여성이 자기를 부르는 줄 알고 깜짝 놀라 일어섰다고 하는 전설도 있음)

### 함께 주무시지요: 엉뚱한 생각

비 오는 밤, 젊은 과부가 혼자 사는 외딴 시골집을 지나던 과객이 하룻밤만 재워달라고 한다. 안 된다고 하였으나 비도 내린 데다가 하도 사정하여 부득이 사랑방에서 묵도록 하였다. 그런데 그 손님은 자꾸 과부의 얼굴이 떠올라 잠을 이룰 수 없다. 그때 과부가 방문을 열고 들어오는 것이 아닌가! 과부가 "손님, 혼자 주무시려니 잠도 안 오지요?" 얼마나 반가운 이야기인가! 그렇다고 하자 과부가 "그럼 잘되었네요. 마침 할아버지 한 분이 재워달라고 오셨으니 함께 주무시지요."

### 당연한 사실: 앗 뜨거

한 남자가 이발사에게 면도를 받던 중 이발사가 남자의 얼굴에 뜨거운 수건을 올려놓자 깜짝 놀라 화를 냈다. "앗 뜨거, 사람 잡겠네. 왜 이래요, 이거!"라고 큰 소리 치자 당황한 이발사가 하는 말, "물수건이 뜨거워서 들고 있을 수가 있어야죠…."

### 나는 등대다: 상대를 알아야

안개 낀 밤, 조심스럽게 항해하던 선장 '왕고집' 제독이 이상한 불빛을 감지했다. 선장은 그 불빛과의 충돌을 예상하고 바로 불빛 쪽에 신호를 보냈다. "방향을 20도 바꾸시오." 그러자 그쪽에서도 신호가 왔다. "당신들이 항로를 바꾸시오!" 갑자기 기분이 상한 왕고집 제독은 좀 더 심하게 경고 신호를 보냈다. "난 이 배의 선장이다. 빨리 방향을 바꿔라!" 잠시 후 그쪽에서 신호가 왔다. "난 못 바꾼다. 나도 이등 항해사다." 이에 화가 머리끝까지 난 왕고집은 "더 이상 물러설 수 없다"며 신호를 보냈다. "이 배는 전투함이다. 나는 왕고집 제독이다. 당장 항로를 바꿔라!" 그러자 그쪽에서 바로 신호가 왔다. "여긴… 등대다!"

### 앵무새 인내력의 한계: 궁금해도 참아라

호텔 신혼부부 방에 있던 앵무새가 신랑신부의 모든 행동을 "나도 안다. 나도 안다" 하면서 중개한다. 화가 난 남편이 앵무새의 눈을 휴지로 가려버렸다. "다시 한 번만 또 중계방송하면 튀겨서 먹어버리겠다." 그래서 앵무새가 조용해졌다. 그다음 날 아침에 눈을 가린 앵무새가 하는 말을 들어보니 "당신이 올라가, 아니야, 당신이 올라가 봐"라고 하지 않는가! 여기까지는 다 아는 이야기다. 그런데 좀 있으니 둘이 함께 올라가자고 한다. 앵무새 삶에서 남녀가 둘이 함께 올라간다는 것은 처음 들어보는 것이다. '에이, 튀김 될 망정 저것은 보고 말겠다'고 눈을 가린 휴지를 확 뿌리쳤는데… 신혼부부가 하고 있는 것은 가방에 짐을 넣기 위해 둘이 가방 위로 올라간 상태…. 결국 앵무새는 튀김이 되어 지금은 없다는 이야기.

### 니도 들었제: 구경꾼에게도 불똥은 튄다

어느 날 중국집에 손님이 없어 주방장이나 사장이나 한가하게 졸고 있다. 그런데 갑자기 손님이 밀어닥친다. 홀에 있던 주인이 반갑게 맞는다. 주방장도 주방 너머로 손님을 보고 있다. 주문이 쏟아진다. 양장피, 고추잡채, 깐풍기 등을 주문한다. 미처 주문을 기록하지 못한 주인이 갑자기 주방장을 돌아보면서 "니도 들었제".

### 이재학이 황급히 산을 내려온 이유

이재학은 점만 치면 백발백중 맞히는 도사이다. 그런데 세상을 등지고 산으로 올라가버렸다. 높은 분이 자기가 대선에서 어떻게 될지를 알아봐야 하니 이재학을 데려오라고 명령을 내렸다. 부하직원이 산에 가서 그를 회유하는데 "강남의 최고 아파트를 주겠다. 아들을 명문대에 수석 입학시켜 주겠다" 했으나 모두 다 거절하였다. 그러나 "정 그렇다면 이 모든 것을 네 동생에게 다 주어버리겠다"고 하자 바로 하산하였다.

### 누가 거짓말을 하는가

목사님이 거짓말을 주제로 설교할 예정이라고 하면서 신도들에게 미리 《마태복음》 29장을 읽어오라고 하였다. 다음 주에 설교하면서 목사님이 신도들에게 다 읽었느냐고 묻자 모두 "예" 하고 답을 하는데 한 사람만 "아니요"라고 한다. 사실 《마태복음》은 28장까지밖에 없었다.

### 수면제 먹을 시간?

수면제 없이는 잠을 못 자는 환자에게 정해진 시간에 수면제를 먹이는 것이 임무인 간호사가 어느 날은 일이 생겨 환자에게 제때에 수면제를 먹이지 못했다. 급히 병실에 들어가서 자고 있는 그 환자를 깨웠다. 왜 깨우냐고 묻자 "어서 일어나세요. 수면제 드실 시간이예요!"

### 웃기는 녀석도 나빠!

교수가 강의 중 칠판에 필기를 할 때마다 학생들이 웃는다. 찢어진 바지의 틈새로 팬티가 보였기 때문이다. 낌새를 알아먹은 교수가 화를 내면서 뒤돌아서서 "웃는 녀석도 나쁘지만 웃기는 녀석은 더 나빠요!"라고 소리쳤다.

### 정력팬티: 문제는 항상 가까운 곳에

팬티만 입으면 확실하게 남자 구실을 할 수 있다는 만사형통 마법팬티를 발명한 김벤처 씨가 실버타운에 마법팬티를 팔러 갔다. 실제로 입어보고 그 효과에 놀란 할아버지들 덕분에 날개 돋친 듯 팔렸다. 그러나 그다음 날 전부 반품을 해달란다. 그 이유는 팬티만 벗으면 효과가 없어져버리기 때문이었다.

### 세 대를 때려라: 야, 길동아!

최영자는 남친 김대포와 영화를 보러 갔다. 갑자기 장난기가 발동

한 영자는 "대포 씨, 앞에 있는 남자를 한 대만 때리면 내 손을 잡게 해주지"라고 한다. 대포는 용기를 내서 갑자기 앞에 있는 남자 머리를 한 대 갈긴다. 그러면서 "야, 길동아!"라고 하자 그 남자 "저 길동이 아닌데요"란다. 대포는 재빨리 죄송하다고 사과했다. 이렇게 해서 대포는 영자와 손을 잡고 영화를 보게 되었다. 이렇게 한 번에 성공해버리자 실망한 영자는 다시 "대포 씨, 앞에 있는 남자를 한 대만 더 때린다면 키스를 하게 해주지!"라고 한다. 그러자 욕심이 동한 대포 좀 망설이는 듯 하더니 갑자기 또다시 앞에 있는 남자 뒤통수를 때리면서 "야, 길동아! 너 길동이 맞잖아!"라고 하자 그 남자가 이번에는 화를 내면서 "여보시오, 나 길동이 아니라니까 이 사람이!" 하면서 달려들자 "정말 죄송합니다" 하면서 손이 발이 되도록 빌었다. "정말 제 친구 길동이와 똑같아서…" 하며 간신히 진정시켰다. 이렇게 하여 키스까지 하게 되었다. 영화를 다 보고 밖으로 나왔는데 바로 앞에 영화관 앞자리에 있던 그 남자가 걸어가는 것이 아닌가. 영자는 지금까지의 실패를 뒤집을 수 있겠다 싶은지 "대포 씨! 앞에 있는 남자를 한 대만 더 때린다면 대포 씨가 하자는 대로 다 해주지!"라고 한다. 대포는 영자가 뭐든지 다 해준다는 말에 끝까지 가보자고 맘을 먹었는지 심호흡을 가다듬고는 냅다 그 사람의 뒤통수를 다시 한 번 때려버린다. 그러면서 "야, 길동아 극장 안에서 너하고 똑같은 놈 봤다!"

### 이미 때는 늦었다

어떤 주색잡기에 능한 사람이 죽었다. 죽으면서도 한편 걱정이 되었다. "나는 틀림없이 지옥 갈 거야…." 드디어 천국과 지옥으로 갈라지는 문 앞에 이르렀다. 그곳에는 베드로 사도가 문 앞에 서 있었다. "당신 천당 갈래, 지옥 갈래?" 아! 이렇게 고마울 데가 있나? 어떻게 이런 걸 나에게 물어봐준다는 말인가! 그래서 부탁했다. "그러면 한 번 더 자비를 베풀어주세요." "뭐요?" "먼저 나에게 천국과 지옥을 구경 좀 하게 해주세요." "그러게나." 먼저 천국을 갔다. 흰옷을 입은 교우들과 천사가 다 모여서 하느님을 찬양하고 하느님께 영광을 돌리는데 구경해보니 매우 따분하고 영 마음에 안 들었다. 이번에는 지옥으로 갔다. 그곳에는 카지노도 있고 술집도 있고 예쁜 여자들도 많고 왁자지껄한 것이 맘에 쏙 들었다. 이게 지옥이라면 얼마나 좋아. 두 번 생각할 필요도 없었다. 베드로 앞에 가서 결정한 바를 말했다. "저는 아무래도 지옥 체질입니다. 그러니까 지옥으로 보내주세요." "정말입니까?" "예, 정말입니다." "후회 안 합니까?" "안 합니다." 그래서 지옥으로 갔다. 그런데 지난번 봤던 카지노도 여자도 없다. 대신에 탄광굴 깊숙이 들어가 뜨거운 지열이 나오는 데서 일하라고 했다. 그는 안내자에게 따졌다. "이거 좀 아니지 않습니까? 지난번에 왔던 데는 여기가 아니었는데요. 술집도 있고, 카지노도 있고…." 그러자 안내자가 말했다. "그때에는 관광비자로 왔었지요? 그래서 데모버전만 봤고 이번에는 영주권이고 진짜입니다!" 그러나 이미 때는 늦었다.

### 여자 화장실의 거울 청소

여자 화장실에 있는 거울에 아가씨들이 계속해서 루주 바른 입술을 댄다. 일단 루주 자국이 생기면 닦이지 않는다. 애를 먹던 청소 아주머니가 거울에 다음과 같이 썼다. "이 거울은 화장실 대걸레로 닦습니다." 그다음부터는 아무도 거울에 루주를 묻히지 않았다.

### 사신의 키가 너무 작다

키가 작은 사신을 보내자 "당신네 나라는 모두 이렇게 키도 작군요. 당신 같은 사람이 사신으로 오는 것을 보니…." 그러자 그 사신 왈 "우리나라는 상대국의 수준에 맞춰서 사신을 보내고 있습니다."

### 입구는 여기: 실익이 최고

대전 은행동 한 골목에서 영업을 하는 양복점 사장들이 서로 자기가 최고라고 자랑이다. 먼저 멋쟁이 양복점 사장이 "우리 집이 우리나라에서 최고"라고 자랑하자, 곁에 있던 찬란 양복점 사장은 "우리 집은 대전에서 최고"라고 한수를 더 뜬다. 이 말을 듣고 있던 최고급 양복점 사장은 아무 말이 없다. 나중에 알고 보니 찬란 양복점 옆에 "입구는 여기"라고 자기 집으로 향하는 간판만 달았다나?

### 왼쪽 팔이 하나밖에 없습니다

어느 중학교의 조회 시간이었습니다. 교장 선생님이 새로 부임하는 선생님을 소개하기 위해 단상에 올라섰습니다. 학생들은 도통 들으려 하지 않았고, 떠들어대기 시작했습니다. 이 광경을 본 교장 선생님은 잠시 생각하는 듯하더니, 이내 입을 열었습니다. "여기 새로 오신 선생님은 왼쪽 팔이 하나밖에 없습니다." 순간 학생들은 놀란 듯 갑자기 조용해졌습니다. 학생들의 눈과 귀가 모두 단상으로 모였습니다. 그러자 교장 선생님은 흡족한 미소를 띄우며, 호흡을 가다듬은 후 다시 말을 이었습니다. "아, 선생님은 물론 오른팔도 하나밖에 없습니다." 교장 선생님의 재치 있는 유머는 학생들의 주위를 환기시켰습니다. 자칫 화를 낼 수도 있던 상황에서 교장 선생님은 간단한 유머로 분위기를 순식간에 반전시켰던 것입니다.

### 등대지기를 화나게 하지 말라

한 외딴섬의 등대에 남자 등대지기가 홀로 살고 있었다. 어느 날 우편집배원이 우편물을 배달하러 등대지기를 찾았다. 집배원은 한 명 때문에 섬을 찾은 것에 짜증을 내며 불평을 했다. "기껏 잡지 하나 배달하느라 배 타고 꼬박 하루 걸려 이 섬에 도착했소. 이 점에 대해 어떻게 생각해요?" 그러자 기분이 나빠진 등대지기가 한마디했다. "당신, 자꾸 투덜거리면 일간신문 구독할 거야!"

### 홍길동의 죽음

죽음을 맞이한 홍길동 앞에 사랑하는 제자들이 한마디씩 한다.

"선생님은 정말 착하게 사셨습니다. 저의 멘토이셨습니다."

"선생님은 이 사회에 큰일을 하셨습니다."

"선생님! 아직 숨을 쉬십니다."

이 중에서 홍길동이 가장 듣고 싶어 하는 말은 어느 것이었을까요?

### 홍길동의 전생

홍길동이 꿈속에서 보니 수많은 사람들이 길동에게 절을 한다. 꿈깨고 난 다음 길동은 해몽가에게 물었다. "내가 전생에 왕이었나요?" "아닙니다. 당신은 돼지 머리였습니다."

### 정신이 들었다

정신병원 원장의 철저한 교육과 연습 덕에 대통령이 정신병원을 방문하자 모두 대통령 만세를 연호하였다. 그런데 한 사람만 구석에 앉아 가만히 있다. 대통령이 원장에게 저 사람은 왜 그러느냐고 묻자 원장이 하는 말, "저 환자는 오늘 아침에 정신이 돌아온 사람입니다."

### 천국과 지옥의 야구시합

천국과 지옥 사이에 담장이 있었다. 어느 날 여기에 구멍이 뚫렸다. 그래서 누가 구멍을 뚫었는가에 대해 책임 공방이 벌어졌다. 천국은 "너희가 천국에 오고 싶어 뚫은 것이다"라고 주장을 편다. 그러나 지옥에서는 "여기도 재미있는데 뭐하려고 재미없는 천국을 가려고 구멍을 뚫겠느냐?"며 재판이 열렸다. 재판해봐야 지옥이 이긴다며 여유만만하다. 재판 결과는 지옥이 완승이었다. 그 이유는 유능한 변호사들이 전부 지옥에 있었기 때문이다.

### 말 다했어요?

좁은 길에서 교행하려다가 그만 상대 차의 백미러와 부딪치고 말았다. 다행히 양쪽 다 백미러가 부서지진 않았다. 그런데 상대방이 차에서 내리더니 험상궂은 표정을 지으며 다가와서 큰 소리로 "이 사람이 운전을 어떻게 해! 당신 이리 나와" 하지 않는가! 겁이 난 홍길동은 창문을 닫은 채 기어들어가는 소리로 "못 나가요. 왜 나가야 돼요. 나만 잘못했나요?" 그러자 상대방이 운전석 유리를 주먹으로 탕탕 치면서 "당신 한번 맞아볼 테야? 이리 나오란 말이야." "맞고 싶지 않은데요." 그러자 상대방의 입에서 육두문자가 쏟아진다. 차 안에서 이것을 다 듣고 나서 홍길동이 한마디한다. "말 다했어요?" 상대방이 "그래, 말 다했다. 어쩔 거야?" 그러자 홍길동이 "아, 말 다하셨군요. 그러면 저는 이만 갑니다"라며 사라진다.

**뻔뻔 아재개그**(일반적으로 아재개그는 대부분 뻔뻔하게 내지르는 유머임)

- 영희네 집에는 딸이 다섯 명만 있습니다. 첫째는 일순이, 둘째는 이순이, 셋째는 삼순이, 넷째는 사순이입니다. 그럼 다섯째는? 오순이 아닙니다. 정답은 영희입니다.
- 권투선수의 대전료 계산방법은 무엇일까요? 주먹구구식입니다.
- 여자는 없고 남자는 있습니다. 아주머니는 없고 삼촌은 있습니다. 아버지는 없고 할머니는 있습니다. 무엇입니까? 정답은 받침입니다.
- 정원이 100명인 잠수함에 99명이 탔는데 가라앉아버렸습니다. 왜 그랬까요? 정답은 잠수함이니까 그렇답니다.
- "왜를 다섯 번만 말하는 사람에게는 상을 주겠습니다. 누구 없습

니까?" 누군가 나서서 정답을 말한다. "왜 왜 왜 왜 왜"라고 하자마자 사회자는 "틀렸습니다"라고 말한다. 그러면 "왜요?" 하고 물을 것이다. '왜요'의 '왜'까지 포함하여 여섯 번을 말하기 때문에 틀리다는 것이다.

- 여자의 무릎과 무릎 사이에는 뭐가 있나요? '과'가 있습니다.

# 4. 맞장구치기가 유머를 완성한다

상대방의 유머를 들으면 적시에(timing) 웃어주고, 적시에 적절한 말이나 유머로 대응해준다면(reaction, feedback) 그 순간 유머는 완성된다. 소위 서로 주고받기이다(give and take). 이처럼 유머는 듣는 자의 긍정적 반응, 즉 미소와 웃음을 보여줄 때 완성되는 것이다. 듣는 사람이 팔짱을 끼며 "너는 웃겨봐라, 나는 안 웃는다" 하며 버티면 유머는 실패한다. 또 유머라고 이야기했는데 공감을 얻지 못하고 듣는 사람 중에서 웃지 않는 사람이 생긴다면, 또는 누가 웃지 못한다면 유머가 성공하지 못한다. 이렇게 되면 웃자고 한 유머가 죽자고 싸우는 빌미가 되기도 한다.

웃지 않거나 웃지 못한다는 것은 그 유머의 내용이 ① 듣는 사람을 차별하였거나, ② 상대의 약점을 들먹였거나, ③ 상대방의 자존심을 건드렸다는 이야기이다. 특히 정치문제, 종교문제 등을 소재로 삼았을 때 이런 일이 벌어진다. 유머가 언어의 마술사, 말의 지혜, 재미를 품은 교양의 언어가 되려면 유머소재가 사람, 시간, 장소 등에 적절해야 하며, 상대방의 자존심이나 약점을 건드리지 않고 공감으로 이끌어 뒷맛이 깔끔해야 한다. 사람들이 유머를 듣고 해맑게 웃었다면 그것은 유머이다.

유머는 단순한 농담과는 차이가 있다. 둘 다 웃음을 유발한다는 점에서는 같을지 모르지만 목적과 결과는 사뭇 다르다. 유머는 자신이 난감한 상황에 처했을 때 그 상황을 웃음으로 바꿔보려는 목적을 가진다. 이렇게 하여 유머는 어려운 상황에서 자신도 살리고 상대도 살리는 윈윈(win-win)의 결과를 가져온다. 그러나 농담은 흔히 상대방을 제압하면서 나만 살기 위해 상대방을 난처한 상황으로 내몬다. 그래서 유머를 사용하는 사람 주위에는 사람이 모이고 농담하는 사람 주위에는 사람이 모이지 않는다. 유머는 진짜 웃음이지만 농담은 쓴웃음이다. 유머는 듣는 사람이 공감하고 맞장구를 쳐주는 것을 필수조건으로 여기지만 농담은 상대의 공감과 무관하게 일방적으로 내지른다. 듣는 자가 유머를 완성시키는 맞장구치기는 다음 세 가지가 핵심이다.

첫째는 화자의 유머를 잘 듣는 것이다.

둘째는 화자의 유머에 대해 적시에 웃어주는 것이다.

셋째는 화자의 유머에 대한 피드백 유머, 소위 대응유머를 해주는 것이다. 여기에는 아무거나 애드리브(Adlib) 해주는 것도 포함된다.

*버나드 쇼에게 "금요일에 결혼하면 불행해진다지요?" 하고 묻자 버나드 쇼가 "그렇지요. 금요일이라고 예외가 되겠습니까?"*

## 제대로 들어주기

태아는 귀부터 생기며, 얼굴에 눈과 귀는 두 개씩이지만 입은 한 개다. 귀 두 개라는 것은 잘 들으라는 것이며 눈이 두 개라는 것은 잘 보라는 것이며 입이 하나라는 것은 잘 듣고 본 다음 제대로 말을 하라는 조물주의 뜻이다. 성인의 성(聖)이나 경청의 청(聽)이나 모두 귀 이(耳) 자가 들어있는 것만 보아도 들음의 중요성을 잘 알 수 있다. 일반적으로 듣는 것과 질문하는 것은 말하기 위해, 읽는 것은 쓰기 위해, 보는 것은 배우기 위해, 가진 것은 다른 사람과 나누기 위해서라고 한다. 그런데 꼰대의 특성은 남의 이야기를 듣지 않는 것이다. 사회가 소통이 안 되고 부부간 갈등이 생기는 근본적 이유는 서로가 서로를 듣지 않기 때문이다. 그리고 말은 내가 아는 것만 하지만 듣는 것은 내가 모르는 것을 알려준다. 듣기가 말하기보다 우선이며 더 중요하다는 이유는 바로 여기에 있다.

유머도 결국은 듣는 자가 완성시킨다. 잘 들어준다는 것은 ① 눈으로 잘 듣고(눈 장구 치기), ② 말로 잘 듣고(말장구 치기), ③ 몸으로 잘 따라 하며 듣고(몸 장구 치기), ④ 표정을 따라 하며 듣고(표정 장구 치기), ⑤ 가슴으로, 마음으로 따라 하며 듣는(맘 장구 치기) 것이다.

## 제때 제대로 긍정적 반응 보이기(reaction, reflection, timing)

상대의 유머를 잘 듣고 적시에 적절하게 긍정적인 반응을 보여준다면 유머는 확실하게 완성된다. 이는 일종의 반사적으로 나오는 반응 내지는 리액션(reaction or reflection)이다. 여기에는 잔잔한 미소로부터 박장대소, 포복절도, 요절복통, 파안대소 등의 큰 웃음에 이르기까지 다양하게 이루어진다.

2020년 2월 9일 아카데미 시상식장은 웃음소리로 왁자지껄했다. 특히 봉준호 감독의 수상 소감 한마디 한마디에 장내는 웃음바다가 되었다. 모두가 웃음보를 최대한 부풀리고 있었다는 듯 봉 감독의 "1인치 장벽을 넘으면 훨씬 더 많은 영화를 즐길 수 있다" "텍사스 전기톱으로 이 트로피를 5등분하고 싶다" 등 수상 소감을 듣자마자 일제히 웃음보를 터트렸다. 봉준호 감독의 수상소감을 멋지게 통역한 최성재 통역사 덕도 있지만 이것을 듣고 바로 맞장구치며 웃어주는 참여자들의 높은 유머감각이 돋보였다.

얼마나 기쁨을 주었는가"이다.

## 적절한 유머로 피드백(feedback)하기(피드백 유머 하기)

### 애드리브하기

유머를 듣는 과정에서 청자에게도 기회가 주어진다면 화자의 유머에 어울릴 수 있는 적절한 대응유머를 말해주는 것이 바로 피드백 유머이다. 소위 청자의 피드백(feedback)유머, 맞장구 유머이다. 이 수준에 달한다면 당신은 이미 최고의 유머달인이다.

요즘 인기를 모으고 있는 '아무거나' 애드리브(Adlib) 하기도 일종의 피드백 유머이다. 애드리브란 애들이 말을 배울 때 어른의 입을 따라 하듯 상대의 말(입)을 그냥 따라서 하는 것이다. 지코의 〈아무거나〉가 지상파 음악방송 3주 1위를 차지하였다. 이는 오늘날의 밀레니엄 세대가 정형적인 가사나 춤을 따지지 않고 그냥 현재를 즐긴다는 것을 반영한다. 즐길 수만 있다면, 재미만 있다면, 유머에도 형식을 가릴 필요가 없다는 것이다. 아무거나는 애드리브를 칠 때 지금 느끼는 것을 몸으로 입으로 반응을 바로 보여서 서로가 공감의 장을 만드는 것이 핵심이다.

이러한 '아무거나' 애드리브 인기의 특성을 보면 ① 그냥 재미가 있을 것, ② 엉터리, 과장, 과소, 빈말, 바보스럽다고 하건 말건 솔직 정직할 것, ③ 함께하는 사람들에게 전혀 부담을 주지 않을 것, 즉 심각하거나 지루하지 않을 것, ④ 애드리브, 임기응변, 직문직답으로 타이밍이 맞을 것,

⑤ 전개가 빠를 것, 즉 일반적인 유머의 작동원리인 기승전결로 전개하지 않고 바로 결론부터 말할 것, ⑥ 천편일률적인 것이 아니라 다중적, 다원적, 통합적이며 어디로 튈지 알 수 없을 것, ⑦ 무원칙, 즉 가다가 재미없으면 안 가고, 하다가 즐거움 없으면 안 할 것 등이다.

이런 '아무거나' 애드리브를 잘 치려면 ① 일단 상대방의 말을 잘 듣고 따라 하는 말장구에 익숙할 것(말 맞장구치기), ② 평소에 아재개그가 몸에 배여 있을 것, 즉, 많은 경험, 많은 독서 및 아재개그의 몸 기억화 등을 통해 적시에 아무거나 애드리브를 칠 수 있을 것, ③ 획일적 사고, 수평적 단순 논리 대신에 다중적, 다원적, 입체적, 통합적 사고방식, 엉뚱한 사고방식을 가질 것, ④ 솔직하고 정직할 것. 즉 아무거나 애드리브라고 해도 실제로는 정직, 성실함 등 기본에서 벗어나지 않아야 하는 것이다.

- 박준형의 〈와썹맨〉, 아무 말 대잔치, '아무거나' 춤, '아무거나' 챌린지, EBS 펭수 등이 인기를 얻고 있는 것도 같은 맥락이다.
- "돈 지랄 하고 싶은 데 돈이 없어서 지랄밖에 못함"
- "취업 전에는 출근이 꿈, 취업 후에는 퇴근이 꿈"
- "헌혈하면 롯데시네마 증정"(본래는 롯데시네마 무료 티켓 증정임)
- "요즘 하는 거 = 불안해하면서 아무것도 안 하기"
- "아파트 공고문: 함부로 담배꽁초나 쓰레기를 버리지 마세요. 단, 지폐, 수표 또는 귀금속은 버려도 괜찮습니다."

## ✌ 위트로 되치기

유머는 대부분이 준비된 우수갯소리이지만 애드리브나 위트는 순간적으로 튀어나오는 유머이다. 특정 상황에서 무개념으로 바로 맞받아 따라 하며 되치는 것이 애드리브라면 위트는 애드리브와 그 형식은 비슷할지라도 내용에서는 매우 차이가 있다. 일반적으로 위트는 상당히 높은 지적 수준을 필요로 하고 있다. 위트 능력 발휘에 꼭 필요한 순발력을 갖기 위해서는 평소에 다음과 같이 연습하는 것이 필요하다.

- 일단 상대방의 유머나 말에 대해 주요 사항을 반복하되 말꼬리를 돌리거나 뒤집기로 되치기를 해본다.
- 평소에 아재개그 등으로 말장난 유머를 자주 한다. 이렇게 몸에 밴 아재개그는 필요할 때 위트로 튀어나올 수 있다.
- 현재 및 과거에 관한 폭넓은 지식을 갖춘다. 다양한 독서가 필수다.
- 상대방의 이야기에 경청하면서 현재 다들 알고 있는 오늘의 날씨, 시간, 교통, 시사 등 뉴스와 연결 지어 패러디해본다.
- 회식자리(술자리)라면 앞에 보이는 술병과 물, 안주 등을 소재로 한 말장난을 이용하여 위트를 날린다.
- 술병을 잡고 술을 따를 수 있는 권리란? 병권이라고 하지만 시원찮은 사람이 병권을 쥔 경우 우리말로 병든 놈이라고 하지요. 저는 자칭 후자가 아니라 전자, 즉 병권을 쥔 사람으로서 일단 제가 병권을 행사하겠습니다. 이번에는 ○○○ 님에게 병을 주겠습니다.

술병을 드립니다.

- 이 술집은 (술)병 주고 나서는 안 주고(안주 주고) 하는 집으로 유명합니다.
- 오늘 술은 복분자입니다. 제가 이 술로 건배를 하겠습니다. 한 잔씩 따라주시기 바랍니다. 모두 즐겁게 드십시오. 다만 복분자는 심한 부작용이 있다고 하니 유의하시기 바랍니다. 부작용은 정력이 너무 좋아진다는 것입니다. "자, 부작용을 위하여!"
- 다수를 대상으로 한 경우에는 상대방을 높이기, 자신을 낮추기, 상대방의 좋은 점을 과장하여 추켜세우기, 자신의 장점은 최대한 낮추기 등을 내용으로 하면 좋은 위트가 될 수 있다.

자신을 낮추거나 상대방을 높이는 말을 한다. 봉준호 감독이 아카데미 시상식에 참여한 마틴 스콜세지 감독을 높이며 자신을 낮추는 인사말을 했을 때 우레와 같은 박수를 받았다. 그리고 이 멘트는 위트가 있는 인사말로 평가되었다. 상대방의 좋은 점은 과장법으로 최대한 높이고, 자신의 장점에 대해서는 최소가 되도록 낮춰서 표현하는 과소법을 적용하면 훌륭한 위트가 될 수 있다.

예

- 여러분은 과거에도 최고였고, 지금도 최고이며 앞으로도 최고인 저의 평생 동지들입니다.
- 저는 이 세상에 태어나서 여러분처럼 좋은 사람들을 만난 적이

없습니다. 제게는 엄청난 행운이죠.

- 저에게는 이 세상에서 태어나 여러분과 같이 존경스러운 사람들을 만나게 된 것에 감사하고 또 감사합니다.
- 저는 이렇게 가슴에 울리는 말을 들어본 적이 없습니다. 영원히 마음속에 깊이 간직하렵니다.

산다는 것은 사는 것이 아니라 살아지는 것이다. 그러다가 결국 사라지는 것이 삶이다.

# 유머의 맛:
# 말장난과
# 아재개그

# 1. 말장난은 어떻게?

## 말장난이란?

유머의 중심은 말장난이다. 유머는 말(언어, 어휘)을 자유자재로 구사함으로써 상황을 반전시키는 말장난이 기초인 것이다. 말장난(word play)이란 말의 다중적 의미, 문맥에 따른 의미의 다양성, 발음의 유사성 등을 활용하기 위해 말을 뒤집고, 말을 꼬며, 말을 비틀고 돌림으로써 예측파괴를 하는 것이다. 말장난에서는 현재는 물론 과거를 통틀어서 국내외에 통용되는 모든 말들을 최대한 활용한다. 한글도 사투리는 물론 속담, 사자성어 까지 다 동원한다. 말장난의 목표는 말이라는 원석을 가공하여 웃음의 소재가 되도록 하는 것이다. 원석을 유머로 가공하려면 언어의 한쪽 면만 보는 것이 아니라 앞과 뒤, 오른쪽과 왼쪽, 위와 아래 그리고 안과 밖을 볼 수 있어야 한다. 즉, 유머는 4차원적이다. 따라서 국내외 언어를 두루 활용할 수 있어야 한다. 이를 바탕으로 평범한 말을 용접하고 융합시켜서 전혀 새로운 제품을 만들어내는 것이 말장난 유머이다. 그러므로 말장난에서는 언어의 좌충우돌, 동문서답, 횡설수설, 우왕좌왕, 무단횡단, 주객전도, 과대망상, 축소과장, 대동소이, 자중지란, 부화뇌동 등이 필수이다.

대부분의 말장난은 발음은 같지만 뜻이 완전히 달라지는 동음이의어를 활용하거나 발음은 서로 다르지만 뜻이 같아지는 이음동의어를 많이 활용한다. 이 중에서 아재개그는 동음이의어나 이음동의어를 활용하여 다짜고짜 뒤집기를 시도하는 대표적인 말장난 유머이다. 따라서 유머달인이 되기 위해서는 말장난 유머, 특히 아재개그를 잘해야 한다.

"절 좋아하세요?"
"아니요, 성당 좋아하는데요."
"너무해!"
"알았어 난 배추 할게."
"암캐나 해(아무렇게나 해)."
"싫어, 나 수캐 할래."
"딸기(사과, 배, 복숭아, 포도)가 직장을 잃으면(실업, 失業)?"
"딸기시럽, 사과시럽, 배시럽, 복숭아시럽, 포도시럽이 된다."
"이 빠진 호랑이(원숭이, 고양이, 황조롱이)는?"
"호랑, 원숭, 고양, 황조롱."
"머리를 쓰는 것은?"

"가발."

이렇게 계속 말장난을 하다 보면 유머적 사고방식과 뻔뻔함에 익숙해진다. 물론 제대로 된 유머를 하기 위해서는 말장난을 넘어서서 상황과 맥락에 대한 감각을 가지고 절묘한 타이밍에 압축되고, 절제된 한마디를 할 수 있어야 한다. 말장난도 제대로 된 연습을 통해 훈련하면 훨씬 빨리 실력이 는다. 끝말잇기, 끝말로 끝내기, 첫말로 시작하기, 다섯 글자 절대 음감 연습하기, 어순 바꾸기, 동음이의어, 이음동의어 활용하기, 띄어쓰기 달리 하기, 단어나 문장 앞뒤 바꾸기, 단어나 문장 강세 달리하기, 사자성어로 대체하기, 속담 활용하기, 3행시 짓기, 초성 두 글자로 말하기, 패러디하기, 라임 맞춰보기, 대구(對句) 만들어보기, 아무 말 대잔치 등은 좋은 연습방법이다.

## 말장난의 기본은 어휘구사력이다

말장난이란 어휘력을 바탕으로 한다. 어휘력은 말의 다중적 의미와 쓰임새를 이해하고 활용할 수 있는 능력이다. 즉, 어휘를 적재적소에 적절한 형태로 적시에 활용하는 것이다. 어휘에 대한 남의 고정관념은 내 말장난의 소재가 되지만 나의 고정관념은 말장난의 방해요소가 된다. 그러므로 다양한 연습을 통해 내가 가진 고정관념을 깨면서 외연을 확장할 수 있는 연습이 필요하다. 이 책에서는 먼저 어휘력 기초 연습을 해본 다음, 말장난을 활용한 유머 만들기를 연습해보도록 한다.

# 2. 어휘력 기초 연습

## 말 잇기 연습

〈끝말잇기 기본 규칙〉

- 단어는 고유명사 · 형용사 · 부사를 제외한 보통명사로 한정한다.
- 여럿 사람이 끝말잇기 게임을 하는 경우, 자기 차례에서 한 번의 패스 허용이 가능하지만 순서가 다시 돌아오면 반드시 끝말잇기를 하여야 한다.
- 끝말잇기에 실패하는 사람에게는 재미있는 벌칙을, 끝말잇기를 아주 잘하는 사람에게는 선물 제공이 있다는 것을 미리 알려주는 것도 연습 효과를 거두는 방법이다.

① 끝말잇기: 단순 끝말잇기, 게임하며 끝말잇기

- 단순 끝말잇기란 우리가 일상적으로 하는 끝말잇기이다. 예를 들면 행복 - 복장 - 장식 - 식사 - 사진 - 진실 - 실상 - 상상 - 상대….
- 게임 끝말잇기란 "얼씨구 좋다. 절씨구 좋다. 끝말을 잇자 혹은 꿍따라 꿍딱 꿍따라 꿍딱 끝말을 잇자" 등 다섯 글자로 된 말을 먼저 복창한 다음 "끝말잇기"를 하고 다시 다섯 글자로 된 말을 복창하고 끝말을 잇는 방식으로 끝말을 이어간다.

② 끝말로 끝나는 말로 이어가기

- 키워서는 안 되는 견(개)으로 끝나는 단어 말하기: 개는 한문으로 '견'이다. 견과 같은 발음이지만 사람이 싫어하는 뜻의 동음이의어를 활용한 말장난 훈련이다. (답) 참견, 편견, 선입견, 꼴불견, 목불인견
- 복으로 끝나는 끝말로 말하기: 행복, 다복, 초복, 중복, 말복, 오복, 교복
- 사람과 관련된 씨로 끝나는 다섯 단어 말하기: 말씨, 솜씨, 맵시, 글씨, 맘씨
- 만으로 끝나는 안 좋은 말 말하기: 거만, 기만, 오만, 교만, 자만
- 얼굴과 관련된 꼬리로 끝나는 세 단어 말하기: 말꼬리, 눈꼬리, 입꼬리
- 색으로 끝나는 단어 말하기: 구색, 갈색, 곤색, 쥐색, 황색, 적색, 흑

색, 백색, 녹색, 청색, 남색, 무색, 물색, 반색, 사색, 수색, 질색, 정색, 주색, 호색

- 쾌로 끝나는 다섯 가지 단어 말하기: 경쾌, 명쾌, 상쾌, 통쾌, 흔쾌
- 통으로 끝나는 사자성어 단어 다섯 개 말하기: 의사소통, 만사형통, 운수대통, 신통방통, 요절복통
- 사람의 몸과 관련하여 살로 끝나는 말 10개 이상 말하기: 몸살, 이맛살, 눈살, 볼살, 주름살, 턱살, 목살, 등살, 뱃살, 넉살, 나잇살, 주먹 살, 가슴살, 갈빗살
- 코로 끝나는 말 10개 이상 말하기: 도루코, 디스코, 멕시코, 모로코, 모나코, 세스코, 싸만코, 주먹코, 딸기코, 한사코, 기어코, 기필코, 결단코, 매부리코
- 감으로 끝나는 말 10개 이상 말하기: 색싯감, 신붓감, 신랑감, 대감, 영감, 땡감, 오감, 쾌감, 공감, 정감, 맹감, 땡감, 꾸리 감, 단감, 홍시 감, 곶감, 만감, 일감, 사감, 상감, 가감, 마감, 반감 등
- 사람과 미래를 점치는 상으로 끝나는 말 만들기: 인상, 면상, 관상, 수상, 족상, 심상
- 책으로 끝나는 말: 공책(최고의 책), 주책(아주 나쁜 책), 철책(뚫을 수 없는 책), 힐책, 묘책, 상책, 하책

③ 첫 글자로 말 만들어 이어가기

- 복으로 시작하는 단어로 이어가기: 복어, 복사, 복수, 복날, 복싱, 복심, 복숭아, 복장, 복리, 복종, 복마전, 복기, 복지

- 중으로 시작하는 단어로 이어가기: 중대장, 중장비, 중신, 중복, 중앙, 중심, 중도, 중퇴, 중소, 중독, 중동, 중혼, 중국, 중기, 중세, 중식, 중생, 중사, 중장, 중위, 중지, 중전, 중태

## 3행시 짓기 연습

자기 이름 3행시 짓기, 건배사 3행시 짓기 등을 연습한다. 3행시의 마지막 행에서는 유머의 기본 원리인 예측 파괴가 이루어질 수 있도록 앞의 두 내용을 확 뒤집는 내용으로 짓는 것이 핵심이다. 여럿이 함께 연습하는 경우에는 순서대로 돌아가면서 한 글자씩 3행시 혹은 4행시 짓기놀이를 하는 것도 좋다.

### ① 원두막, 원숭이

홍길동이 모임에서 다른 사람의 '원두막' 3행시를 들었다. "(원) 원숭이 엉덩이는 빨개, (두) 두 쪽이 다 빨개, (막) 막 빨개." 이것을 듣고 함께 있는 사람들이 모두 웃었다. 다른 모임에 갔는데 그 3행시가 생각나서 내가 3행시를 지을 테니 '원숭이' 운을 떼라고 했다. "(원) 원숭이 엉덩이는 빨개, (숭) 숭하게 빨개, (이) 이게 아닌데." 그때서야 '원숭이'가 아니라 '원두막'이라는 것을 깨달은 길동 씨….

② 이동규

(이) 이동규가 제 성과 이름입니다.

(동) 동규가 이름입니다. 동자는 돌림자가 아니랍니다.

(규) 규라고 부르셔도 됩니다. 규가 바로 돌림자입니다.

## 다섯 글자 대화하기 및 다섯 글자 절대음감 말하기 연습

① 다섯 글자로 대화하기

사람들이 이어가면서 다섯 글자로 대화를 한다.

예

놀면서 하자

너를 사랑해

서로 좋아해

오늘 좋은 날

늘 웃는 사람

저기서 놀자

여기서 놀자

함께 일하자

모두가 웃자

나도 사랑해

### ② 다섯 글자 절대음감 연습하기

다섯 글자에 대해 차례로 한 글자씩 한 옥타브를 높여서 소리를 낸다.

예

안흥팥찐빵

김삿갓삿갓

춘천닭갈비

와인삼겹살

굿거리장단

광개토대왕

음향오행설

우체국택배

뽕잎생삼채

한방쑥국수

학부모상담

# 3. 어휘력 응용연습: 단어, 강세, 띄어쓰기 바꾸기, 어순이나 단어 뒤집기, 외국어로 바꾸기

## 띄어쓰기 달리하기로 의미 뒤집기

- 남자들이 밖에서는 “나는 야한 여자가 좋다” 하다가 집에 들어오면, 마누라에게 “나는야 한 여자가 좋다”로 말한다. ‘야’와 ‘한’ 사이를 띄어 쓰면서 전혀 다른 뜻으로 바꿔버린다.
- ‘아버지가 방에 들어가신다’에서 띄어쓰기를 바꾸면 “아버지 가방에 들어가신다’로 반전한다.
- 저 아기 가졌어요. → 저 아기가 졌어요. 그럼 저 엄마가 이겼네.
- 넌 이쁜 천사 ! → 넌 이쁜 천 사, 난 재봉틀하고 실 살게.

- 너무해! 진짜 너무해! 난 배추 할게.
- 남자랑 해(달이 아니고 해) 봤냐?, 남 자랑(내 자랑 말고 남의 자랑) 해봤냐?, 남자랑(?) 해봤냐?
- Impossible은 I와 m 사이를 띄면서 에스트로피를 찍으면 I'm possible로 변한다.
- 'Dream(Opportunity) is no where'의 'no where' 부분에서 뒤의 w를 no와 붙이면 Dream(Opportunity) is now here로 바뀐다.
- 'Opportunity is no where!'이지만 o와 w를 붙여 쓰면 "Opportunity is now here"가 되어 그 뜻은 반전된다.
- BUSAN인가 버스(BUS) 안(AN)인가.
- 안 산 땅인가 안산 땅인가.
- 한눈인가 한 눈(한쪽 눈)인가.
- 눈물인가 눈 물인가.
- 말잔치인가 말 잔치인가.

## 문장 내 단어 앞뒤로 바꿔서 뒤집기

사장 장사, 자살 살자, 성적 적성, 회의 의회, 상식 식상, 장수 수장, 밥집 집밥, 성숙 숙성, 황당 당황, 가짜 짜가, 링컨 컨닝, 가불 불가, 소장 장소, 음식 식음, Olleh Hello 등은 단어를 뒤집으면 유사한 의미 혹은 전혀 엉뚱한 말로 바뀌진다.

- '자살'할 정도의 의지로 '살자'를 한다면 성공할 수 있다.
- 요즘은 '성적'보다는 '적성'을 중심으로 진로를 선택해야 한다.
- '회의'가 오래가면 모두가 왜 이런 '의회'가 있어야 하는지에 대해 '회의'에 빠진다.
- '장수'는 그 부대의 '수장'이다.
- 그 '밥집'이 잘되는 이유는 '집 밥'이나 다름없기 때문이다.
- 사람이 '성숙'한다고 하여 '숙성'이 되는 것은 아니다.
- '황당'한 일을 갑자기 당하면 '당황'할 수밖에 없다.
- 아이들의 장래에는 '성적'보다는 '적성'이 더 크게 영향을 미친다.
- 면접 시험의 좋은 결과를 '기대'하면서 '대기'하고 있는 수험생들
- dog를 거꾸로 매달면 god이 된다.
- me의 m을 위아래로 뒤집으면 we가 된다.
- '내힘들다'는 거꾸로 하면 '다들힘내'가 된다.
- 음주테스트 하느라 경찰이 "더 더 더" 하면서 테스트기를 입에 대고 힘껏 불어보라고 하는데 와락 오바이트를 하는 사람을 만나면 당황하는가 황당해하는가?
- 작은 일을 보려고 트럭 뒤에서 실례를 하는데 트럭이 갑자기 출발해버리는 경우 황당인가 당황인가?
- 속이 불편하여 큰일을 보려고 트럭 뒤에서 실례를 하는데 트럭이

갑자기 후진하는 경우 당황인가 황당인가?

- 큰일 보려고 하는데 방귀만 나오고 정작 기대하는 것은 안 나오는 경우 당황인가 황당인가?
- 작은 일 보려고 소변기 앞에서 힘을 주는데 갑자기 뒤쪽으로 큰 것이 나오는 경우 황당인가 당황인가?
- '상식'에 '식상'해야 아이디어를 낼 수 있다.

## 문장 순서를 앞뒤로 바꿔서 뒤집기

앞의 문장을 통해 결과를 부정하는 듯 보이지만 이를 다시 뒤집어 표현함으로써 오히려 더 분명한 의미를 나타내는 방법이다.

- 연습한다고 타율이 반드시 높아지는 것은 아니지만 타율을 높이려면 연습을 해야 한다.
- 행운이 있다고 다 성공하는 것은 아니지만 성공하려면 행운은 있어야 한다.
- 계획한다고 일이 성공하는 것은 아니지만 성공하려면 계획이 있어야 한다.
- 기도하면서 술 마시기는 안 되지만 술 마시면서 기도하기는

된다.

- 기도하면서 담배 피우기는 안 되지만 담배 피우면서 기도하기는 된다.
- 노력한다고 다 성공하는 것은 아니다. 그러나 성공하려면 노력해야 한다.
- 강한 자가 살아남는 것이 아니라 살아남는 사람이 강한 자이다.
- 운이 좋다고 우승하는 것은 아니지만 우승하려면 운이 좋아야 한다.
- 준비한다고 성공하는 것은 아니지만 성공하려면 준비해야 한다.
- 연습한다고 유머달인이 되는 것은 아니지만 유머달인이 되려면 연습해야 한다.
- 친절하다고 다 성공하는 것은 아니지만 성공하려면 친절해야 한다.
- 열심히 연습한다고 선수가 되는 것은 아니지만 선수가 되려면 열심히 연습해야 한다.
- 열심히 연습한다면 실패는 없다. 그러나 연습을 안 하면 성공은 없다.
- 절망한다고 상황이 끝나는 것은 아니다. 당신이 절망해야 상황이 끝난다.
- 늙는다고 꼰대가 되는 것은 아니다. 꼰대가 되면 늙은 것이다.
- 늙는다고 듣지 못하는 것은 아니다. 안 들으면 늙은 것이다.
- 늙는다고 유머가 없는 것은 아니다. 유머를 못하면 늙은 것이다.

## 강세 바꿔서 뒤집기

- 결론도 없는 회의를 너무 오래 하면 회의에 빠진다.
- 걱정해도 안 되는 일을 걱정하지 않는 사람은 걱정할 것이 없는 사람이다.
- 경기가 너무 좋아서 경기가 날 정도입니다.
- 경영자가 수치에 약하면 수치스러운 일이다.
- 꾸미는 사람보다 꿈 있는 사람이 더 멋있다.
- 나쁜 놈이란 나뿐인 놈이다.
- 내 일이 있어야 내일이 있다.
- 내가 가장 좋아하는 가축은 '돼지'입니다. 안 되는 일이 없습니다. 항상 "되지 되지" 하지요. 가장 겸손한 가축은 젖소입니다. 이기려고 하지 않습니다. "내가 젖소"라고 하며 출발합니다.
- 미치려면 미쳐야 한다.
- 배우는 배우는 사람인가.
- 발목 부상에 발목이 잡힌 정현 선수.
- 상대를 봐서 상대하라.
- 사과한답시고 사과 한 상자를 가져오는 것이 과연 사과한 것인가?
- 실내에서 실례하면 실례가 된다.
- 시장은 시장에서 시장 사람들과 함께 시장하면 밥을 같이 먹어야 시장이다.

- 사장이 장사를 잘해야지 장사를 잘 못하면 그 바닥에서 사장된다.
- 언젠가는 하겠다는데 그 언젠가는 언젠가?
- 이성관계를 이성적으로 하지 못하면 이성관계는 깨지고 이상한 관계가 되고 만다.
- 이 소장의 저서는 소장할 만하다.
- 저 나무 그림은 나무날(나무랄) 데가 없다.
- 지장을 함부로 찍으면 사는 데 지장이 온다.
- 치부한 자의 치부
- 코로나 19로 인해 애를 보는 할머니 할아버지들이 종일 애를 쓰면서 자식 며느리가 귀가할 시간을 애타게 기다린다.
- 패인을 두려워하면 폐인된다.
- 회계를 잘못하면 회개해야 한다.
- 학생들은 거부를 선호하지만 거부에 대해서는 거부한다.
- 화가를 화가 나게 하면 안 좋다.
- 후회하는 사람이 타는 차는 "아차차"입니다. 긍정적으로 해쳐가는 사람이 타는 차는 "으랏차차"입니다.

## 우리말을 외국어로 바꿔서 뒤집기

- 공기밥을 영어로? (에어라이스)
- 기원전에 사용한 카드는? (BC카드)
- 거시기 머시기를 중국어, 일본어, 프랑스어, 독일어, 아프리카어로 표현하면? (중국어: 꺄우뚱, 일본어: 아리끼리, 프랑스어: 아리송, 독일어: 애매모흐, 아프리카어: 깅가밍가)
- 금강산도 식후경을 영어로? 이트 엔 씨(먹고 보자)
- 가는 말이 고우면 오는 말은? (COME)
- 고속도로 막힐 때 신이 준 길? (갓길 god 길)
- 너무 타버린 스테이크는? (미스테이크)
- 나는 거꾸로 선다. (I understand)
- 높은 곳에서 애를 낳는 동물은? (하이에나)
- 돼지가 열 받으면 어떻게 되나? (바베큐)
- Donation을 우리말로 바꾸면 "돈 내시오"이다.
- Dream은 우리말로 드립(림)니다.
- 단 거를 함부로 먹으면 안 되는 이유는? (단 거는 danger이기 때문이다)
- 미국에 내리는 비, 세 글자? (USB)
- 미국 대통령 중에서 바지를 내리려고 애쓰는 사람은? 루스벨트(Loose Belt)
- 브라질 밀림에 사는 남자의 이름, 세 글자로?(아마 존)

- 빵을 굽는 데 걸리는 시간? (오분)
- 살레 올레 말레를 영어로 바꾸면? (Sale, Olleh, Male)
- 식인종이 우사인 볼트를 보면? (패스트 푸드)
- “술을 마셔라”를 전라도식 프랑스어로, 전라도식 독일어로 표현하면? (프랑스어: 마셔불어, 독일어: 마셔부랑케. 마셔불어 대신에 ‘드숑’이라는 표현도 있음)
- 윌리엄 텔과 로빈 후드는 어린이 머리 위에 올려놓은 사과를 화살을 쏘아 명중시켰다. 그런데, 사과는 못 맞추고 어린이를 맞춰서 문제를 일으킨 궁수의 이름은? (아임 쏘리)
- ‘엄마가 아이를 잃어버렸다’를 네 글자로는? (맘마미아)
- 아들을 잘 낳는 것으로 유명한 지역은? (아틀란다: 아들란다. 아드리아 해, 아드리아호텔이다)
- 영어가 서툴렀다. 교통범칙 딱지를 떼려고 경찰이 다가온다. 다급하여 우리말로 한 번 봐달라고 말했지만 못 알아듣는다. 할 수 없이 “Look at me once(한 번 봐달라)” 하자 경찰이 웃으면서 “No soup(국물도 없다)”라고 대답한다.
- 일본에서 가장 센 대학은? (와세다 대학)
- 음식을 주문하는데 앞 사람이 “Me too”라고 한다. 그래서 다음이 내 차례여서 당연히 “미 쓰리(3)”라고 외쳤다. 그러자 앞에 앉아있던 미스 리가 벌떡 일어났다.
- I like Hong Kong: 나는 붉은 콩을 좋아한다.
- 이것은 네 땅이다는? (디즈니랜드)
- 유럽연합 사람들이 먹는 음식, 세 글자로? (EU식)

- 원유가 오는 데 걸리는 기간? (오일: oil)
- 질문해서는 안 되는 영어? (secret, I don't know)
- JANE SALE MALE GAGMAN: 자네 살래 말래 가 그만이 된다.
- 자동차가 세 대 있는 나라는? (스리랑카)
- 죽은 불로 유명한 보석 이름은? (사파이어)
- 직접 만든 총은? (손수건)
- 좌우간 먹고 보자는? (Left right between eat and see)
- 최고로 큰 미꾸라지는? (미꾸엑스라지)
- 충청도 여인의 "나는 사랑도 했씨유"를 영어로? (I love do see you)
- 충청도 여인의 출산 고백? (아이두 낫씨유(I do not see you))
- Television을 다른 말로 바꾸면 Tell a vision이 된다.
- 티 없는 물을 영어로? (water, 즉 워터의 t 발음을 뺀 워러이다)
- 티 없는 웨이터를 영어로? (웨이러, waiter)
- 티 없는 아름다움을 영어로 하면? (비유리풀, beautiful)
- 티 없는 컴퓨터는? (컴퓨러, computer)
- 티 없는 회계학은? (아카우닝, accounting)
- 티 없는 운반자? (포러, porter)
- 환전 아가씨가 고객에게 "애나 줄까요, 딸라 줄까요"라는 말은? (일본의 엔화로 바꿀 것인가, 미국의 달러로 바꿀 것인가?)
- 횡단보도에서 Don't walk라고 신호가 들어오면 뛰는 이유는? ( Don't run은 아니기 때문)
- 해를 취재하는 리포터의 이름은? (해리포터)

## 비슷한 철자로 바꿔서 뒤집기

- 에베레스트를 에레베스트로
- 시모노세끼를 시노모세끼로
- 까르프를 르카프로
- 키친타월을 치킨타월로
- 에스유브이(SUV)를 유에스비(USB)로
- 오토바이의 형은 육토바이
- 정삼각형의 동생은 정삼각

# 4. 동음이의어와 이음동의어 연습

## 동음이의어

우리말은 글말, 입말이 모두 잘 발달되어 있다. 검다와 관련되는 말에도 가무잡잡하다, 거무스름하다, 거무튀튀하다 등 다양한 표현이 있다. 이처럼 우리나라의 풍부한 입말은 말장난 유머의 기반이다. 말장난 유머, 특히 아재개그는 대부분이 동음이의어, 이음동의어를 활용하고 있다.

동음이의어를 이용한 유머란 발음은 같거나 비슷하지만 그 뜻은 두 가지 이상으로 해석되면서 내용을 반전시키는 유머이다. 동음이의어 유머는 대부분이 어떤 말의 상식적 고정관념을 바탕으로 하지만 다른 뜻을 가진 말로 뒤집어지면서 뒤통수를 친다. 동음이의어 말장난은 유머의 작동원리인 예측파괴를 말 한마디로 끝내버린다.

동음이의어 유머를 제대로 활용하려면 같은 말이라도 쓰임새에 따라 여러 가지 다른 의미가 될 수 있음을 알아야 한다. 즉, '같은 발음 → 같은 뜻'이라는 고정관념에서 벗어나 '같은 발음 → 다른 뜻'이라는 다중적인 해석을 할 수 있어야 하는 것이다. 아재개그의 상당부분이 동음이의어를 바탕으로 하고 있다.

## 가나다로 정리한 동음이의어 말장난들

### ㄱ

**가치:** 같이 가야 가치가 있다.

**가장:** 가장은 가정의 화합에 가장 노력을 많이 해야 한다.

**감사:** 감사원 사람들은 사람을 만날 때 "감사합니다"라고 하면 무서워한다.

**감사원:** 감사원은 권력기관의 혐의나 감싸주는 감싸원인가!

**거부:** 거부(巨富)가 되고 싶다고는 하지만 거부(巨富)에 대해 젊은이들은 강한 거부(拒否)감을 표시하는데 그 이유는 무엇인가? 거부들은 정상배라는 선입견이 있어서 거부할 것이다.

**고기야:** 음악이 흘러나오고 있는 레스토랑에서 돈가스를 먹는데 고등학교 1학년 딸이 아빠에게 묻는다. "저 곡이 무슨 곡이야?" 아빠가 잠깐 망설이다가 "돼지고기다."

**공약:** 정치인의 공약(公約)은 대부분이 공약(空約)이다.

**공포:** 경찰이 강도를 잡기 위해 공포를 쏘는 통에 지나가던 행인이 모두 공포에 싸인다.

**규칙:** 규칙적인 일상을 사는 사람들은 불규칙적인 일상에도 적응하지만 불규칙적인 일상을 사는 사람들은 규칙적인 일상에 적응하지 못한다.

**기도:** 큰일을 기도하려면 진심으로 기도를 하라.

**기사:** 기사를 사고파는 사기꾼이 판을 치고 있다. 기사 사기는 사기이다.

**기미:** 얼굴에 기미가 나타날 기미가 있으면 기미제거용 화장품을 바르자.

**기름:** 어느 석유판매회사 광고에서는 "어디에도 이런 기름은 없었다. 이 기름은 차기름인가, 참기름인가?"라면서 주유자에게 참기름을 선물로 준다.

**김빠진:** 김을 맥주에 넣으면 김빠진 맥주인가, 김 빠진 맥주인가?

**끝장:** 종강을 하는 시간에 교수가 갑자기 "오늘 종강을 하게 되니 모두 교과서의 맨 끝 페이지를 펴기 바랍니다"라고 한다. 학생들이 끝 페이지를 펴자, 교수가 "여러분, 오늘 끝장을 봤습니다" 하면서 종강을 선언한다.

## ㄴ

**나무:** (소나무를 그린 동양화를 보고) 저 나무는 나무랄 데 없이 잘 그렸지만 나무 날 수(나무라고 할 수)는 없겠지.

**나쁜**: 가장 나쁜 사람은 나뿐인 사람이다.

**내일**: 내일이 있어야 내일이 있다.

**내일**: 네일(nail)을 잘해야 네일 전문가로서 내일에도 내 일이 있다.

**눈물**: 눈에 눈이 들어가니 눈 물인지 눈물인지 알 수 없다.

**남자랑 해봤어?**: 숙희에게 은근한 말투로 "남자랑 해봤어?" 하고 묻자 숙희가 "그래, 남자랑 많이 해봤어. 잔디에서도 해보고, 아파트에서도 해보고, 남의 자랑도 해보고."

**늑대**: 시골마을에서 무료하게 살던 길동이 장난 삼아 "늑대가 나타났다"라고 하자 마을 사람들이 몽둥이를 들고 모였다. 그런데 거짓말이라는 것을 알고 화가 난 마을 사람들이 한 번만 더 거짓말하면 죽도록 패주겠다고 말했다. 어느 날 비행기 네 대(넉 대) 지나가는 것을 본 길동이 자기도 모르게 "넉 대다. 넉 대가 나타났다!" 이렇게 소리치자 마을 사람들이 또 거짓말을 하는 줄 알고 몽둥이찜질을 했다는 이야기가 있다.

### ㄷ

**더불어**: 더불어 살아야 행복이 더 불어난다.

**도네이션**: 도네이션(donation, 기부)이란 "돈 내시용"이다.

**듣는**: 고객의 말을 잘 듣는 제약회사가 잘 듣는 약을 개발한다.

### ㄹ

**매장**: 매장 진열을 잘못하면 그 매장은 매장(埋葬)된다.

**매일**: 메일은 매일 체크해야 한다.

**무력**: 무력(武力)으로 권력을 잡은 사람은 무력(武力)이 없으면 무력(無力)해진다.

**무당**: 우리나라 사람들은 정치에 대단히 관심은 많지만 무당파가 많다. 그래서 무당이 판치는 것인가?

**물고기**: 수생동물 중 가장 지식이 높은 수생동물은? 고등어(고등지식을 가진 물고기)와 문어(항상 글을 읽고 공부하는 물고기)이다. 3등은 하는 물고기는? 삼치이다. 항상 꼴등인 물고기는? 꽁치이다. 물고기의 반대는? 불고기이다.

## ㅁ

**미치다**: 미쳐야 미칠 수 있다.

**말**: 말에게 아무 말이나 함부로 말하면 말도 말을 알아먹는다.

**말잔치**: 말(언어) 잔치인가, 말(동물) 잔치인가?

**말싸움**: 말 싸움이 많은 곳은 경마 경기장이라고 하는데, 말 싸움인가, 말싸움인가?

## ㅂ

**배우자**: 노인이 되면서 가장 중요한 것은 하자, 쓰자, 배우자라고 하는데, 배우자는 배우자(配偶者)인가 배우자(학습)인가?

**부정**: 부정을 부정하는 부정한 부인이다.

**부인**: 부인을 부인하는 매정한 남편이다.

**불쌍:** 버마의 침략으로 멸망한 태국의 옛 수도 아유타야에는 머리가 없어 불쌍한 불상들이 즐비하다.

**비틀:** 한국경제는 비틀거리는데, 독일의 비틀(소형 자동차)이나 영국의 비틀즈는 나라 경제를 구한 1등 공신이다.

**배:** 뱃사람에게는 배 위에서 신선한 회를 배부르게 먹는 일이 행복이다.

**ㅅ**

**사기:** 사기를 진작시키려면 사기로 사람을 속여서는 안 된다.

**사고:** 운전자가 운전 중에 사고(思考)를 너무 많이 하면 사고가 생긴다.

**사고:** 그냥 사고(事故)인지 너무 오랫동안 사고(思考)만 하다가 실행에 옮기지 못하여 생긴 사고인지는 가려야 한다.

**사과:** 잘못을 사과하는 뜻에서 사과를 가져왔는데 진정한 사과일지 의심스럽다.

**사자, 하마, 사슴, 토끼, 거북이:** 그들이 백화점에 갔다. 사자가 하마에게 말했다. "우리 저거 사자." "그렇게 하마." 옆에 있던 사슴이 하는 말, "난 이미 사슴". 그때 토끼와 거북이 조용히 지켜보고 있다가 토끼가 하는 말, "우리 저걸 들고 토끼까?" 그러자 거북이 쓰러지며 하는 말, "난 속이 거북해서".

**사자:**세상에서 가장 착한 사자는 자원봉사자, 세상 사람이 가장 싫어하는 사자는 저승사자, 사자고기로 끓인 국은 〈동물의 왕국〉, 사자가 가장 싫어하는 말은 팔자.

**사장**: 사장이 장사를 잘 못하면 사장(死藏)된다.

**사의**: 동료들의 감사하는 마음에 사의를 표하면서도 끝내 그 직에 사의를 표명했다.

**산다**: 산다는 것이 산다(구입)는 것인가?

**산타**: 늙어서도 산타는 할아버지는 등산가인가, 산타할아버지인가?

**살**: 살로 끝나는 말은 몸살, 이맛살, 주름살, 나잇살, 등살, 뱃살, 목살, 역마살, 주먹 살, 가슴살, 갈빗살 등이 있다.

**상대**: 상대를 봐서 상대하라.

**수상**: 수상한 사람이란 수상(受賞)한 사람 또는 수상(首相)한 사람이다.

**수치**: 경영자가 수치에 약하면 수치스러운 일이다.

**술장사**: 술장사는 잘할지 몰라도 술에 장사는 없다.

**쓰다**: 쓰면 쓰고 안 쓰면 안 쓴다. (글씨를 쓰려면 안경을 쓰고 안 쓰려면 안경을 안 쓴다.)

**쓸 것**: 쓸 것이 있다면 좋은 만년필이나 볼펜 같은 쓸 것이 필요하다.

**시장**: 시장이 되려면 시장에 가서 시장한 사람들과 국밥을 먹으면서 시장의 경기를 이야기해봐야 한다.

**똑똑한 사람**: 화장실 안에서 일보고 있는 사람이 가장 똑똑하다. 왜냐하면 밖에서 아무리 "똑똑" 해도 안에서 한 번만 "똑똑" 해주면 더 이상 똑똑할 수 없기 때문이다.

**삶은**: "삶이란 무엇인가?" "삶은 계란이다."

**선장**: 선장의 반대는 앉은 장, 누운 장이다.

ㅇ

**아내:** 아내와 안에서 술 마시는 것을 다른 사람이 아네. 그래서 이제는 안 해.

**아내:** 아내는 내가 카드만 긁으면 바로 아네.

**아내:** 나는 밖보다는 안에(아내)가 좋아.

**아내:** 아 내가 있다는 것은 아내가 있기 때문이라는 것을 이제야 아네.

**아비:** 인정도 사정도 없는 아비는 허수아비다. 돈만 밝히는 아비는 장물아비다.

**안기부:** 안기부에 끌려온 맹구. (안기부 직원) "왜 기분 나빠?" (맹구) "안 기분 나빠요!"라고 대답했다가 죽도록 얻어맞았다.

**야한여자:** 밖에서는 "나는 야한 여자가 좋다"라고 하다가 마누라만 보면 언제 그랬냐는 듯 "나는야 한 여자가 좋다"라고 말한다.

**어항:** 어항(漁港)에서 산(구입) 고기를 산 채로 어항(魚缸)에 넣었다.

**어진:** 어진 사람이 어진 게 아니다 하면 어진 것이지만 어질지 않은 사람이 어질다고 하면 어진 것이 아니다.

**언젠가:** 언젠가는 금연을 하겠다고 하는데 그 언젠가는 과연 언젠가?

**연기:** 지금 할 수 있는 일을 연기하면 시간은 연기처럼 사라져버린다.

**연예인:** 연예인은 연예인(演藝人)인가 연애(戀愛)인인가?

**왼쪽 발:** 어느 날 사오정이 공부하는 딸에게 준다며 모처럼 족발을 사 왔다. 딸이 고마워서 "아빠 왼(웬) 족발이야?" 하자 당황한 사오정이 "글쎄다, 오른쪽 발인가? 왼쪽 발인가?"

**음악가:** 나는 모태 음악가이고 미술가였다. 그래서 초등학교 6년간 우

등상을 한 번도 못 받았다. 성적이 '음악 가' 그리고 '미술 가'였기 때문이다.

**일할:** 성공 확률이 일 할만 되면 일할 맛이 난다.

**아나고 메뉴:** 아나고 메뉴는 소금구이아나고와 양념구이아나고가 있다. 그런데 소금구이아나고를 시키면 양념구이아나고가 나온다. 그리고 양념구이아나고를 시키면 소금구이아나고를 준다. 그 이유는? 안 하고와 아나고의 발음이 같아서이다.

**우리:** 우리 안에 돼지가 살고 있는지 소가 살고 있는지 우리 안을 잘 들여다봐야 한다.

## ㅈ

**정상:** 백두산 정상에서 정상끼리 손을 맞잡고 정상회담을 하며 남북한 통행을 정상화시키자는 것이 정상적인가 비정상적인가?

**조기:** 조기잡이 배가 조기를 잡으러 조기에 어항을 나선다.

**조용히:** '조용히'라는 친구는 "조용히, 좀 조용히 해"라는 말을 자주 듣는다.

**주부:** 주부가 주부로서 제 일을 안 하고 딴 일에 신경을 써서 주부가 바뀌면 문제가 생긴다.

**지장:** 지장을 함부로 찍으면 사는 데 지장이 온다.

**죽을 준비하라:** 사오정 집에 강도가 들었다. 아무리 뒤져도 가져갈 것이 없다. 화가 난 강도가 사오정에게 "숨겨놓은 것을 다 털어놔. 제대로 말 안 하면 죽을 준비해"라고 하자, 사오정이 기어들어가는 목

소리로 "우리 집에는 밥밖에 없는데요…."

**절 좋아하세요?:** "절 좋아하세요?"라고 여자가 묻자 남자, "나는 성당을 좋아하는데…."

**재수 없는 놈:** "재수 없는 놈 엿 먹어라!"라고 하자, 고맙다고 한다. 다시는 재수하지 않고 대학에 들어갈 수 있다고 생각했기 때문이다.

**장마가 싫다:** 다이어트하는 사람들이 장마를 싫어하는 이유는? 비만 오기 때문이다.

**ㅊ**

**치부:** 치부(致富)한 자를 싫어하는 것은 치부(致富)의 치부(恥部)가 있기 때문이다.

**추장:** 추장보다 더 높은 것은? 고추장(추장과 고추장은 전혀 다르지만 '고'를 접목시켜서 엉뚱한 고추장으로 변신시킴)이다. 고추장보다 더 높은 것은? 초고추장이다. 초고추장보다 더 높은 것은? 태양초 고추장이다.

**ㅍ**

**패인:** 패인을 두려워하면 폐인 된다.

**ㅎ**

**화가:** 화가한테 그림을 못 그린다 하면 화가 나서 그 화가 나에게 미친다.

**형편:** 동생 편만 들고 형편이 없는 집을 형편없는 집이라고 한다.

**회계:** 회계를 잘못하면 회개해야 한다.

**회의:** 결론도 없는 회의를 너무 오래 하면 회의에 빠진다.

## 동음이의어를 활용한 이름 짓기

① 상품 브랜드

- 신라면(신나다 + 라면)
- 올레(hello를 거꾸로 뒤집은 말)

② 가게 이름

- 오시오(OCO, 오라는 뜻과 함께 옷이라는 뜻도 있는 동음이의어 활용)
- CU(영어로 see you, 우리말로는 봐유)
- 설레임(옷가게 이름, 설렌다라는 우리말 패러디)
- 살레(SALE을 우리말로 읽어서 패러디한 가게 이름)

③ 상호

- 왔다가게
- 들렀다가게
- 돼지고기 집 상호: 아무거나 막 돼지집, 돈내고 돈먹기
- 소줏집 상호: 오늘은 내가 쏜다, 주주총회
- 닭 집 상호: 위풍당닭, 맛있어서 깨꼬닭집, 코스닭집, 쏙닭쏙닭 치

킨호프집, 닭먹고 오리발집

- 올래 갈까(배달전문 중국집), 오드리헷반집(백반집), 양들의 친목(양고기), 초록 불고기(불고기집), 순데렐라(순대집), KBS, MBC, SBS에 나올 집(음식점)
- 모발관리가게 간판: 애인과 머리칼은 있을 때 지키자
- 전주 막걸리집 간판: 오늘 마실 술을 내일로 미루지 말라

④ 외국 사람들이 놀라 자빠지는 한국 음식

- 할머니뼈다귀해장국
- 원조이모생갈비구이
- 눈깔사탕
- 할머니갈비탕
- 마누라내장탕
- 마누라생채비빔밥

⑤ 드라마, 영화, 연예 프로그램 제목

- 극한직업
- 아내의 맛
- 만난 집
- 차이 나는 클라스

## 동음이의어 숫자를 활용한 유머

우리는 수많은 숫자 속에 살고 있다. 생년월일, 지번, 아파트 동호수, 휴대전화 번호부터 현관문 번호는 물론 공인인증서 비번에 이르기까지 숫자를 떠나서는 살 수 없을 정도이다. 디지털 문화라는 것도 결국 1, 0으로 이루어지는 숫자의 마법이 아닌가! 그러면서도 숫자만 나오면 별로 좋아하지 않는 것이 사람의 습성이다. 수치에 약한 사람이 경영책임자로 일하는 것은 수치스러운 일이라고도 한다. 숫자 동음이의어를 잘 이용하면 아주 좋은 유머가 될 수 있다.

① 숫자의 발음을 그대로 활용하기

- 1+1 = 과로(일에 일이 겹침)
- 1-1 = 무직(일이 없어짐)
- 2+2 = 덧니
- 2-2 = 틀니
- 3=4 = 삶=사(삶과 죽음은 같다)
- 빵 굽는 데 걸리는 시간은? 5분
- 원유가 우리나라까지 오는 데 걸리는 기간은? 5일
- 구명보트에 몇 사람까지 탈 수 있는가? 9명
- 죽음을 상징하는 숫자는? 4자
- 지름신이 좋아하는 숫자는? 4
- 판사가 기피하는 숫자는? 5판

- 술 취한 사람이 피해야 할 숫자는? 주4
- 님 중에서 가장 높은 숫자는? 1(하나)님
- 얼굴에 항상 달고 다니는 숫자는? 2
- 숙명적인 숫자는? 8자
- 청년이 좋아하는 숫자는? 1(일자리의 일)
- 청년이 좋아하는 금액은? 4원(회사원)
- 전부 일어서를 나타내는 숫자? 5(다섯)
- 쉬운 숫자는? 190,000(십구만), 50(쉬운)
- 우리가 서비스하는 사람에게 줄 수 있는 가장 큰 금액의 팁은? 오천만 원(오천 원짜리와 만 원짜리를 팁으로 줌. 따라서 실제는 15,000원임)
- 사람의 몸무게가 가장 많이 나갈 때의 무게는? 만천 근(천근만근이 나가기 때문에)
- 심장의 무게는? 네 근(두근두근 거림)
- 심판이 제일 무서워하는 숫자는? 5(오판, 오심)
- 장모가 제일 좋아하는 순위는? 4위(사위)
- 야채와 반대 숫자는? 6(肉)
- 아이 아홉은? 아이9
- 실물을 나타내는 숫자: 오이(52), 기름(51), 육군사관학교(64), 공군사관학교(04), 각종 공구(09), 흰색 개(109)
- 이육사 시인은 수인번호가 264였다.
- 쥐 네 마리를 영어로? (쥐4)
- 일을 더 크게 만드는 방법은? 1자를 계속 키운다.

- 247이란? 24시간 7일, 즉 매일매일을 뜻한다.
- 운칠기삼(運7技3)이란? 세상사는 운이 70%이고 기술이 30%이다.
- 공칠과삼(功7過3)이란? 공이 70%이고 잘못은 30%인 경우, 공이 더 많아 그대로 진행하거나 그대로 사람을 고용하여도 괜찮다는 것을 뜻한다.
- 눈과 비의 온도는 몇 도에서 같아지는가? 5도(오도다)
- 증5의 시대란? 각종 자격증이 다섯 가지는 있어야 살아갈 수 있는 시대라는 뜻
- 북극동물 다섯 마리는? 북극곰 세 마리와 펭귄 두 마리
- 동계올림픽 종목 4가지는? 여 러 가 지
- 산 여치를 3등분하면? 죽 는 다
- 요즘 핸드폰 등이 가고자 한 곳은? 오지(5G)

② 숫자를 엉뚱하게 해석하기

- 386세대란? 자기를 소개하면서 386세대, 즉 30대처럼 88한 60대란다.
- 487세대란? 자기를 소개하면서 487세대, 즉 40대처럼 88한 70대란다.
- 588세대란? 자기를 소개하면서 588세대, 즉 50대처럼 88한 80대란다.
- 689세대란? 자기를 소개하면서 689세대, 즉 60대처럼 88한 90대란다.

- 9988333이란? 자기는 9988333이라고 소개한다. 즉 99세까지 88하게 살(3)고 살(3)고 또 산(3)다는 것이다.
- 98의 IQ는 몇 자리? 세 자리이다. 왜냐하면 구십팔이므로 세 자리이기 때문이다.
- 9청 1말: 아홉 번 듣고 한 번 말하라
- 3생 1말: 세 번 생각하고 한 번 말하라
- 1시간 휴전: 부부싸움은 시작하자마자 1시간 휴전하고 다시 하라

③ 숫자를 소재로 한 유머

- 회계사의 불면증

불면증이 있던 회계사가 추천받은 잠자는 방법은 잠이 안 올 때 양치기 소년이 되어 머릿속에서 양을 한 마리 두 마리 세다 보면 잠들게 된다는 것. 어느 날 잠이 안 와 양의 숫자를 세었는데 그만 밤을 샜다. 그 이유는 세다가 잃어버린 양 한 마리를 찾느라고….

- 계산은 할머니가

시골 과일 가게에 예쁜 아가씨가 과일을 사러 왔다. 아가씨가 미소를 지으며 "아저씨, 이 복숭아 하나에 얼마예요?" "뽀뽀 한 번에 한 개를 줄 수 있지." 그러자 아가씨가 "그럼 다섯 개만 주세요." 주인이 복숭아를 다섯 개를 건네면서 입술을 내밀자 아가씨가 웃으면서 "아저씨! 계산은 밖에 있는 할머니가 하실 거예요" 하면서 밖에 있던 할머니를 부른다.

- 당신은 4상 체질 중 어디에?

소음, 소양, 태음, 태양이라는 4상 체질 중 당신은 어디에 속하느냐? 동양인 체질

- 실제 나이로 해야지

  라스베이거스 도박장에서 룰렛게임을 하면서 자기 나이에 걸라고 손님들이 응원하여 26에 걸었다. 그런데 구슬은 돌고 돌아서 숫자 31에서 서는 것이 아닌가! 그녀는 쓰러졌다. 왜냐하면 그녀의 실제 나이는 31이었으니까.

- 100 곱하기 100을 계속하면 어떻게 되는가?

  100×100×100, 배꼽에서 피가 난다.

## 동음이의어 성씨 유머

사람의 성씨를 활용한 동음이의어 말장난에서 다른 사람의 성씨를 소재로 할 때는 매우 조심하여야 한다. 본인이 싫어한다면 절대로 해서는 안 된다. 다만, 내 성씨를 가지고 내가 하는 말장난은 문제가 되지 않는다.

- 나는 성이 '이'씨여서 가끔 농담으로 '이'씨가 대단한 유머 집안이라고 자랑한다. 조선시대 이항복과 이덕형(오성과 한음) 그리고 현대에 들어와 월남 이상재 선생님도 '이'씨로써 유머의 대가이다. 서양에는 유머의 조상이라고 볼 수 있는 '이솝'도 있지 않은가! 이씨의 이천 년(2,000년)이 열리더니 벌써 이공일구(2019)를 지나 이공이공(2020)

시대가 열렸다. 이씨가 아니라 이공으로 높여주기까지 한다.

- 이씨에는 이천년, 이메일, 이비즈, 이태리, 이집트, 이스탄불, 이스라엘, 이솝, 이브, 이유, 이장군, 이멜다 등이 있다.
- 장거리 패키지 여행을 하다 보니 나의 성씨 '이씨'는 계속 바뀐다. 즉, 60이 넘자 이씨 성 대신에 '연'씨(연 장자)로, 65세가 넘어 비행기를 20시간 이상 타야 하는 남미 여행에서 만난 사람들은 나의 성씨를 '고'씨로 바꿨다. 소위 '고 령자'가 된 것이다. 그런데 70이 넘어 30시간을 비행기로 이동하면서 아프리카 여행을 갔더니 동행자들이 나의 성씨를 '최'씨로 바꿔버렸다. 즉, 최 고령이 된 것이다.
- 이 세상에 제일 많은 성씨는? 물론 남자라고 할 때 남씨와 여자라고 할 때의 여씨이다. 그러나 가을이 되면 성씨는 추씨로 바뀐다. 즉, 추남(가을 남자)과 추녀(가을 여자)이다. 그리고 결혼하면 남자 여자 모두 유씨로 성씨가 바뀐다. 즉, 유부남과 유부녀이다. 결혼을 못하거나 안 하면 모두 성씨가 노씨로 바뀐다. 즉, 노총각 노처녀이다.
- 직장을 그만두면 성씨가 바로 바뀐다. 즉, 전직 통계청장, 전직 산림청장 등은 모두 성씨가 '전씨'(전 청장)로 바뀌는 것이다. 그러다 보니 신임청장으로 부임한 "실제 성씨가 전씨인 전○○ 통계청장"과 실제 성씨는 신씨이지만 퇴임한 전 청장이 함께 한 이 취임식에서는 해프닝이 벌어진다. 왜냐하면 전 청장이 신 청장인지 신 청장이 전 청장인지 구분이 안 되기 때문이다.
- 사람이 사망하게 되면 바로 성씨가 '고'씨로 통일된다. 즉, 고 ○○○가 된다.

- 노총각 · 노처녀, 추남 · 추녀, 유부남 · 유부녀, 갑돌이와 갑순이는 동성동본이라 결혼이 안 된다는 이야기도 전해온다.
- 성씨 뒤에 어떤 직함을 붙이게 되면 완전히 뜻이 달라지기도 한다. 이런 유머는 반드시 본인이 본인 성씨로 유머를 해야 오해가 생기지 않는다. 예를 들면 양씨나 육씨가 계장을 붙여서 이야기하는 경우, 양계장, 육개장이 되며, 기자가 이씨, 지씨, 구씨인 경우에는 이기자, 주기자, 구기자가 된다. 또 도씨가 선생이나 박사를 붙여서 부른다면 도선생, 도박사가 되고 만다. 만약 이름이 인종인 경우의 황씨나 백씨이면 황인종, 백인종이 된다.

## 연음 동음이의어

이어 읽으면 비슷한 발음(연음동음 連音同音)이지만 다른 뜻이 되어버린다.

- '나는 아내가 좋다.' 본래 아내(부인)가 좋다는 말이지만, 안에(발음은 아내)가 좋다(밖보다는 안쪽이 좋다는 말), 나는 아 내가 좋다(자기가 좋다는 말) 등으로 뜻이 달라진다.
- 아 내가 있는 것은 아내가 있어 그렇구나를 깨닫는다.
- 파리가 아프면 파리 아파(팔이 아파), 모기가 아프면 목이 아파, 마음이 아프면 맘이 아파.
- 여관(여간)으로 가자라는 말은 여관으로 가자는 말로 오해할 수 있

지만 화자의 뜻은 여관이 아니라 역 안으로 가자는 말이다.

- '홍길동 소(소라는 가축)가 넘어간다'라는 말은 홍길동이 사기꾼에게 속아 넘어간다는 말처럼 들릴 수 있다.
- 학문(항문)에 힘쓰고 학문(항문)을 넓히고, 학문(항문)을 닦는다는 점에서 연구실과 화장실은 발음이 같다.
- 시장 같은 점포에서 옷 · 잣 · 갓을 팔고 있다. 손님이 오더니 옷을 가리키며 "이것이 뭐요" 하고 묻자 주인이 "오시오"란다. 그다음 잣을 가리키며 "이것이 뭐요" 하고 묻자 주인이 "자시오"란다. 그러자 손님이 잣을 자신다. 이어서 갓을 가리키며 "이것이 뭣이요" 하고 묻자 주인이 '가시오' 란다. 그렇게 하여 그 손님은 가버린다.

## 사자성어의 색다른 해석

- 개인지도: 개가 사람을 지도한다.
- 고진감래: 고생을 진탕하고 나면 감기가 온다.
- 구구절절: 깊은 산골짝에 자리한 절, 사연이 많은 절
- 구사일생: 구차하게 사는 일생
- 군계일학: 군대에서는 계급이 일단 학력보다 우선이다.
- 기대이상: 예상하지 못한 좋은 상
- 동반몰락: 거래소가 무너지면 코스닥도 무너진다.
- 동문서답: 가장 어이없는 답

- 만사형통: 만사는 형을 통해야 한다.
- 만수무강: 만수네 집에는 요강이 없다.
- 동문서답: 동쪽 문을 닫으니 서쪽 문이 답답하다.
- 대도무문: 도둑이 쉽게 들어오는 큰 문
- 무주공산: 무주에 있는 비어있는 산
- 문전옥답: 문 앞에 있는 옥으로 만든 논
- 박학다식: 박사와 학사는 밥을 많이 먹는다.
- 백발백중: 화살을 가장 잘 쏘는 스님
- 첩첩산중: 깊은 산속에서 수도하는 스님
- 백설공주: 백방으로 설치고 다니는 공포의 주둥아리
- 부귀영화: 사람들이 가장 좋아하는 영화
- 부전자전: 아버지가 전씨면 아들도 전씨, 아버지와 아들이 함께 먹는 전
- 사주팔자: 사주고 나서 팔자
- 사형선고: 사정과 형편에 따라 선택하고 고른다.
- 새옹지마: 새처럼 옹졸하게 지랄하지 마.
- 삼고초려: 세 번 고할 때 초단을 조심하라.
- 설상가상: 상 중에서 가장 안 좋은 상
- 솔선수범: 가장 착한 호랑이
- 승승장구: 아홉수라고 하지만 가장 잘 이기는 숫자
- 아더메치: 아니꼽고, 더럽고, 매스껍고, 치사하고
- 아편전쟁: 아내와 남편 사이에 벌어지는 전쟁

- 안절부절: 안지도 못하고 서지도 못하는 아주 낮은 절
- 약육강식: 약밥과 육식 등 힘센 사람이 먹는 식사
- 오리무중: 어디 갔는지 알 수 없는 스님
- 우문현답: 오른쪽 문에서 나타나는 답
- 유비무환: 비 오는 날에는 환자가 없다.
- 유명무실(용두사미, 양두구육): 부부싸움 할 때 부인이 "아이고, 이놈아 밥만 먹고 사냐?"라고 한다.
- 우여곡절: 간신히 찾아낸 절
- 우왕좌왕(우유부단): 햄릿의 다른 표현
- 음담패설: EDPS
- 이구동성: 키스하는 소리의 다른 표현이다.
- 이전투구: 직전에 투수가 던진 야구볼
- 임전무퇴: 임산부 앞에서 침 뱉지 말 것
- 인생무상: 아무것도 없는 허무한 상
- 일촉즉발: 손만 대면 바로 터질 것 같은 발
- 자화자찬: 반찬 치고는 최고인 나에게 맞는 반찬
- 좌충우돌: 돈키호테의 행동방식
- 진수성찬: 최고의 맛있는 반찬
- 작심삼일: 작심삼일도 계속하면 일등 한다.
- 작자미상: 누구에게 줄지 알 수 없는 상
- 조조할인: 관우와 장비는 안 되고 조조만 할인해준다.
- 좌불안석: 좌우지간 불고기는 안심을 석쇠에 구어야 맛있다.

- 주차금지: 술과 차는 팔지 않음
- 천만다행: 몸이라도 건강하니 다행이다.
- 초지일관: 기우제에서 비가 내리게 하는 비결은 "비가 내릴 때까지 기우제를 지내면 된다."

## 이음동의어를 활용한 유머하기

이음동의어를 이용한 유머란 발음은 다르지만 뜻이 비슷한 말이 되어버리면서 내용을 뒤집는 유머이다. 이음동의어를 활용하게 되면 시작하는 말과 마무리 부분에서 나오는 말이 분명히 다르지만 뜻은 비슷하기 때문에 예측파괴 효과를 발휘한다. 이음동의어도 동음이의어나 마찬가지로 아재개그의 대표적 소재이다.

이음동의어 유머는 일반적으로 다음과 같은 방법으로 소리 바꾸기를 한다.

① 말 자체를 다른 말로 바꾸기

② 사투리로 바꾸기

③ 사자성어로 바꾸기

④ 외국어로 바꾸기

## 말 자체를 바꾸기

- 병권은 병든 놈, 통수권은 물든 놈으로 바꾼다.
- 누룽지를 영어로 바비브라운으로 바꾼다.
- 까치가 파먹은 사과를 영어로 파인애플로 바꾼다.
- 애플사의 로고를 다른 말로 파인애플이라고 바꾼다.
- 까치가 파먹은 사과를 또다시 파먹은 사과를 영어로 더 파인애플이라고 바꾼다.
- 반성문을 영어로 글로벌이라 바꾼다.
- "야채 더 주세요"라는 말은 원더풀로 바꾼다.
- 동양을 영어로 오리엔트(ORIENT)라고 한다. 그렇다면 서양을 영어로는? 미스 서라고 한다.
- 전 세계 사람이 가장 많이 하는 말의 2위는 중국어이고 3위는 영어이다. 그렇다면 1위는? 거짓말이다.
- 떡의 이음동의어
  - 급하게 먹는 떡: 헐레벌떡
  - 긍정 마인드의 떡: 끄덕끄덕
  - 비밀스럽게 먹는 떡: 쑥떡쑥떡
  - 바쁘게 마구 삼키는 떡: 꿀떡꿀떡

## ✌ 사투리로 바꾸기

사투리는 각 지방의 문화이다. 표준말을 사투리로 바꿀 때 이음동의어 유머가 된다.

### ① 충청도 사투리

- 춤 좀 같이 출까요? → 출튜? (존칭어까지 다 포함되어 있다)
- 먹어요? → 혀? (말끝을 약간 올린다)
- 개고기 먹어요? → 개 혀?
- 하자, 하지요, 해라, 할까요? → 혀, 혀, 혀, 혀?
- 했어요? → 한 겨?
- 할까요? → 할껴?
- (애교가 섞인 말) 하자, 해요, 합시다. → 햐아!
- 죽었어요. → 갔슈.
- 어땠어요? → 어뗘?
- 갈까요? 안 갈까요? → 갈껴? 안 갈껴?
- 어떻게, 왜, 무엇을, 누가? → 뭐유?
- 괜찮아요. 됐어요. 다행이네요. → 됐슈. (긍정인지 부정인지는 상황에 따라 달라진다. 매우 광범위하게 쓰이는 사투리이다)
- 힘들어요? → 힘듀?
- I love do see you! → 나는 사랑도 했씨유.
- I do not see you! → 아이도 낳씨유.

- 잠시 실례하겠으니 시간 좀 내주세요. → 좀 봐유.
- 엄청나게 시원하군요. → 엄청 션해유.
- 서운합니까? → 섭혀?
- 전쟁 중 적군이 쏜 총알이 날아오자 전라도 분대장이 다급한 목소리로 "언능 앙거"라고 소리쳤으나 이 말을 알아듣지 못한 경상도와 충청도 출신 병사는 총알받이가 되었다. 전라도 출신 분대장은 사투리가 심해서 소통이 안 된다고 생각한 중대장이 이번에는 경상도 출신 병사를 분대장으로 임명하였다. 총알이 날아오자 분대장이 "마구 수구리"라고 외치지 않는가. 그러나 이 말이 무슨 말인지 알아듣지 못한 전라도와 충청도 출신 병사들은 그만 일을 당하고 말았다. 결국 비교적 사투리가 덜할 것으로 보이는 충청도 출신을 분대장으로 내세웠다. 총알이 날아오자 이번에는 "전부 앉어유!"라고 분명히 외쳤다. 그러나 말이 너무 느려 분대장 자신도 죽고 말았다는….
- 옛날에는 충청도 말이 느리다 하여 아들이 "아버지 돌 굴러가유"라고 외쳤으나 말이 워낙 느려서 그 말을 들은 아버지는 이미 돌에 맞았다는 유머가 유행했다. 또 장난친다고 친구가 팔을 비틀자 "더 비틀면 팔 빠져유" 하는데도 계속 비틀어 결국 팔이 탈골되었다. 이때 그 친구 하는 말, "거봐유, 빠졌잖유."
- 부부가 잠자리에 들었는데, 충청도 부부는 단 네 마디로 표현한다. (남편)할껴? (부인)혀, (남편)어뗘? (부인)한겨?
- 미팅에서 만난 파트너에게 서울 남자는 우선 전화번호부터 딴다.

그러나 충청도 여인은 “앞서유, 따라 갈께유”란다.

② 경상도 사투리

- 감히 친구인 네가 내 애인을 가로채다니? 이 말을 들은 경상도 친구가 하는 말 네 마디? (가 가 가 가?: 그 여자가 네 애인이라는 그 여자야?)
- 그 남자의 성씨가 가씨인가를 묻는 말을 다섯 글자로? (가가가가가?)
- 이것이 다 네 것이냐 하고 되묻는 말을 10자로? (이기가다니끼다이기가?)

③ 전라도 사투리

- 무엇이 분명하지 않을 때 → 워따메 껄적지근허요 잉
- 아이들 머리가 참 똑똑합니다 → 집이 아그들 대그박이 겁나게 야물으요
- 고집이 셉니다 → 몽니가 심하시오, 문넘의 오기를 고로코롬 부린디야
- 반갑습니다 → 으메 허벌라게 좆그만이라이
- 얼굴이 참 예쁘십니다 → 나짝이 쪼카 반반하요
- 아이들아 왜 그렇게 말을 안 듣냐? → 아그들아 어찌께 말을 씹어불고 묵어부냐
- 말을 잘합니다 → 주댕이가 허벌라게 양글구만이라이
- 마음이 아픕니다 → 맴이 짠하고 짠해서 어쩌쓴디야
- 머릿결이 윤기가 납니다 → 머리 끄뎅이가 뻰질르르하요
- 빨리빨리 다녀오세요 → 싸게싸게 댕겨오시오 잉

- 고생하셨습니다 → 욕봤소
- 반듯하게 서 있습니다 → 꼬꼬시도 서 있소
- 귀찮게 하지 마세요 → 아따 껄떡대지 마시요
- 버릇이 없는 사람 → 아따 어찌서 싸가지가 업디야
- 가까이 와 → 뽀짝 붙어브랑께

④ 같은 뜻 서로 다른 말의 지역별 사투리

- 돌아가셨습니다
  - 경상도: 죽었다 아입니껴
  - 전라도: 죽어버렸어라잉
  - 충청도: 갔슈
- 잠깐 실례하겠습니다
  - 경상도: 내 좀 봐봐 보이소~ 야?
  - 전라도: 아따 잠깐만 보더라고~이잉
  - 충청도: 좀 봐유
- 정말 시원합니다
  - 경상도: 억수로 시원합니더, 애
  - 전라도: 겁나게 시원해버려라잉
  - 충청도: 영 션유
- 어서 오십시오
  - 경상도: 퍼뜩 오이소
  - 전라도: 마, 허벌나게 와버리더랑께잉?

- 충청도: 싸게 와유

- 괜찮습니다
  - 경상도: 아니라예
  - 전라도: 되써라
  - 충청도: 됐슈
- 이 콩깍지가 깐 콩깍지인가, 안 깐 콩깍지인가? 이 말에 대한 가장 빠른 표현은 충청도 사투리 "깐 겨, 안 깐 겨?"이다.

## 사자성어로 바꾸기

징징대면 인생 쪽박, 웃고 살면 인생 대박이다. 사주팔자보다는 사고팔자이고 인생 팔자는 유머팔자이다. 이처럼 잘 알려진 사자성어와 속담을 적절하게 활용하면 훌륭한, 품격이 높은 유머가 된다.

### ① 부부싸움: 나는 어디에 속할까? 천만다행?

- 그래, 너 잘났다: 그것뿐만이 아니라 경제력도 좋은 남편 → 금상첨화(錦上添花), 태평성세(太平盛世)
- 저 짐승 같은 놈, 네가 사람이냐: 벌어다준 것은 별로 없는데 밤만 되면 야수가 되는 남편 → 천만다행(千萬多幸), 외유내강(外柔內剛)
- 밥만 먹고 사냐: 그런 대로 먹고는 사는데 남자 구실을 못한다. → 용두사미(龍頭蛇尾), 외화내빈(外華內貧), 유명무실(有名無實)

• 나가 죽어라, 저승사자는 눈도 없나: 돈도 못 벌지, 몸도 시원찮지, 잘하는 것이 아무것도 없다. → 설상가상(雪上加霜), 진퇴양난(進退兩難), 사면초가(四面楚歌)

② 비유법인가, 과장법인가, 과대포장인가?

초등학교 여교사가 국어 시간에 설명을 하면서 "나처럼 예쁜 사람을 '김태희 같다'라고 표현하는 것을 '직접비유법'이라고 한다"고 하자, 한 학생이 손을 버쩍 들고 "선생님, 그것은 과대포장, 소위 과장법인데요!"라고 외친다.

③ 가장 친한 친구를 사자성어로?

대전의 모 중학교 김착한 선생이 국어시간에 '우정이 돈독하며 친한 친구를 사자성어로 무엇이냐'라는 시험문제를 냈다. 채점하던 선생이 포복졸도 한다. 왜냐하면 죽마고우(竹馬故友), 관포지교(管鮑之交), 막역지우(莫逆之友) 등의 기대했던 답 대신에 '불알친구'라는 답이 나왔기 때문이다.

④ 서예를 배운 마누라의 작품

틈만 나면 친구들과 백화점에서 모여 수다나 떨며 쇼핑하는 마누라에게 남편이 교양도 갖춰야 할 것 아닌가 하면서 서예를 배우도록 권했다. 두 달 후 거실에 "월로화타(月路火他)"라는 부인이 쓴 액자가 걸렸다. 그 뜻을 물으니 부인의 대답이 "월요일은 롯데백화점, 화요일은 타임월드"라고…. 후문에 따르면 이 부인은 "월타화세(月他火世: 월요일은 타임월드 화요일은 세

이백화점을 말한다)"라는 액자뿐만이 아니라 침실에 걸린 "하면 된다"고 하는 액자를 떼어 내고 "되면 하라"는 액자로 바꿔 걸었다고 한다.

⑤ 사자성어 시험: 믿는 도끼에 발등 찍혀

사자성어 한자 공부를 열심히 하는 초등학교 두 아들에게 엄마가 문제를 낸다. "엄마처럼 얼굴도 예쁘고 음식도 맛있게 해주는 사람을 사자성어로 표현하면(정답은 금상첨화 錦上添花)?" 그러자 큰 아이가 "과대망상(誇大妄想)"이라고 한다. 실망했지만 혹시 영리한 둘째는 맞추지 않을까 기대하며 묻자, 둘째는 "자화자찬(自畵自讚)"이라지 않는가! 그래도 평소 자기가 아는 것이 많다며 자랑하는 남편은 맞추겠지 하면서 "금…"으로 시작된다는 힌트까지 주었는데 남편이 큰 소리로 "금시초문(今始初聞)"이라고 답한다.

⑥ "심조불산(心操佛山), 화록림산(化綠林山), 호보연자(護保然自), 수군산금(守郡山錦)

동안거(冬安居)를 마친 노스님이 설법을 하였다. 화두는 "화록림산, 심조불산"이다. 강론을 듣고 나서 스님들이 질문을 한다. 도대체 이런 훌륭한 화두는 어느 불제자가 하신 것인가요? 노스님 왈 "호보연자, 수군산금"이니라. 그런데 화두를 모두 거꾸로 읽으면 "산림록화, 산불조심, 자연보호, 금산군수"가 된다.

⑦ ○○○통으로 끝나는 사자성어는?

유머로 소통하면 서로 일맥상통하게 되면서 의사소통이 이루어진다. 의사소통이 되면 신통방통하게 만사형통이 선물로 주어진다. 그리고 이 만사형통에 뒤따라오는 것이 바로 운수대통이다. 그렇게 하여 성공을 가져온 유머는 최종 목적지인 요절복통이라는 행복역에 도달한다.

# 5. 아재개그와 같이 아무말대잔치로 애드리브를 해야 하는 상황에 있는 경우

아재개그란 같은 혹은 비슷한 발음의 말에 대해 상식과는 전혀 다른 정답을 요구하는 넌센스 퀴즈의 단답식 유머이다. 아재개그는 상대방이 미처 준비하기도 전에 역주행을 시도하는 막무가내식 유머이다. 그래서 아재개그는 뻔뻔유머, 막장유머, 퀴즈유머, 막말유머, 썰렁유머, 상사유머, 끝장유머, 몰상식유머, 엉터리유머, 포켓유머 등으로 불린다. 포켓유머라고도 부르는 것은 아재개그 자체가 비논리적이며, 의외성을 중심으로 하기 때문에 기억하기 어려우니 무조건 메모해서 포켓에 넣고 다녀야 하기 때문이다.

그래서 아재개그를 들으면 그것이 새로운 것인지(신상), 다들 아는 것인지(재고품), 웃음유발을 위한 것인지(웃음 촉매제), 전혀 말도 안 되는 썰렁유발 개그인지(쌩뚱품), 한물 간 것인지(폐기품), 형편없어서 살아져버린 것인지(반품) 등에 관계없이 최대한 모른 척, 아니 몰라야 하는 것이 에티켓이라면 에티켓이다. 그리고 아재개그는 그 이상한 답을 듣는 즉시 크게 웃어주며 손뼉을 쳐주는 것이 기본자세이다. 아재개그의 목표는 나만 이 엉뚱한 것을 알고 있다는 것에 대한 자랑, '답을 모르는 사람 걸려라, 웃기고 만다'라는 의지의 표현이라고 할 수 있다. 이런 뻔뻔한 아재개그에 익숙해진다면 당신은 유머달인으로의 자질이 풍부하다.

아재개그의 특성을 정리하면 다음과 같다.

- 짧다.
- 말장난이 중심이다.
- 엉뚱한 답을 요구하는 넌센스 퀴즈이다.
- 나이 많은 사람이나 상사들이 메모해가지고 많이 애용한다.
- 분위기를 조성하거나 공감을 이끌어내는 과정이 없다. 즉 상대방에게 따라올 시간을 주지 않고 사전예고 없이 바로 들이대는 의외성을 바탕으로 하기 때문에 매우 썰렁하고 어색하다.
- 보여주고 뒤집는다는 일반적인 유머 작동과정이 생략된다.

이 책에서는 동음이의어와 이음동의어를 활용한 아재개그 몇 가지를 소개한다. 배열순서는 아재개그의 정답 기준 가나다 순서이다. 아재개그의 비법은 무조건 외워야 하며 뻔뻔하게 내지르는 용기가 필요하다.

## ㄱ

- 보내지 않는다면? **가위나 주먹을 내겠다**
- 언제나 말다툼이 있는 곳은? **경마장**
- 수박 한 통에 5,000원이다. 두 통이면? **게보린**
- 수생동물 중에서 가장 학벌이 좋은 동물은? **고등어와 문어**
- 목수도 고칠 수 없는 집은? **고집**
- 세계에서 옷을 가장 잘 해 입는 나라는? **가봉**
- 추장보다 높은 것은? **고추장 → 초고추장 → 태양초 고추장**
- 국어시험에 중국집 아들이 쓴 '보통'에 대한 반대말은? **곱빼기**
- 도둑이 정문으로 들어가는 집은? **교도소**
- 98의 IQ는 몇 자리? **구십팔이니까 세 자리**
- 철새가 겨울철에 북쪽으로 날아가는 이유는? **걸어가면 오래 걸리니까**
- 화중에서 최고의 화는? **금상첨화, 부귀영화**
- 이혼의 진짜 이유는? **결혼**
- 하늘과 땅 사이에 있는 것은? **과**
- 무릎과 무릎 사이에 있는 것은? **과**
- 세종대왕이 나온 고등학교는? **가갸거겨고교**
- 떡인데, 먹을 수 없는 떡은? **그림의 떡**
- 꿩 먹고 알도 먹는 사람은? **꿩 주인**
- 그간 안 쓴 머리를 쓴다는 뜻은? **가발을 쓴다**
- 훔친다의 과거형은 '훔쳤다'이다. 훔친다의 미래형은? **교도소**
- 차마 눈 뜨고 볼 수 없는 여자는? **꿈속의 여자**

- 기독교인이 좋아하는 약은? **구약, 신약**
- 전 세계인이 가장 많이 하는 말은? **거짓말**
- 타이타닉의 구명보트에는 몇 명이 탈 수 있을까? **9명(구명보트)**
- 말은 말인데 타지도 못하고 먹지도 못하는 말은? **거짓말**
- 먹고살기 위하여 누구나 한 가지씩 배워야 하는 술은? **기술**
- 헌병이 가장 무서워하는 사람은? **고물장수**
- 엿장수가 가장 싫어하는 쇠는? **구두쇠**
- 개구리가 낙지를 먹어버리면 무엇이 될까? **개구락지**
- 사오정이 검은 색연필만으로 그리는 그림은? **김, 밤**
- 사람들이 가장 싫어하는 거리는? **걱정거리, 근심거리**
- 물은 물인데 사람들이 가장 무서워하는 물은? **괴물**
- 알부자는? **계란장수**
- 소형차 모닝과 16톤 트럭이 정면충돌하여 트럭이 뒤집혔다. 이런 것을 뭐라고 하나? **교통사고**
- 말이 왜 꽁지를 흔드는가? **꽁지가 말을 흔들지 못하니까**
- 소변과 대변 중 어느 것이 먼저 나올까? **급한 것부터**
- 큰 북 속에 작은 북, 작은 북 속에 병아리를 넣고 북을 치면 무슨 소리가 나느냐?(9자로) **꿍짜라짝짝 삐약삐약**
- 이자 없이 꾸는 것은? **꿈**
- 다리 중 가장 오래된 다리는? **구닥다리**
- 라면은 라면인데 달콤한 라면은? **그대와 함께라면**
- 세탁소 주인이 가장 좋아하는 차는? **구기자차**

- 자기들만이 옳다는 사람들만 사는 집은? **고집**
- 세상에서 제일 더럽고 추잡스럽기 짝이 없는 개는? **꼴불견, 참견, 편견, 선입견, 목불인견**
- 술과 커피는 안 팝니다를 4자로 줄이면? **주차(酒茶) 금지**
- '코끼리 두 마리가 싸움을 하다가 코가 빠졌다'를 네 자로 하면? **끼리끼리**
- Head는 머리 Line은 선, 그러면 Headline은? **가르마**
- 북극 동물 다섯 마리는? **곰 두 마리, 펭귄 세 마리**
- 양심 있는 사람이나 없는 사람이나 모두 시꺼먼 것은? **그림자**
- 투수가 싫어하는 연예인은? **강타**
- 뜀박질에 인생을 걸고 사는 도시는? **경주**
- 파도가 춤을 추는 이유는? **갈매기가 노래하기 때문에**
- 식욕 없는 사람이 찾아가고 싶은 도시는? **구미**

**ㄴ**

- 금주, 금연, 다이어트를 네 글자로 줄이면? **내일부터**
- 왕에게 정해진 시간은? **내시**
- 새 중에서 가장 빠른 새는? **눈 깜짝할 새**
- 체면도 없고 뻔뻔한 사람의 나이는? **넉살**
- 비가 자기소개 할 때 하는 말은? **나비야**
- 하늘에 달이 없으면 어떻게 될까요? **날 샜다**
- 노인들이 가장 좋아하는 폭포는? **나이아(야)가라 폭포**

- 먹을수록 기분이 별로 좋지 않은 것은? **나이, 더위, 욕**
- 경제난국시대에 폭풍우보다 더 무서운 비는? **낭비**
- 스캔들 없이 사생활이 제일 깨끗한 가수는? **노사연**
- 지금 인도는 몇 시인가? **네시야, 인도네시아**

**ㄷ**

- 다운로드의 반대말은? **다 웃은 로드**
- 꽃잎이 시들어버린 꽃을 세 글자로 표현하면? **다문화**
- 사람의 욕심을 한 글자로 나타내면? **더**
- 최고의 덕이 많은 장수? **덕장**
- 새우가 주인공인 드라마는? **대하드라마**
- 아몬드가 죽으면? **다이아몬드**
- 대통령선거의 반대말은? **대통령 앉은 거**
- 한 입으로 두 말하는 여자는? **동시통역사**
- '미소'의 반대말은? **당기소**
- 세균 중 가장 센 세균은? **대장균**
- 절벽에서 떨어지다가 나무에 걸려 살아난 사람은? **덜떨어진 사람**
- 심장의 무게는? **네 근(두근두근)**
- 아빠 둘에 엄마 하나인 아이는? **두부 한 모**
- 오늘같이 좋은 날, 최고의 날이라고 선전하는 회사는? **도루코 면도기**
- 사자고기로 끓인 국 이름은? **동물의 왕국**
- 나는 사상체질 중 어느 체질인가? **동양인**

- 대전에 있는 가장 높은 대학? **대전천문대**
- 가장 염체가 없는 도둑은? **도난방지기 도둑**
- 개 두 마리가 전봇대에서 쉬를 보다가 경찰이 접근하자 달아나버렸다. 왜 그랬을까요? **다 쌌으니깐…**
- 질문을 할 때 한 손만 드는 이유는? **두 손 다 들면 만세가 되니까**
- 생선 매운탕을 좋아하는 도시는? **대구**
- 파리 중에 가장 무거운 파리는? **돌팔이**
- 겨울에 많이 쓰는 끈은? **따끈따끈**

**ㄹ**

- 세상에서 가장 지루한 중학교 이름은? **로딩중**
- 대단한 사람들만 타는 배는? **리더십**

**ㅁ**

- 말이 많은 곳은? **말 목장**
- 세상 사람들이 가장 좋아하는 영화는? **부귀영화**
- 세상에서 기장 아름다운 개는? **무지개**
- 떼돈을 벌려면 해야 하는 직업은? **목욕탕**
- 거짓으로 만든 절? **만우절**
- 예쁜데 속이 텅 빈 여자는? **마네킹**
- 진짜 문제투성이인 것은? **문제지**
- 아무리 예뻐도 미녀라고 못하는 이 사람은? **미남**

- 무가 눈물을 흘리면? **무뚝뚝**
- 세상에서 가장 잔인한 비빔밥은? **마누라생채비빔밥**
- 술은 술인데 아이들이 마셔도 되는 술은 무엇일까요? **무술, 마술, 화술, 기술, 논술**
- 삼수생이 지옥과 천국을 선택할 때 가장 먼저 따지는 것은? **미달여부**
- 물병을 들고 통수권자라고 으스대는 경우, 같잖아서 부르는 말은? **물든 놈**
- 아름다운 용이 죽었다를 세 글자로? **미용사**
- 세상에서 제일 큰 코는? **멕시코**
- 먹고살기 위해 하는 내기? **모내기**
- 천 냥 빚을 말로 갚은 사람은? **말 장수**
- 눈 코 뜰 새 없을 때는? **머리 감을 때**
- 사오정이 다닌 고등학교 및 대학교는? **뭔고, 뭔대**
- 자전거는 사이클이다. 그럼 자전거를 못 탄다는 말은? **모타(터) 사이클**
- 가장 쓸모없는 구리는? **멍텅구리**
- 칼은 칼인데 전혀 들지 않는 칼은? **머리칼**

**ㅂ**

- 뱀에 불이 붙으면? **뱀파이어**
- 곰은 사과를 어떻게 먹을까? **베어 먹음**
- 버스 안에서 사는 도시이름은? **부산(Bus an)**
- 선장이 싫어하는 가수 이름은? **배철수**

- 바나나가 웃으면? **바나나킥**
- 알리의 주먹보다, 타이슨의 주먹보다 더 강한 것은? **보**
- 한국인이 좋아하는 산은? **부동산**
- 장사꾼들이 싫어하는 경기는? **불경기**
- 모든 싱글들에게 짝이 되는 것은? **벙글**
- 물고기의 반대말은? **불고기**
- 아이들이 가장 좋아하는 동네는? **방학동**
- 세상 사람들이 가장 좋아하는 영화는? **부귀영화**
- 시내버스의 부저가 고장 났다. 한 할머니가 조용히 운전수에게 가서 딱 한마디 했다. 뭐라고 했을까? **삐**
- 병아리가 좋아하는 약은? **삐약삐약**
- 건배사 백두산이란 무엇의 준말인가? **백 살까지 두 발로 산에 오르자**
- 가위바위( ), 가갸거겨( ), 123456789( ), 가나( )에서 괄호 안의 답은? **보고 싶다**
- 박사와 학사는 밥을 많이 먹는다는 네 자의 고사성어는? **박학다식(博學多食)**
- 수주 변영로씨란? **변영로의 자식**
- 새가 좋아하는 나무? **버드나무**
- 남자에게는 있고, 여자에게는 없고, 삼촌에게는 있고, 이모에게는 없는 것은? **받침**
- 가난한 사람이 평생 볼 수 없는 영화는? **부귀영화**
- 탈 중에 쓰지 못하는 탈은? **배탈**

- 부인이 남편에게 주는 상은? **밥상**
- 법적으로 바가지 요금을 받아도 되는 장사는? **바가지 장사**
- 위대한 사람이란? **밥을 많이 먹는 위가 큰 사람**
- 나폴레옹의 묘 이름은? **불가능**
- 똥은 똥인데 다른 곳으로 튀는 똥은? **불똥**
- 공중 화장실이란? **비행기 안의 화장실**
- 귀는 귀인데 못 듣는 귀는? **뼈다귀, 당나귀**

**ㅅ**

- 공기는 영어로 에어라고 한다. 그렇다면 영어로 물, 커피는? **셀프**
- 죽은 불이라는 보석 이름은? **사파이어**
- 꽃집 주인이 제일 싫어하는 도시는? **시드니**
- 오랜 봉사활동을 하다 마침내 빛을 본 사람은? **심청 아버지**
- 항상 청바지를 갖고 있는 사람은? **소유진**
- 가장 안 좋은 장수는? **송장**
- 성이 처음 생겨난 것을 기념하는 날? **성탄절**
- 나이 들었어도 노익장을 과시하며 겨울 등산을 좋아하는 할아버지 이름은? **산타할아버지**
- 사람이 가장 많이 하는 운동은? **숨쉬기**
- 설운도 씨가 옷을 벗는 순서가 어떻게 될까? **상의 하의(상하이)**
- 세상에서 가장 쉬운 숫자는? **쉽구만(190,000) 혹은 쉬운(50)**
- 과소비가 심한 동물은? **사자**

- 자동차 여섯 대와 세 대의 차이? **세대 차이**
- 가장 기분 좋은 바람은? **신바람**
- 깨뜨리고 칭찬받는 것은? **신기록**
- 세상에서 가장 행복한 바다는? **사랑해**
- 설날에 용돈을 하나도 못 받으면? **설거지**
- 닭은 닭인데 먹지 못하는 닭은? **까닭**
- 지방 흡입의 반대말은? **수도권 배출**
- 사람 몸 중 돌보다 더 강한 부분은? **수염(철면피라는 쇠를 뚫고 구레나룻 수염이 나온다)**
- 소가 가장 무서워하는 말은? **소피보러 간다**
- 스타들이 싸우는 모습을 뭐라고 할까? **스타워즈**
- 물에서 태어났는데 물에 들어가면 죽는 것은? **소금**
- 신사가 자기소개를 하면? **신사임당**
- 신발이 화나면? **신발끈**
- 공부해서 남 주는 사람은? **선생님**
- 노총각들이 가장 좋아하는 감은? **신부감, 색시감**
- 세상에서 가장 추운 바다는? **썰렁해**
- 일요일을 거꾸로 해도 일요일이다. 쓰레기통을 거꾸로 하면? **쓰레기가 쏟아진다**
- 믹스커피에 빠진 파리가 죽으며 하는 말은? **쓴맛 단맛 다 봤다**
- '똥 싸? 응, 똥 싸, 그럼 싸라'를 각각 한 마디로 말하면? **싸? 싸. 싸!**
- 건배사 소취하 당취백은 무엇의 준말인가? **소주에 취하면 하루지만 당**

**신에 취하면 백 년**

- 시집살이에서 해방된 2천 년 전의 여인은? **성모 마리아(시누, 시어머니가 없음)**
- 사람이 먹을 수 있는 제비는? **수제비**
- 한번 웃으면 영원히 웃는 것은? **사진**
- 법이 없어야 사는 사람은? **사형수**
- 수학을 한 글자로 줄이면? **솩**
- 공중에서 사람들이 가장 좋아하는 공은? **성공**
- 물 없는 사막에서도 할 수 있는 물놀이는? **사물놀이**
- 하나님도 부처님도 다 싫어하는 비는? **사이비**
- 사람들이 모두 발버둥치는 곳은? **수영장**
- 문은 문인데 닫지 못하는 문은? **소문**
- 물은 물인데 사람들이 가장 좋아하는 물은? **선물**
- 여자가 가장 좋아하는 집은? **시집**
- 많이 맞을수록 좋은 것은? **시험문제**
- 누구나 즐겁게 웃으며 읽는 글은? **싱글벙글**
- 소금장수가 좋아하는 사람은? **싱거운 사람**
- 입방아를 찧어 만든 떡은? **쑥떡쑥떡**
- 성인(聖人)과 성인(成人)의 차이는? **석가모니가 집을 나가면 출가라 하고 내가 집을 나가면 가출이라고 한다**

ㅇ

- 차도가 없는 나라는? **인도**
- 인도보다 4배나 더 큰 나라는? **인도네시아**
- 테니스 동호인 시합에서 편파 판정이 제일 심한 연예인은? **유아인**
- 미국이 싫다 하면서도 마시는 커피는? **아메리카노**
- 입이 S자로 되어 있다는 말을 영어로 표현하면? **EBS**
- 세 사람만 탈 수 있는 차는? **인삼차**
- '태종태세 문단세…'를 5자로 줄이면? **왕입니다요**
- 식인종이 밥투정할 때 하는 말은? **에이, 살 맛 없다**
- 일본, 프랑스, 러시아를 싸잡아서 세 자로 부르는 말은? **왜 불러**
- 똥의 성별은? **응가**
- 소가 웃는 소리를 세 글자로 줄이면? **우하하**
- 홀로 된 할머니와 성공하지 못한 예술가가 없는 것은? **영감**
- 화장실에서 금방 나온 사람은? **일본사람**
- 인천 앞바다의 반대는? **인천 엄마다**
- 내 것인데 남이 쓰는 것은? **이름**
- 물가 상승과 관계없이 깎아주는 곳은? **이발소**
- 펜 하나로 정복할 수 있는 고지는? **원고지**
- 순전히 재수로 한몫 보는 곳은? **재수학원**
- 프로 권투의 대전료 계산 방식은? **주먹구구방식**
- 서로 진짜라고 우기는 신은? **옥신각신**
- 줏대가 없는 왕은? **우왕좌왕**

- 1년 열두 달 중 28일이 있는 달은? **1년 열두 달 다 28일이 있다**
- 울다가 울음이 그친 사람을 다섯 글자로는? **아까운 사람**
- 맥주가 죽기 전에 남긴 유언은? **유언비어**
- 고기 먹을 때마다 따라오는 개는? **이쑤시개**
- 파란만장은 금액으로 얼마인가? **1억**
- 오락실을 지키는 수호신 용 두 마리는? **1인용, 2인용**
- 서울에서 땅값이 제일 싼 동네는? **일원동**
- '비가 내일 비행기로 LA에 간다'를 4글자로 줄이면? **LA갈비**
- 별 중에 가장 슬픈 별은? **이별**
- 일반인이 팁으로 줄 수 있는 최고의 액수는? **오천만 원(오천 원짜리 한 장과 만 원짜리 한 장을 합한 금액)**
- 가장 아쉬운 땅은? **안 산 땅**
- 대전에서 아들 낳는 곳으로 유명한 호텔은? **아드리아호텔**
- 아홉 명의 자식을 세자로 줄이면? **아이구**
- 임꺽정이 타고 다니는 차가 무엇일까? **으라차차차!**
- 나의 울음으로 출발하여 남의 울음으로 끝나는 것은? **인생**
- 눈사람의 반대말은? **일어선 사람**
- 계절에 관계없이 사시사철 피는 꽃은? **웃음꽃**
- '아이 추워'의 반대말은? **어른 더워**
- 엿장수는 하루에 몇 번 정도 가위질을 할까요? **엿장수 맘대로**
- 자기 전에 꼭 해야 할 일은? **우선 두 눈을 감는 일…**
- 망쳐야 돈을 버는 사람은? **어부**

- 아시안게임 구기종목 4가지? **여 러 가 지**
- 프랑스의 드론 선구자? **아랑 드론(알랭 들롱)**
- 이빨 중 가장 필요한 이빨은? **염치**
- 늑대가 동생을 부를 때 지르는 소리는? **아우…**

## ㅈ

- '씨름 선수들이 죽 늘어서 있다'를 세자로 줄이면? **장사진**
- 순전히 재수로 한몫 보는 곳은? **재수학원**
- 대령이 좋아하는 노래? **저 별은 나의 별**
- 서울역은 어느 구로 들어가는가? **종로구가 아니라 입구로 들어감**
- 현역군인이 가장 좋아하는 대학은? **제대**
- 소금을 죽이면? **죽염**
- 쥐가 네 마리 모이면 무엇이 될까? **쥐포**
- 뒷걸음질 잘해야 이기는 경기는? **줄다리기**
- 절대로 울면 안 되는 날은? **중국집 쉬는 날**
- 이별은? **지구**
- 중학생과 고등학생이 타는 차는? **중고차**
- 정사각형의 동생 이름은? **정사각씨의 형이 정사각형이므로 동생의 이름은 당연히 정사각**
- 갈수록 많아지는 산은? **중국산**
- 아침에 절대 먹을 수 없는 식사는? **저녁**
- 책은 책인데 읽을 수 없는 책은? **주책**

것 같은가? 만약 지옥으로 갈 것 같다면 지금부터 미리 걱정할 필요는 없다. 어차피 지옥으로 가는 것일 바에야….

- 돈만 밝히는 아비는? **장물아비**
- 죽었다 깨어나도 못하는 것은? **죽었다 깨어나는 것**
- 친구들과 술집에 가서 술값 안 내려고 추는 춤은? **주춤주춤, 엉거주춤**
- 무엇이든지 혼자 다 해먹는 사람은? **자취생**
- 종달새 수컷이 암놈을 부르는 방법은? **지지배**
- 고추장, 간장, 된장을 만들다 잘못하여 버렸다. 무슨 장일까? **젠장**
- 남이 울 때 웃는 사람은? **장의사**
- 곤충을 3등분하면? **"죽 는 다" (머리, 몸통, 다리가 아님)**
- 약은 약인데 아껴 먹어야 하는 약은? **절약**
- 풍뎅이 중에 가장 오래 사는 풍뎅이는? **장수풍뎅이**
- 프로 권투의 대전료 계산 방식은? **주먹구구식**
- 한국이 배출한 세계 최초의 여성 장군은? **지하여장군**
- 아무도 믿을 수 없다는 사람이 가장 믿는 신은? **자기 자신**
- 탤런트 최지우가 기르는 개 이름은? **지우개**
- 보석을 밝히는 사람들이 좋아하는 도시는? **진주**
- 전임 대통령을 비난하지 않은 미국의 유일한 대통령은? **조지 워싱턴(초대 대통령이기 때문)**
- 눈을 씻고 봐도 볼 수 없는 것은? **자기의 눈**

**ㅊ**

- 교수들이 공통적으로 걸리는 병은? **치질(항문(학문)을 계속 닦다 보니 치질에 걸림)**

- 사람이 가장 무거워질 때는? **철 들 때**
- 사람 몸무게가 가장 많이 나갈 때의 몸무게는? **천근만근(만천근)**
- 사람 몸 중 매우 강한 부분은? **머리 돌 머리, 석두를 뚫고 머리칼이 나온다**
- 묵은 묵인데 먹지 못하는 묵은? **침묵**
- 창으로 찌르려고 할 때 급히 하는 말은? **창피해**
- 못 팔고도 돈 번 사람은? **철물점 주인**
- 아이스크림이 죽었다. 왜 죽었을까? **차가 와서**
- 세상에서 가장 긴 음식은? **참기름**
- 영자 씨가 주먹밥이나 붕어빵을 안 먹는 이유는? **채식주의자**
- 세상에서 가장 뜨거운 과일은? **천도복숭아**
- 소금의 유통기한은? **천일(천일염)**
- 푸른 소가 용을 구했다를 다섯 글자로? **청소용구함**
- 푸른 소도 구함을 다섯 글자로? **청소도구함**
- 여름에 겨울옷 입고 겨울에 여름옷 입는 여자? **철없는 여자**
- 이상한 사람들이 모이는 곳은? **치과**
- 올림픽 경기에서 권투를 잘하는 나라는? **칠레**
- 서울시민 모두가 동시에 외치면 무슨 말이 될까? **천만의 말씀(서울시민 천만 명)**
- 양초 갑에 양초가 꽉 차 있을 때 세 자로 줄이면? **초만원**
- 먹을수록 덜덜 떨리는 음식은? **추어탕**
- 대전 근방의 대학으로 학생이 한 사람도 없는 대학은? **청남대, 천문대, 계룡대, 자운대**

- 참새 백 마리가 전깃줄에 앉아 있었다. 그런데 포수가 한 방을 쏘자 백 마리가 떨어졌다. 어떻게 된 걸까? **참새 이름이 백마리였다.**
- 술 좋아하는 사람이 좋아하는 도시는? **청주(술과 관련된 도시들: 전주, 광주, 원주, 무주, 상주, 진주 등)**

### ㅋ

- 광부가 가장 많은 나라는? **케냐**
- 사람이 즐겨 먹는 달콤 씁쓸한 피는? **커피**
- 젊은이들이 좋아하는 카는? **카페, 카톡**
- 스컹크가 개에게 쫓기며 계속 냄새를 피웠으나 결국 잡아먹혔다. 이유는? **코머거리 개였기 때문에**

### ㅌ

- 세상에서 가장 위대한 여인은? **태평양, 대서양, 인도양**
- 호랑이가 오토바이를 타고 가고 있다. 그런데 길가에 토끼가 서 있는 것을 발견한다. 이때 호랑이가 토끼에게 하는 말은? **타이거**
- 우리나라에서 도를 통한 스님이 가장 많은 절은? **통도사**
- 벌만 골라 먹는 두꺼비의 입맛은? **톡 쏘는 맛**
- 땅땅거리며 사는 사람은? **토지매매업자**
- 호랑이는 영어로 Tiger이다. 그러면 이 빠진 호랑이는? **Tigr**
- 차를 타지 말라는 관광 명소 이름은? **타지마할**

### ㅍ

- 전축을 틀면 흘러나오는 소리는? **판소리**
- 다리미가 좋아하는 음식은? **피자**
- 돌고래를 영어로 돌핀이다. 그럼 그냥 고래는 무엇이라 부를까? **핀**
- 공이 웃으면? **풋볼**
- 사과가 웃으면? **풋사과**

### ㅎ

- 세상에서 가장 뜨거운 전화는? **화상전화**
- 활을 아주 잘 쏘는 여자는? **활기찬 여자**
- 활을 잘 쏘는 사람의 이름은? **활명수**
- 바닷가에서 해도 되는 욕은? **해수욕**
- 먹을수록 행복한 피는? **해피**
- 떡 중에 가장 빨리 먹는 떡은? **헐레벌떡**
- 하루에 100원씩 1년을 내면 1억 원을 탈 수 있는 계는? **황당무계**
- 땅은 어떻게 울까요? **흙흙**
- 회를 전공으로 하는 곳은? **회전문**
- 인정사정도 피도 눈물도 없는 아비는? **허수아비**
- 허수아비의 아들 이름은? **허수**
- 애주가가 가장 많은 나라는? **호주**
- 홍도야 우지 마라를 한 글자로? **홍도 뚝!**
- 파리 중에 날지 못하는 파리는? **파리(프랑스), 해파리**

- 굶는 사람이 많은 나라는? **헝가리**
- 호주의 쌀은? **호미**
- 호주의 떡은? **호떡**
- 호주의 돈은? **호주머니**
- 형을 완전 좋아하는 동생은? **형광팬(펜)**
- 세상에서 제일 큰 콩은? **홍콩**
- 돈벼락을 맞을 꿈을 꾼 사람이 실제로 어떻게 되었을까? **현금수송차에 치임**
- 듣기 좋은 욕이란? **해수욕, 승부욕, 반신욕**
- 붉은 길에 동전 하나가 떨어져 있다. 그 동전의 이름은? **홍길동전**
- 다리 중 아무도 보지 못한 다리는? **헛다리**
- 바가지는 바가지인데 쓰지 못하는 바가지는? **해골바가지, 주책바가지**
- 전쟁 중에 장군이 가장 받고 싶어 하는 복은? **항복**
- 노처녀들이 가장 좋아하는 약은? **혼약**
- 호랑이에게 덤벼드는 용감한 개 이름은? **하룻강아지**

우울, 절망, 두려움, 거기에다가 남을 비방하며 산다는 것은 살아있어도, 숨은 쉬고 있어도 살아있는 것이 아니다.

# IV

# 유머의 멋:
# 스토리유머비법과
# 상황별 유머

영혼도 폭삭 늙을 수 있다.

# 1. 유머비법: 수첩유머비법(적자생존), 준비유머비법(유비무환), 실행유머비법(용불용설)

유머는 이야기를 통해 듣는 사람들로 하여금 자연스럽게 결론을 예측하도록 이끌어가다가 갑자기 역주행하여 예측을 파괴함으로써 웃음의 방아쇠를 당긴다. 특히 아재개그는 말도 안 되는 퀴즈를 들이대며 밑도 끝도 없이 바로 예측파괴 과정으로 직진한다. 그러나 대부분의 유머에서는 유머 거리를 꺼내고 이것을 펼쳐 보인 다음 결론 단계에서 뒤집는 형식을 취한다. 소위 스토리유머를 한다.

우리 주변의 일어나는 모든 것은 다 유머 거리이다. 특히 내 이야기는 훌륭한 유머 거리이다. 그리고 내 이야기나 내가 지어낸 이야기는 아니지만 이미 널리 유머로 인정받고 있는 일반유머도 좋은 유머 거리이다. 일반유머를 퍼와서 써먹는 것을 퍼뮤니케이션이라고도 한다. '남의 이야기를 펴오다'와 '이것을 소통시킨다(communication)'를 합성하여 만든 말이다. 내 이야기이건 일반 유머이건 유머달인이 되기 위해서는 다음 세 가지 비법, 즉 ① 수첩유머비법(적자생존), ② 준비유머비법(유비무환), ③ 실행유머비법(용불용설) 등을 몸에 익혀야 한다.

## 제1비법: 수첩유머비법(적자생존)

유머는 수첩유머이다. 유머달인(유머리스트, humorist)이 되려면 유머수첩(유머 리스트, humor list)이 있어야 하는 것이다. 그래서 재미난 유머는 무조건 바로 적어서 수첩을 만드는 것이 첫 번째의 유머비법이다. 소위 유머는 적어야 생존한다는 적자생존원칙이다.

여기에서 이야기하는 적자생존이란 다윈의 적자생존원칙에서 따온 말로서 적어야, 기록해야 생존한다는 동음이의어적 표현이다. 즉, 보고 들은 유머를 평소에 기록하고 이렇게 만들어진 유머수첩이 있어야 필요할 때 적절한 유머를 꺼내 쓸 수 있다는 것이다. 우리가 알고 있는 유머리스트(humorist)들은 대부분 수첩유머의 대가들이다.

개그 프로그램, 웹상에 소개된 유머, 재미있는 카툰, 유머 관련 서적 등에는 수많은 유머가 널려 있다. 이들 중에서 내가 박장대소하며 웃었던 유머를 우선적으로 수집하는 것이 좋다. 내가 웃었다는 것은 나와 그 유머가 서로 맞는다는 것이기 때문이다.

적자생존을 실천하려면 항상 메모지를 가지고 다니거나 휴대폰의 메모기능 혹은 녹음 기능을 적극적으로 활용할 필요가 있다. 이때에도 누구의 시선도 의식하지 말고 메모하는 용기가 필요하다. 그리고 메모는 눈을 위한 것이 아니라 입과 귀를 위해서 만들도록 하는 것이 좋다.

유머수첩은 수집 시기별, 수집 장소별, 소재별 등 자신만의 방법으로 잘 정리할 필요가 있다. 그렇지 않으면 나중에 유머수첩 어디에 그 유머가 있는지를 찾아내기가 어렵다.

뽀빠이 이상용 씨는 나이가 들었음에도 불구하고 여전히 인기 좋은 명사회자로 왕성하게 활동하고 있다. 그 비결은 바로 '많이 유머 보물창고'라는 유머수첩에 있다고 한다. 행사 가기 전에 유머수첩에서 필요한 유머를 선정해서 준비해가는 것이다.

## 제2비법: 준비유머비법(유비무환)

대부분의 유머달인은 준비유머의 달인이다. 소위 유비무환원칙(有備無患 原則)을 실천하는 것이다. 그들은 유머를 준비하지 않는다는 것은 유머 실패를 준비하는 것이라고 믿고 있다. 유머수첩에 아무리 좋은 유머를 많이 적어두었다고 해도 다 써먹을 수는 없으므로 이 중에서 미리 상황에 알

맞은 유머를 선정하고 이것을 잘 연습하는 등 준비를 철저히 해야 한다는 것이다. 음치가 노래방에서 자유로울 수 있는 것은 자기만의 애창곡이 있고, 또 그 가사가 모니터에 나오기 때문이다. 유머 치라고 하여도 연습을 하여 애창곡처럼 준비한다면 당황하지 않고 할 수 있는 것이다. 준비유머란 ① 유머수첩 중에서 적절한 유머를 선정하고, ② 선정한 유머를 연습중독자, 노력중독자처럼 일 만 시간의 원칙을 실천한다는 마음가짐으로 충분히 연습한다. 소위 연습하면 실패하지 않는다는 습이불패(習以不敗)를 믿는 것이다. ③ 마지막으로 기억이 나지 않을 경우를 대비해서 메모까지 해두는 것이다. 메모는 기억을 이긴다고 믿는다.

나는 손바닥 유머를 많이 활용하였다. 즉, 손바닥에 유머 몇 개를 적어가는 것이다. 생각나지 않을 때는 슬금슬금 손바닥을 보면서 유머를 할 수 있었다. 또 나는 손바닥에 메모한 다섯 개 정도의 유머로 부족할 경우에 대비해서 추가로 몇 개의 유머를 더 적어서 주머니에 넣고 다녔다.

## 준비유머 1단계는 제대로 된 유머의 선정이다

준비유머의 첫걸음은 유머수첩에 수집된 수많은 유머 중에서 유머를 하게 되는 장소, 시간, 사람 등 3박자에 맞는 유머를 선정하는 일이다. 상황에 맞지 않은 유머는 유머 생명을 얻기 어렵다. 소위 분위기가 급속하게 썰렁해지면서 얼음이 꽁꽁 언다. 이런 일이 벌어지지 않도록 하기 위해서는 미리 상황을 잘 파악하고 상황에 적절한 유머를 선정해야 하는 것이다.

적절한 유머를 선정하기 위해서는 다음과 같은 사항을 고려해야 한다.

첫째는 상황에 적합한 유머를 선정하는 일이다. 유머를 듣는 사람이 누구인지, 유머를 할 수 있도록 나에게 주어진 시간은 얼마나 되는지, 어떤 장소에서 유머를 하게 되는지 등을 고려하는 것이다. 이런 상황을 무시한 유머를 하게 되면 소위 공감대를 형성하지 못하여 유머 실패에 빠지게 되기 때문이다.

- 장소가 식당 안인가, 강의실인가, 강당인가, 칸막이가 있어 방음되는 조용한 방인가 등을 고려한다. 이에 따라 목소리의 톤은 물론 유머의 내용 자체가 달라진다.
- 유머를 하는 시간대가 점심 때인가, 저녁 때인가 아니면 밤중인가에 따라 각각 다른 유머를 선정해야 한다.
- 이야기를 듣는 사람이 누구인가, 몇 사람이나 되는가, 남녀 비율은 어느 정도인가, 연령대는 어떻게 되는가, 학력 수준은 어떻게 되는가, 듣는 자 상호간의 친밀 정도 등을 분명히 알아야 쉽게 공감유머를 할 수 있다.

둘째는 KISS(Keep It Simple & Short)원칙을 준수하는 일이다. 유머란 대표적인 단소경박(短小輕薄) 제품이다. 단소경박해야 한다는 것은 스토리가 짧고 단순해야 한다는 것을 뜻한다. 즉, 유머가 너무 장황해서는 성공하기 어렵다는 말이다. 내용이 길고 복잡하면 유머를 하는 사람이나 듣는 사람이나 모두 길을 잃을 우려가 있다. 듣는 사람이 따라오지 못하는데 어떻게 웃음을 기대할 수 있겠는가! 또 유머를 하는 사람이 스토리를 까먹고 방황한다면 유머에 실패할 수밖에 없다.

셋째는 금기사항을 준수하는 일이다. 정치적, 역사적, 종교적인 이야기는 듣는 사람에 따라 의견이 분분할 수 있으므로 선정해서는 안 된다. 특히 정치적인 소재는 말싸움으로 번져 강의 자체를 망칠 수 있으므로 피해야 한다.

넷째는 아이스 브레이킹 유머를 앞세우도록 하는 일이다. 유머를 시작할 때 아이스 브레이킹를 위해 요즘 뜨는 이야기는 무엇인가, 요즘 사람들이 관심을 갖는 주제는 무엇인가, 유머를 듣는 사람들에게 형성된 공통된 경험이나 일이 무엇인가를 파악하여 말문을 여는 내용의 유머를 하는 것이 좋다. 이렇게 할 때 화자와 청자의 첫 만남에서 가지게 되는 팽팽한 긴장 분위기를 깰 수 있다.

다섯째는 유머란 융복합적으로 제공되어야 생명력이 있다는 것을 알고 준비하는 일이다. 유머는 말만 잘해서 성공하는 것이 아니다. 즉, 유머는 몸짓, 손짓, 발짓, 표정 등이 모두 한 팀을 이루며 제공될 때 성공하는 것이다. 유머를 연습할 때에는 이들도 함께 연습해야 한다.

## ✌ 준비유머 2단계는 연습중독자가 되는 일이다

일단 유머를 선정했다면 그다음은 그 유머를 연습하고 또 연습해야 한다. 개그맨들은 타고난 유머감각을 가지고 있지만 하나의 개그코너에

올리기까지 50번 이상 연습한다고 하지 않는가! 연습하고 또 연습하면 몸과 입에 기억되어 필요할 때 자동으로 튀어나오게 된다. 옛날 서당의 암기식 교육방법이나 노벨상을 배출하는 유대인의 하부르타 교육방법이 모두 입으로 수십 번이고 반복해서 암송하는 것이다. 암송하며 질문하고 다시 암송함으로써 자신의 지식으로 만드는 것이다. 암기란 머리에 넣는 것이지만 연습중독자는 이들을 몸 기억으로 만든다.

자신의 연습하는 장면을 녹화하면서 연습한다면 더 효과가 있을 것이지만 차선책으로 거울을 보면서 연습하는 것도 좋다. 기억해야 할 유머가 운전이나 자전거 타기처럼 머리지식이 아니라 몸 지식으로 될 때 잊어버리지 않고 몸 밖으로 나온다. 세상에 공짜는 없다. 행운이란 노력하는 자에게 성공으로 가도록 놓아지는 다리이다. 유머에 있어 왕도는 연습이다. 연습중독자에 있어 일만 시간의 원칙이란 노력하고 연습하는 시간이 하루 세 시간 이상씩, 1주에 20시간 이상씩, 1년에 1,000시간 이상씩 10년을 연습한다는 원칙이다. 이씨 집안에서는 우물만 파면 물이 나오고, 기우제만 지내면 비가 온다고 한다. 그 이유는 물이 나올 때까지 우물을 파고, 비가 올 때까지 기우제를 지내기 때문이다. 세상에는 공짜 점심이 없다. 계속 노력하면 반드시 그 성과가 주어진다. 유머도 마찬가지이다. 연습하고 또 연습하면 백전백승이다. 머리에서 입, 입에서 온몸으로 익힐 때 유머는 자신의 능력이 된다.

아무리 머리가 좋아도 대부분 반짝 피었다가 그냥 시들어버린다. 마지막에 성공하는 사람들은 대기만성형, 노력중독자, 연습중독자, 인내중독자들이다. 포기하지 않고 계속 노력하는 사람을 아무도 이기지 못하는 것이다. 열심히 해서 안 되면 더 열심히 노력하면 틀림없이 이루어진다. 김연아 선수가 올림픽 금메달을 딸 수 있었던 것은 10,000번이나 넘어졌지만 10,001번째 다시 일어나 연습을 계속했기 때문이다.

## 준비유머 3단계는 기억을 꺼낼 수 있도록 소리 메모를 준비하는 일이다

우리의 기억은 신통하게도 타이밍(timing)을 맞추지 못한다. 가장 필요할 때, 중요할 때 우리의 기억은 우리를 도와주지 않고 오리무중이다. 기억을 믿는 사람은 건망증 혹은 치매라는 놈에게 된통 당한다. 나만 그런 것이 아니라 다들 그렇다. 과연 이러한 낭패를 사전에 막고 타이밍 맞춰 유머를 할 수 있는 비법은 무엇인가? 건망증이나 치매로부터 당하지 않는 가장 안전한 방법은 미리 자신을 건망증이나 치매환자로 생각하고 메모장을 가지고 다니는 것이다. 손바닥에라도 적어 다니는 것이 좋다. 메모를 할 때에는 유머의 전체 내용을 다 기록할 수 없으므로 가장 핵심이 되는 키워드를 모아서 컨닝페이퍼를 만드는 것이다. 눈을 위한 컨닝페이퍼가 아니라 입을 위한 컨닝페이퍼가 될 수 있도록 준비하는 것이 더 바람직하다.

① 준비된 자의 승리

2005년 7월 KBS 〈퀴즈 대한민국〉에서 역대 최고령으로 상금 5천6백만 원을 거머쥐며 퀴즈 왕이 된 55세의 전업주부 박영자 씨에게 그 비결을 물었다. 그 비결은 10년간 메모한 노트가 50여 권, 매일 2시간 이상씩 신문 읽기 등 각고의 노력을 통해 몸 기억화한 것이 비결이라고 답했다.

② 잠재의식까지 준비하고 훈련하라

오묘한 씨는 어젯밤 송년회에 갔다가 곤드레만드레가 되어 자정을 훨씬 넘어서야 집에 돌아왔다. 집에 와서 물을 엎지르고 자는 아들까지 깨워 주저리주저리 한 이야기를 또 하는 등 술주정을 했다. 그런데 다음 날 일어나 보니 침대 머리맡에 "여보, 콩나물 해장국 끓여놨으니 맛있게 드시고 오늘도 행복하세요!"라는 아내의 메모가 있지 않은가? 어렴풋이 기억을 해봐도 어젯밤에 무지하게 잘못했는데 별일이다 싶어 엊저녁에 아들 녀석에게 어떻게 된 일인지 묻자, "엄마가 침대에서 아빠 바지를 벗기려고 했는데 그때 아빠가 "이러지 말아요. 나는 임자가 있는 몸이요!" 하면서 바지를 절대 못 벗겠다고 했거든요."

③ 준비가 최고다

홍길동은 아내 몰래 비자금을 만들어 잘 숨겨놓았다. 그런데 청소하던 아내가 그만 비자금 봉투를 찾아내고야 말았다. 아내가 "이게 뭐지" 하며 하얀 봉투를 열었다. 거기에 현금 30만 원이 들어있지 않은가! 그리고 맨 안쪽에는 메모지가 하나 있었다. 거기에는 "여보, 장모님을 위한 나의 작은 정성이라오"라고 적혀 있지 않은가!

## 제3비법: 실행유머비법(용불용설)

스토리 유머비법의 최종 단계는 준비한 유머를 실제 해보는 것이다. 아무리 유머를 잘 선정해서 연습을 많이 했어도 이것을 써먹어보지 못하면 아무 쓸모가 없다. 즉, 무용지물(無用之物)이다. 야구는 일단 방망이를 휘둘러봐야 홈런일지, 안타일지, 병살타일지, 땅볼일지, 파울일지가 결정되듯 유머도 일단 해봐야 성공 유머가 될 것인지, 실패 유머가 될 것인지가 결정되는 것이다. 준비유머의 생명력은 써먹어야 주어진다. 그리고 이렇게 유머를 몇 번 써먹다 보면 내 특성과 내 말투, 내 경험이 녹아들어가 나에게 맞는 내 유머로 변신한다.

용불용설(用不用說)이라는 말도 있듯 써먹어야 유머는 생명을 가지게 된다. 내가 통제하고 내 마음대로 유머를 할 수 있는 상황이 아니라 할지라도 유머달인은 자신의 나이, 지위, 체면을 다 내려놓고 뻔뻔하게 유머를 해버리는 사람이다. 그래야만 유머 입이 터지며, 소위 내 유머, 입 유머가 된다.

① 119 유머

"인정도 사정도 없는 애비는?" 허수아비라는 답이 나오면 이어서 "허수아비의 아들 이름은?" 하고 질문한다. 정답은 물론 허수다. "허수는 남성인가 여성인가?"라고 문제를 내면서 성별 관련 유머로 넘어간다. 하수아비이기 때문에 당연히 남성이다. 이어서 "하늘에 있는 해는 남성인가 여성인가?" 하고 질문한다. 정답은 남성이다. 왜냐하면 우리말에 해오라비라는 단어가 있기 때문이다. 이런 방식으로 계속 이어달리기를 할 수 있어야 하는 것이다.

② 현재 유행하는 유머를 중심으로 119번 유머하기

"김 기사 운전해, 어서~"

"뭐야, 아마추어같이…."

"너 그것 해봤어? 해보지 않았으면 말을 말아야지!"

"이게 뭡니까?"

"살림살이 좀 나아지셨습니까?"

"일등만 기억하는 이 더러운 세상…."

"소는 누가 키울 거야?"

"나대지 마."

# 2. 이럴 때는 이런 유머가 제격이다

유머는 비정상적인 상황을 부드럽게 웃으며 정상화시키는 언어 마술이다. 그리고 유머달인은 매우 난감한 상황에서도 이를 순화하여 공감 내지는 웃음을 이끌어내는 사람이다.

## 막말은 막말유머로 되돌려주고, 마타도어에는 우회적 유머로 돌려줘라

### 막말은 막말 유머로 되돌려줘라

오는 말이 고와야 가는 말도 고운 법이다. 나쁜 말은 되로 주고 말로 받는다는 것을 실감하게 해주는 것이 막말 되치기 유머이다. 상대방이 황당한 막말로 나올 때는 그대로 멋지게 맞받아친다.

#### 이 똥차는 언제 출발?

버스가 종점에서 시동만 걸어놓고 출발하지 않고 있다. 아직 출발 시간이 안 되었기 때문이다. 그런데 술 한잔 걸친 몇 사람들이 올라탔다. 그중 한 사람이 대기 중인 운전기사에게 "이 똥차 언제 가요?" 라고 따지듯 묻는다. 똥차라는 말에 살짝 기분이 나빠진 운전기사 "똥이 차야 가지요!"라며 되돌려준다.

#### 이 똥차는 왜 이렇게 흔들려?

버스가 출발했는데 포장 공사 중이어서 버스가 덜컹댄다. 술 한잔 걸친 승객 중 한 사람이 "이 똥차 왜 이렇게 흔들려요?"라고 기사에게 소리친다. 기분이 살짝 나빠진 운전기사가 큰 소리로 "똥이 덜 차서 흔들립니다."

### 평생 시내버스나 타라

급정거한 시내버스로 인해 아주머니가 바닥에 넘어졌다. 다치지는 않았으나 옷이 더러워진 아주머니가 버스기사에게 쏘아댄다. "운전 좀 똑바로 해요!" 기분이 상한 운전기사, "아니 좀 제대로 좀 잡고 타셔야지…." 그러자 더 화가 난 아주머니, "평생 운전기사나 해쳐먹어라!"라고 소리친다. 험한 말을 들은 운전기사도 화가 나서 "아주머니도 평생 시내버스나 타세요."

### 마누라의 안목

백화점에서 가성비가 좋은 핸드백을 하나 골라 남편에게 "이 가방 어때?" 하고 묻는다. 본래 가방 사는 것 자체를 못마땅하게 여기던 남편이 "당신은 그렇게 안목이 없어, 어떻게 이런 걸 핸드백이라고!" 이 말을 듣고 화가 난 아내 "그래, 나는 안목이 없어 당신 같은 사람을 골랐고 당신은 안목이 좋아 나 같은 사람을 고른 거구만…."

### 저승도 새치기하려고?: 지공선사를 새치기 하는 지공대사

우리나라에서는 65세 이상이 되면 법적으로 지공대사가 된다. 지공대사란 지하철 공짜로 타는 사람을 빗대어 하는 말이다. 지하철에는 칸마다 임산부와 노약자를 위한 별도의 좌석이 있다. 지공대사가 지하철을 이용할 때는 먼저 이 좌석이 비어있는지부터 확인하고 그곳에 자리가 없으면 다른 데 가지 않고 그 근방에 서 있어야 하는 것이 지공대사의 지하철 탑승 에티켓이다. 괜히 젊은 사람들 앉아있는 곳 앞에 얼쩡거리면서 "어른이 앞에 있는데 앉으라는 말도 하지 않고, 역시 요즘 애들은 버릇이 없어"라고 말한다면 자기는 물론 휴대폰을 들여다보고 있는 젊은이도 마음이 불편해지기 때문이다. 어느 날 80이 넘은 지공선사(80세 이상은 지공선사로 승진)가 지하철을 탔다. 얼마 있으니 노약자석에 앉아있던 사람이 내린다. 대기하고 있던 지공선사는 '이제 내 차례구나' 생각하며 앉으려고 하는데 갑자기 70세 정도로 보이는 젊은(?) 지공대사가 잽싸게 새치기하며 앉아버린다. 지공선사는 화가 났으나 뭐라고 하겠는가. 그래도 점잖게 그 사람에게 한마디한다. "저승도 그렇게 새치기해서 빨리 가려고?"

### 가는 말이 고와야

조선시대 최하위 계층인 백정이 푸줏간을 하고 있는데 어느 날 양반이 와서 "야, 백정 놈아, 고기 한 근 가져와라"라고 하자 나이 많은 백정이 한 근을 정확하게 재서 잘라준다. 이때 두 번째 양반이 들어온다. "이보게, 김서방, 고기 한 근만 주게나." 그러자 "예, 알았습니다"라고 하면서 고기를 한 근 이상 푸짐하게 잘라준다. 이것을 보고 있던 첫 번째 양반, "이놈아, 나도 한 근인데 내 것은 왜 이렇게 적냐?"라고 따지자 백정이 말하기를 "네, 손님 고기는 백정 놈이 자른 것이고, 이 양반님의 고기는 김 서방이 자른 것이라 다르지요!"

## ✌ 상대의 비방, 마타도어에 대해 우회적 유머로 돌려줘라

선거 유세과정에서 상대 후보가 막보자는 듯 마타도어 작전을 쓰며 어이없는 이야기를 마구 지어내거나 인신공격성의 모욕적인 이야기를 퍼트리는 경우에는 우회적으로 되치는 유머적 대응방법이 바람직하다. 나이가 많다느니, 말을 더듬는다느니, 귀가 어둡다느니, 배운 게 없다느니 자존심을 자극하며 헐뜯는 것이다.

이처럼 상대방이 조롱 섞인 비난성 유머를 퍼부을 때 이에 대해 그대로 되치기를 하는 것은 매우 위험하다. 되치기하면 그 순간 속이 시원할 수 있지만 결과적으로 문제를 더 키우기 마련이다. 이것은 상대방이 바라는 것일 수 있기 때문이다. 분노제공자에게는 분노로 되돌려주면 결국 똑같은 사람이 되고, 열(스트레스)은 오히려 내가 더 받게 된다. 이득이 없다. 선거에서 마타도어 작전을 쓰는 상대방에 대해 나도 똑같이 대응한다면 상대를 이기기는 어려운 것이다. 이럴 때 유머로 대응하게 되면 유머는 나를 좋아하는 사람이건 싫어하는 사람이건 내 편으로 만드는 마력을 발휘한다. 정치인들이 선거 유세에서 유머를 적극 이용하는 이유도 여기에 있다.

즉, 상대방의 비방성 발언에 대해 일단 상대 말의 핵심적 부분을 반복하면서, "○○○라고 생각하시군요. 잘 들었습니다"라고 말하면서 상대방을 밀어내지 않는 것이 필요하다. 상대방이 생각했던 공격에 대해 스펀지가 물을 흡수하듯 그냥 빨아들이되 새로운 내용의 곡사포를 쏘아 올리는 방식이다.

이렇게 하기 위해서는 무엇보다도 상대방의 말을 잘 들어줘야 한다. 그래야만 상대방의 숨은 뜻을 분명하게 파악할 수 있다. 상대방이 어떤 이야기를 하건 당황하지 않고 끝까지 들어주되(hear), 적시(timing)에 제대로 된 대응을 하는 것이 최선의 방법이다. ① 일단은 기본적 반응하기(reaction)를 한다. 말 같지 않은 말일지라도 화로서 반응하지 않고, 그냥 "아, 오, 그렇군요" 등 가장 기본적인 말장구 듣기를 하는 것이다. 맘속으로는 화가 나서 상대의 말을 잘라버리고, 무시하고 싶어도 무대응으로 잘 참는 것이 매우 중요하다. 이렇게 할 때 상대방도 말문을 닫아버리지 않는다. ② 그리고 상대방의 말이나 질문을 반복하여 이야기하면서 확인시킨다(confirm). "○○○라고 하셨지요?" ③ 그런 다음 "그 말에 대해 그렇게 생각할 수도 있군요" 하면서 상대방을 그대로 인정하면서 대화의 문을 연다. ④ 마지막으로 그 문제에 대해 다른 방향에서 접근할 수도 있다는 것을 이야기한다(feedback). 즉, 상대방의 이야기나 질문을 사실상 뒤집는, 예상을 깨는 새로운 생각을 우회적 유머로 제시하는 것이다.

### 레이건 당신은 나이가 너무 많아서 안 돼요!

레이건 후보의 경쟁자인 40대의 젊은 상대방이 "늙어서 어떻게 대통령을 할 수 있겠는가"라며 공격하자 레이건은 "어떤 사람들은 너무 젊으면 경험이 없어서 대통령을 할 수 없다고도 하지만(상대의 말을 긍정하면서 공감대 형성) 저는 대통령 업무를 수행하는 데 나이가 그렇게 중요하다고 생각하지 않습니다. 앞으로도 저는 나이를 가지고 대통령 자격을 문제 삼지는 않을 것입니다." 이 유머 섞인 한마디 대응은

레이건의 당선에 커다란 영향을 미쳤다.

### 동물 수의사 주제에 무슨 의원을 한다고

유세 과정에서 "당신 같은 수의사는 개나 고양이를 돌봐야지 무슨 지방의원이냐"면서 공격을 해오자, 수의사 출신 후보가 "아이고, 여기는 사람 사는 세상인 줄 알았는데, 제가 잘못 알고 있었네요. ○○○ 후보님, 제가 수의사여서 동물의 질병은 좀 볼 줄 압니다. 잠깐 봐 드릴까요?"

### 나는 키가 작아서 살았다(등소평)

중국의 경제발전 과정에서 흑묘백묘론(검은 고양이건 흰 고양이건 쥐만 잡으면 된다)으로 중국을 가난에서 벗어나도록 한 등소평의 키는 불과 150센티미터였다. 미국 방문 때 기자가 "키가 작아서 고민하신 적이 있나요?"라고 질문하자 "허허… 이 사람 뭘 모른다 해. 나보다 키 큰 친구들 내전 때 다 총알 맞고 죽었다 해. 험한 세상 키 작은 살람이 더 오래 산다 해."

### 당신같이 못생긴 사람이 어떻게 대통령을!

대통령 유세를 하고 있는 링컨에게 상대방 후보가 "당신은 두 얼굴의 사나이다. 당신 같이 못생긴 사람이 어떻게 이 나라의 대통령이 될 수 있는가?"라면서 얼굴을 흉보며 당장 후보를 사퇴하라고 공격했다. 이에 대해 링컨은 "네, 제가 못생겨서 죄송합니다. 그리고 후보님 말씀처럼 제가 두 얼굴을 가지고 있다면 얼마나 좋겠습니까! 그렇기만 하다면 제가 왜 이렇게 못생긴 얼굴을 들고 다니겠습니까?"

### 말 더듬는 사람이 어떻게 수상을 한다고

캐나다 수상 후보인 40대 초반의 트뤼도에 대해 반대당 의원들의 공격이 시작되었다. "당신은 그렇게 말을 더듬는데 수상 역할을 제대로 수행할지 걱정입니다." 이에 대해 트뤼도는 "의원님 말씀이 맞습니다. 제가 말을 더듬습니다. 그래서 그런지 말을 함부로 해서 실언하는 일은 없습니다."

### 한쪽 눈이 잘 안 보이는데 어떻게 수상을?

애꾸눈으로 어떻게 정치를 하겠느냐며 야당 의원들이 총리인준을 거부한다. 그러자 총리 후보가 "예, 그렇습니다. 저는 왼쪽 눈이 사실상 잘 보이지 않습니다. 애꾸눈이나 다름없지요. 그래도 한 가지 장점은 제가 어떤 문제를 대할 때 우유부단하지 않고 일목요연하게 처리할 수 있다는 것이지요."

### 서로 반대로 생각했군요

상대 후보로부터 비난성 발언을 듣는 경우 이를 반전시켜야 한다. 심하게 없는 말로 비난을 하는 경우 "○○○에게서 이렇게 심한 말을 듣다니 대단히 유감입니다. 저는 언제나 그를 좋게 말해왔습니다. 그런데 이제 알고 보니 우리 모두 반대로 말했군요."

### (학력) 초등학교도 못 나온 학력으로 어떻게 대통령을!

재단사 출신 미국 16대 대통령 후보 루이스에 대해 초등학교도 안 나온 사람이 대통령을 하겠다는 것은 말도 안 된다고 맹공을 퍼붓는 상대방에게 루이스가 한마디한다. "그렇습니다. 저는 초등학교도 다니지 못했습니다. 남들이 초등학교 다닐 때 저는 재봉 일을 배워서 가족 생계를 책임졌습니다. 후보께서는 제가 초등학교 안 다닌 것에 대해 많이 이야기를 하십니다만 저는 아직까지 예수님께서 초등학교를 졸업했다는 이야기는 듣지 못했습니다."

### 마가렛 대처 수상: 알을 낳는 건 암탉이다

딱딱하게만 보이던 '철의 여인' 대처가 600명의 지도자들이 모인 만찬장을 웃음바다로 만들었다. "홰를 치며 우는 건 수탉일지 몰라도 알을 낳는 건 암탉입니다." 여자라고 무시하지 말라는 이 간단한 재치와 유머가 남성 중심의 보수적인 영국에서 그를 위대한 정치가로 만들었다.

### 팔 하나만 있는 참모는 없나요?

아이젠하워 대통령이 백악관 비서진과 어떤 의제에 대해 회의를 하면, 참모진은 거의 예외 없이 "한편으로는(on the one hand…)" 하면서 긍정적인 점에 대해 여러 가지를 이야기하고 나서, "다른 한편으로는(on the other hand…)" 하면서 부정적인 점, 문제점들을 열거한다. 결정은 대통령이 하라는 이야기이다. 아이젠하워 대통령은 농담으로 "참

모진이 모두 팔 하나만 있는 사람들이라면 얼마나 좋을까만….”

## 잘난 체, 고상한 체, 아는 체하는 경우 이런 유머로 가식을 벗겨보자

인간은 평등하다. 그리고 차별에서 평등으로 나아가는 것이 유머철학이다. 특히 성직자, 명사, 고위층, 선생님, 의사, 상류층, 부자 중에는 차별이나 갑질을 좋아하는 사람들이 많다. 유머는 그들의 가식을 드러냄으로써 차별해소, 격차해소를 지향한다. 사실 성직자, 유명인, 정치인, 교사, 부자, 고위층, 상류층이라고 해도 똑같은 인간이 아닌가! 모두가 동등한 인간이며 이들로 인해 일어나는 갈등이나 불평등, 차별 등이 있다면 이것을 해소하는 방법으로 유머가 제격이다. 물론 대통령이나 영부인 등 최고위층의 사람들이 스스로를 낮추면서 인간적으로 나오는 경우에는 지위격차의 급격한 해소가 웃음을 주기도 한다. 그러나 그렇게 하기란 쉽지 않다. 따라서 대부분은 보통사람들이 그들의 가식이나 위선 등을 소재로 삼아 풍자유머를 함으로써 웃음으로 평등을 지향한다. 양반 중심사회를 다양하게 매치는 판소리의 사설이나, 군사독재시대에 유행하던 참새 시리즈, 사오정 시리즈, 최불암 시리즈, 전국의 장터를 떠돌며 흥을 돋우는 품바도 사람들의 억압된 마음을 풀어주는 긍정적 역할을 하는 유머이다.

### ◡ 어느 목회자의 때늦은 후회

- 설교를 했다. 바로 앞에 있는 젊은 신도가 꾸벅꾸벅 존다. 목회자는 그 옆에서 열심히 설교를 듣고 있던 할머니 신도에게 부탁했다. "신도님, 옆에 있는 젊은이 좀 깨워주세요." 그러자 할머니가 젊은이를 흔들어 깨웠다. 그러면서 할머니가 나지막하게 한마디를 한다. "재우기는 지가 재워놓고 깨우기는 나보고 하라니…."
- 목사가 좋아하는 골프를 했다, 홀인원이었다. 그런데 자랑을 못했다. 일요일이었기 때문이다.
- 목사가 껌껌한 밤중에 혼자 제주도 주상절리 구경을 나갔다. 경치에 빠져 있다가 그만 발을 헛디뎌 절벽으로 미끄러졌다. 순간 두 손을 뻗어 간신히 바위를 붙들었다. 다급해서 기도를 했다.

  (목사) "하나님 저는 목회자입니다. 살려주십시오." 그러자 하늘에서 "손을 놓아라" 하는 소리가 났다. (목사) "뉘신데요?" (하느님) "나 하느님이다." (목사) "살려주십시오." (하느님) "나를 믿느냐? 믿는다면 손을 놓아라." 아무 말이 없다. 손을 놓으면 바로 절벽으로 떨어져 죽을 것이라는 생각이 들었기 때문이다. 기어들어가는 소리로 목사가 말했다. "두 손을 놓으면 죽어요." (하나님) "나를 믿는다면 내 말대로 하여라." 아무 말이 없다. 목사는 한참 있다가 위에다 대고 소리친다. "거기 하나님 말고 누구 없어요? 살려주세요." 사실 손을 놓았어도 바로 50센티 아래가 절벽을 다시 올라올 수 있는 곳이었는데….
- 신부와 목사가 골프를 했다. 보기가 나자 목사가 "디발 돗가티 안

맞네"라고 한다. 신부로서 듣기가 거시기하여 목사에게 "성직자가 품위를 지켜야지요. 욕을 하면 됩니까?" 하며 나무란다. 그런데 목사가 친 골프공이 이번에는 벙커에 빠지고 말았다. 또다시 "디발 돗가티 안 맞네"라는 말이 튀어나왔다. 그러자 신부님이 "목사님, 다시 한 번만 더 욕을 하면 하나님께 벼락을 때리도록 지금 기도합니다. 각오하세요." 그런데 18번 홀에서 목사가 친 골프공이 그만 연못에 빠지고 말았다. 목사는 자기도 모르게 "디발 돗가티 안 맞네"라고 뱉어내고 말았다. 그 순간 하늘에서 벼락이 떨어졌다. 그런데 목사가 아니라 신부가 벼락을 맞고 쓰러졌다. 깜짝 놀란 목사가 "하나님, 이게 어떻게 된 일입니까?" 그러자 하늘에서 한마디, "디발 돗가티 안 맞네."

- 목사가 골프 약속에 시간을 대기 위해 급히 총알택시를 탔다. 그런데 그만 교통사고가 나서 택시기사와 목사 둘 다 죽고 말았다. 하나님이 둘을 세워놓고 심판을 했다. 택시기사에게는 천국 1등급 처소로 가는 통행권을 주었다. 그런데 목사에게는 천국 5등급 처소로 가는 통행권을 주는 것이 아닌가! 목사가 항의를 했다. 그러자 하나님이 목사의 공적조서를 보면서 조목조목 잘못을 이야기한다. "설교 때 신도를 졸게 했고, 일요일에 나를 배신하여 골프를 쳤고, 주상절리에서는 나를 믿지 않았고, 골프 하면서 욕설을 하여 나까지 실수하게 만들었지 않은가. 그런데 총알택시 기사는 모든 손님들로 하여금 "졸지 못하게 하고 제발 무사히 도착하게 해달라"며 열심히 기도하게 만들었다. 그래도 네가 목사여서 지옥으로

보내지 않고 천국으로 보내주는 것이다."

### 너 같은 놈 모으느라고 시간이 좀 걸렸지(착각은 자유)

홍길동은 마누라 몰래 바람을 피웠다. 그래도 양심에 가책이 생겨 참회의 기도를 하였다. 하나님께서 "이번만은 용서해주지만 앞으로 또다시 바람을 핀다면 너는 죽음을 면치 못할 것이다"라고 경고하였다. 그런데 몰래 한 번 또 바람을 피웠는데 안 죽는 것이 아닌가! '하나님도 뻥을 치는구나' 생각하며 마음 놓고 수차례 더 바람을 피웠다. 그러다가 어느 날 섬으로 놀러가려고 배를 타게 되었는데 바다 한가운데서 갑자기 폭풍우가 몰아치는 것이 아닌가! 길동은 '내가 하나님의 말을 안 들었더니 드디어 죽는구나' 하고 생각했다. 그런데 이 배에는 다른 사람들도 50여 명이 타고 있지 않는가! 하나님께서 나만 죽게 할 수는 없을 것이 아닌가! 그래도 겁이 나서 하나님께 "제가 바람을 피워서 이렇게 된 것입니까?" 하고 묻자 하나님이 "그렇다." "그런데 다른 사람은요? 그리고 바람 몇 번 피웠어도 지금까지는 아무렇지도 않았는데…" 하자, 하나님께서 "너 같은 놈 50명 모으느라고 시간이 좀 걸렸지!"

### 공원에서 넘어졌다

신부에 있어 고해성사 내용 중 제일 듣기가 거시기한 것이 바로 남녀 간 거시기했다는 것이다. 그래서 신부는 미사를 보면서 앞으로 고해성사할 때 남녀 간 거시기했다는 것은 듣기가 거시기하니 "공원에서 넘어졌다"라고 하면 내가 알아듣고 처리하겠다고 하였다. 그다음부터 남녀 데이트는 "공원에서 넘어졌다"로 통일되었다. 그런데 그 신부가 다른 곳으로 전근 가고 새로운 신부가 부임했다. 새 신부가 고해성사를 들어보니 "공원에서 넘어졌다"라는 이야기가 많이 나왔다. 그래서 시장이 베푸는 환영만찬 후 차를 마시면서 "신도들이 넘어지지 않도록 공원 가로등을 LED로 바꿔달라"고 부탁했다. 시장은 그 말을 듣고 박장대소했다. 왜냐하면 "공원에서 넘어졌다"라는 말의 의미를 알고 있기 때문이었다. 하도 박장대소하자 신부가 정색을 하며 "시장님, 웃을 일이 아닙니다. 시장님 사모님도 두 번이나 넘어졌단 말이에요!"

### 하나님 오신다: 엄마의 임기응변

다섯 살 난 아들이 엄마에게 "동생 만들어줘, 동생은 어떻게 만들어지는 거야?"라고 묻자 당황한 엄마가 우선 둘러댄다. "하나님께서 만드신단다." 저녁 때 퇴근하는 아빠가 현관에 들어오자마자 아들이 뛰어가며 하는 말, "하나님 오신다."

### 땡중의 경 읽기

땡중이 가게에 와서 반야심경을 외며 시주를 하라고 하는데, 가만히 들어보니 완전 엉터리 염불이다. "관자재보살…" 그다음부터는 우물쭈물 우물쭈물. 그러자 가게 주인이 관자재보살 그다음이 안 들린다고 계속해보라고 하자 땡중왈, "… 그다음부터는 보살님이 하시죠"

란다.

### 바닥에 깔아

저녁 12시경 24시 식당에 스님 몇 분이 와서 냉면을 시킨다. 홀 서빙을 담당하는 알바생이 고기를 먹지 않는 스님들을 생각하여 "죄송하지만 냉면의 고기와 찐 달걀은 어떻게 하지요? 빼고 드릴까요?" 하고 묻자 스님들 이구동성으로 "바닥에다 깔아!"

### 내로남불이야

이제 마흔이 된 여고 동창 셋이서 골프를 하다 그만 벼락을 맞아 세 사람이 모두 죽고 말았다. 셋이서 나란히 염라대왕 앞에서 심판을 받는다. "이실직고하라, 너는 여기 오기 전 어떻게 살았느냐?"

첫 번째 여인은 "결혼 전에도 순결을 지켰고 결혼 후에도 일부종사, 현모양처로서 한 점 부끄럼 없이 살았습니다"라고 대답한다. 그러자 염라대왕이 "이 열쇠는 천국 1등급 방으로 가는 열쇠니라" 하면서 황금열쇠를 준다.

두 번째 여인은 "결혼 전에는 조금 놀았지만 결혼 후에는 일부종사, 현모양처로 살았습니다"라고 대답한다. 그러자 염라대왕이 "이 열쇠는 천국 2등급 방으로 가는 열쇠니라" 하면서 은 열쇠를 준다.

세 번째 여인은 "한 번 사는 인생인데 결혼 전에도 여러 사람과 어울렸고 결혼 후에도 이 남자 저 남자 최대한 사귀며 살았습니다"라고 대답했다. 그러자 염라대왕이 화난 표정을 지으며 "너는 이 열쇠를 가지고 가라"며 구리 열쇠 하나를 준다. 그래서 세 번째 여인이 "이것은 어느 방으로 가는 열쇠입니까?" 하고 물어보자 염라대왕이 "어허, 이 열쇠는 내 방으로 가는 열쇠니라".

### 카네기: 할아버지 손이 더 크다

카네기가 어렸을 때의 이야기다. 어머니 손을 붙잡고 과일가게에 갔다. 그가 가만히 서서 뚫어져라 딸기를 쳐다보자 주인 할아버지가 한 움큼 집어 먹어도 된다고 했다. 카네기는 계속 쳐다만 보았다. 그러자 할아버지가 자기 손으로 딸기를 한 움큼 덥석 집어서 주었다. 나중에 어머니가 "얘야, 할아버지가 집어 먹으라고 할 때 왜 안 집어 먹었니?"라고 묻자 "엄마, 내 손은 작고 그 할아버지 손은 크잖아요".

### 아인슈타인: 내가 어디로 가는지?

기차 여행 중이던 아인슈타인이 자신의 기차표가 없어졌다는 사실을 알았다. 그때 차장이 승객들의 승차권을 검사하려고 다가왔다. 표가 없어졌다고 하는 아인슈타인에게 차장이 말했다. "선생님이 누구인지 잘 압니다. 틀림없이 표를 사셨을 겁니다. 걱정 마세요." 아인슈타인은 빙그레 웃으며 고맙다는 표시를 했다. 그런데도 이 위대한 물리학자는 바닥에 엎드려 좌석 아래를 계속 살피는 것이 아닌가! 차장은 "박사님, 걱정하실 것 없다니까요. 전 선생님이 누구신지 잘 알고 있습니다"라고 거듭 말했다. 그러자 아인슈타인이 말했다. "내가 누군지는 나도 알아요. 그런데 내가 지금 어디로 가는 길이었는지 모르겠단 말이오."

### 슈바이처: 4등 칸이 없어요

슈바이처 박사가 모금 운동을 위해 오랜만에 고향에 들렀다. 수많은 사람들이 그를 마중하러 역에 나왔다. 그가 1등 칸이나 2등 칸에서 나오리라 생각했던 사람들의 예상과 달리 슈바이처 박사는 3등 칸에서 나타났다. 사람들이 왜 굳이 3등 칸을 타고 왔냐고 묻자 박사는 빙그레 웃으며 대답했다. "이 열차엔 4등 칸이 없더군요."

### 피카소: 나의 그림 값은?

2차 대전 이후 피카소의 그림 값이 폭등했다. 한 부유한 부인이 그의 작업실을 방문해서 추상화를 보고 물었다. "이 그림은 무엇을 표현하고 있습니까?" 피카소가 말했다. "20만 달러를 표현하고 있습니다." 그림이란 감상하는 사람마다 그 느낌이 다르지요. 자신의 느낌이 없다면 그 사람은 영혼이 없는 것이겠죠.

### 이안 플레밍: 굿 이브닝

007 제임스 본드의 원작자 이안 플레밍이 점심 때 개최된 한 행사에 참석해 연설을 하기로 되어 있었다. 그의 순서는 어느 정부 관리의 연설 다음이었다. 그런데 그 관리의 연설이 너무 장황했다. 드디어 그 정부 관리의 연설이 끝나자 이안 플레밍이 일어서더니 자신의 시계를 쳐다보고는 이렇게 인사했다. "굿 이브닝."

### 시인 로버트 프로스트: 비즈니스는 식후에

〈가지 않는 길〉이라는 유명한 시를 지은 로버트 프로스트는 어느 파티에서 그와 함께 초대받은 손님들과 더불어 베란다에서 일몰을 보고 있었다. 젊은 여성이 감탄하며 프로스트에게 말했다. "일몰이 정말 멋지지 않나요?" 프로스트가 대답했다. "미안합니다, 전 저녁 먹은 후에는 비즈니스 얘기는 안 합니다…."

### 음악가 보로딘: 우리 집은 멀어서

러시아의 국민악파인 알렉산드르 보로딘은 음악가이면서 유기화학 교수이자 러시아 육군 장교였다. 그래서 늘 일에 쫓겨다녔는데, 건망증이 심해서 애를 먹었다. 어느 날 그는 파티가 채 끝나기도 전에 외투와 모자를 집어 들었다. 그러자 한 친구가 놀라서 물었다. "어디에 가려고 그러나, 알렉산드르?" 그러자 알렉산드르는 다급히 대답했다. "응, 집에 가려고 그래. 우리 집은 너무 머니까." 손님들은 어이가 없었다. 보로딘 자신의 집에서 열린 파티였기 때문이었다.

### 모차르트: 나는 묻지 않았다

모차르트가 어느 날 음악 애호가의 집을 방문했다. 그 집의 열두 살 난 아들은 피아노 신동으로 불렸다. 그 소년은 모차르트에게 얼른 질문했다. "저는 작곡을 하고 싶습니다. 무엇부터 시작해야 하는지 가르쳐 주십시오." 그러자 신동이라는 말을 싫어했던 모차르트가 이야기했다. "너는 너무 어리다. 난 그 말밖에 해줄 수 없다." 그러자 소년은 매우 불만스럽게 말했다. "하지만 선생님께서는 더 어려서부터 작곡을 하시지 않았습니까?" 모차르트가 말했다. "하지만 나는 어떻게 해야 좋을지 아무에게도 묻지 않았다."

### 바이올리니스트 파가니니: 공짜로 내 연주를 들으려고?

'바이올린의 신'이라는 별명으로 유명한 니콜로 파가니니는 매우 인색한 사람이었다. 인기 절정에 있던 한 여가수가 그와 결혼하고 싶어 무척 애를 태우고 있었다. 누군가가 그 이야기를 파가니니에게 슬쩍 귀띔해주었다. 파가니니는 펄쩍 뛰었다. "절대로 안 돼! 결혼이라니. 공짜로 내 바이올린 연주를 들으려고? 얌체 같으니라고."

### 아인슈타인: 내 강의를 기사가 하다니!

아인슈타인 박사가 노벨상을 탄 후, 수백 군데 미국 대학 순회 특강을 한참 다니다 보니 어느 날은 너무 피곤했다. 운전기사에게 "너무 피곤해서 강의하기 정말 싫다"라고 하자 기사가 뜻밖의 제안을 한다. "교수님, 이 대학은 워낙 시골이니 제가 대신 강의를 해볼까요?" "아니, 어떻게 자네가 강의를 한단 말인가?" "왜 서당 개 3년에 풍월한다는 속담이 있지 않습니까? 제가 교수님 강의를 수백 번 들어 달달 외우고 있으니 걱정하지 마십시오. 그리고 이 대학은 워낙 시골대학이라 아무 문제가 없을 것입니다." 그래서 아인슈타인은 기사가 되고 기사는 아인슈타인이 되어 강의를 하였다. 강의를 들어보니 기사가 너무 잘하는 것이 아닌가! '그래도 질문이 나오면 당황하겠지' 하며 적이 걱정되었다. 드디어 우레와 같은 박수를 받으며 강의가 끝났다. 그리고 질의응답이 시작되었다. 한 학생이 질문하자 아인슈타인이 된 기사가 능청스럽게 "혹시 이 대학은 좀 참신한 질문이 나올까 기대했는데, 역시 아니군요. 이 정도 질문 같으면 똑같은 질문을 수백 번 들은 바 있는 내 기사도 충분히 답변할 수 있을 것입니다. 기사(Mr. Driver), 답변 한번 해봐요!" 그러자 기사(아인슈타인)가 깜짝 놀라 일어서며 일사천리로 답변을 하는 것이 아닌가! 두 번째 질문도 기사 수준이라고 하며 기사가 답변을 해버리자 더 이상의 질문은 나오지 않았다.

### 이상재 선생 유머

이상재(李商在, 1850-1927, 본관 한산(韓山), 호 월남(月南), 충남 서천(舒川) 출생) 선생은 정치가이며 사회운동가이다. 조선교육협회 회장, 조선일보 사장, 신간회(新幹會) 초대 회장 등을 역임했다.

- **동경으로 이사하시오:** 통감정치 시대(한일합방 직전) 이완용, 송병준 등 매국노들을 만나 "대감네들은 동경으로 이사 가시지요" 하자, "그건 무슨 소리요?" "대감네들은 나라를 망하게 하는 데는 천재들이니까 동경에 가면 일본도 망할 게 아니오?"
- **일본여권으로는 천당도 안 간다:** 1922년 민립대학 설립 운동 시 어느 미국인 선교사가 귀국 길에 하와이에 같이 가서 기금을 모집하자고 제의했으나 월남은 거절했다. "나는 일본 여권으로는 천당에서 오라고 해도 가지 않겠소."

- **젊은 사람더러 노인 되라 하면 되겠소?**: 젊은 사람과 허물없이 농담하고 장기 두는 것을 보고, 아이들이 버릇이 없어진다고 충고하는 친구가 있었다. "내가 젊어져야지 젊은이더러 노인이 되라면 어떻게 하겠소?"
- **칼로 일어선 자는**: 일본인이 자기네 병기창을 구경시켜주고 선생에게 감상을 물었다. "과연 일본이 막강하다는 것을 알겠소, 그러나 칼로 일어선 자는 칼로 망한다는 말이 있으니 그것이 걱정이오."
- **시국강연회**: "방금 보고 온 이야기를 하나 하겠습니다. 내가 이곳으로 오는 도중에 호떡 한 개를 가지고 두 아이가 서로 싸우고 있는 것을 보았습니다. 한 아이는 중학생이고, 한 아이는 소학생이었는데 소학생이 가진 호떡을 중학생이 빼앗아서 처음에 별 떡을 만들어준다고 하면서 조금씩 먹기 시작하다가 소학생이 울면서 앙탈을 하니까 이번에는 달떡을 만들어준다고 모난 데를 돌려가면서 뜯어먹었습니다. 결국 중학생이 꾀를 부려서 소학생의 호떡을 다 먹어버리니까 소학생은 어처구니가 없어서 울고만 있더군요…." 청중들이 그 뜻을 알아차리고 박수를 쳤고, 일경이 강연을 중지하도록 하고 산회시켰다.

### 아들과 엄마의 대화

아들: 엄마 나 학교 가기 싫어요!

엄마: 애야, 학교를 안 가면 어떡해. 어서 학교에 가.

아들: 학교만 가면 아이들도 담임선생님도 교장선생님도 다 나를

왕따 시킨단 말이야.

엄마: 이 녀석아, 네가 교감인데 학교를 안 가면 어떡하니!

**비뇨기과 병원에 70세의 할아버지가 상담차 들렀다**

의사: 아주머니, 임신이십니다.

아주머니: 재혼이어서 남편이 나이가 많아, 꾸불꾸불 들어오는 데 임신되는군요?

의사: 남편이 몇 살이신가요?

아주머니: 70이 넘었습니다.

의사: 그렇다면 임신되기가 상당히 어렵습니다만….

그러자 아주머니가 약간 얼굴이 붉어지며 나간다. 의사가 궁금하여 아주머니의 남편에게 들어오도록 했다.

의사: 할아버지가 남편 되시군요?

할아버지: 그렇습니다.

의사: 임신이네요, 축하드립니다. 대단하시네요.

할아버지: 응…. 아~ 글쎄… 내 나이 70에 20살짜리랑 새장가를 갔잖어. 근데… 우리 귀염둥이가 임신을 덜컥 한 거야. 아참… 내가 아직도.

의사: (입맛을 쩝쩝 다시며…) 할아버지, 제가 옛날 얘기 하나 해드릴까요?

할아버지: 응…, 해봐!

의사: 옛날에 어느 동네에 아주 기가 막힌 명포수가 있었답니다. 백 발짝 떨어진 곳에서도 간장 종지를 백발백중으로 맞췄답

니다. 그런데 하루는 사냥을 나갔는데 원숭이도 나무에서 떨어질 때가 있다고 하지 않아요…. 글쎄 이 포수가 총 대신에 빗자루를 가지고 간 겁니다.

할아버지: 저런…, 얼빠진 놈… 쯧쯧…. 그래서?

의사: 숲을 이리저리 헤매다가 드디어 집채만한 곰을 떡 발견한 거죠…. 해서 이 포수는 망설임도 없이 곰 옆으로 살살 다가가서 멋지게 빗자루를 팍 꺼내며 땅! 하고 쐈더랍니다.

할아버지: 저런….

의사: 할아버지, 어떻게 되었겠습니까?

할아버지: 곰한테 잡아먹혔겠지.

의사: 아닙니다…. 포수가 빗자루를 총인 줄 알고 땅! 쐈더니 곰이 팍~ 쓰러져 죽더랍니다.

할아버지: 에이~ 말이 되는 소리를 해야지. 딴 놈이 쐈겠지.

의사: (무릎을 팍! 치며) 제 말이 그 말입니다.

### 항상 돈을 버는 의사

돈 좋아하는 어느 의사가 기발한 아이디어를 냈다. 그는 병원 입구에 이렇게 간판을 달았다.

'단돈 100만 원으로 모든 병을 고쳐드립니다. 실패할 경우 1,000만 원으로 돌려드립니다.' 그걸 보고 한 엉큼한 사람이 1,000만 원을 쉽게 벌 수 있을 거란 생각에 이 병원에 들어갔다.

환자: 미각을 잃었어요.

의사: 간호사! 22번 약을 가져와서 이 환자분의 혀에 세 방울 떨어뜨리세요.

간호사는 의사의 말대로 했다.

환자: 웨~엑, 휘발유잖아요!

의사: 축하드립니다! 미각이 돌아오셨네요! 100만 원 내세요!

짜증이 잔뜩 난 채로 100만 원을 내고 갔다. 며칠 후 그는 변장하고 다시 이 병원을 찾았다.

환자: 기억력을 잃어버렸어요. 아무것도 기억나지 않아요.

의사: 간호사, 22번 약을 가져와서 혀에 세 방울 떨어뜨리세요.

환자: 22번이라니? 그거 또 휘발유잖아욧!

의사: 축하합니다! 기억력이 되돌아왔네요! 치료비 100만 원입니다.

이를 악물고 돈을 냈다. 그는 완전히 외모를 바꾼 다음 다시 그곳을 찾아갔다.

환자: 시력이 너무 약해져서 윤곽밖에 보이질 않아요.

의사: 안타깝게도 적합한 약이 없네요. 저희 병원에서는 못 고칩니다. 1,000만 원으로 돌려드리겠습니다.

이 말과 함께 의사는 1,000원짜리 지폐 한 장을 내밀었다.

환자: 잠시만요! 이건 1,000원짜리잖아요!

의사: 축하합니다, 시력이 돌아왔네요! 치료비 100만 원 되겠습니다.

### 헛다리 짚은 직업정신

항문 전문외과 의사인 홍길동이 모임이 있어 어느 식당에 갔다. 서비스를 하는 웨이터가 치질이 있는지 엉덩이를 씰룩거리면서 다가온다. 홍길동이 웨이터를 조용히 불러서 "혹시 치질 있어요?"라고 묻자 웨이터 역시 조용히 대답한다. "저희는 메뉴에 있는 것만 파는데요."

### 개업 의사의 허세

막 개업한 개인병원에 첫 손님이 들어왔다. 병원 원장은 손님이 많다는 것을 보여주려는지 전화기를 들고, 손님이 들을 수 있도록 큰 소리로 "지금 손님이 와서 조금 있다 바로 전화드리지요"라며 전화를 끊는다. 그러면서 점잖게 "환자분 어디가 아프신가요?" 하고 묻는다. 그러자 그 손님이 하는 말, "전화 개통하러 왔는데요."

### 이 하나를 빼는 값은?

한 사람이 치과에 가서 이 하나를 빼는 데 치료비가 얼마냐고 물었다. 의사가 2만 원이라고 대답하자 그 사람은 깜짝 놀라며 말했다. "아니, 뽑는 데는 1분도 걸리지 않는데 왜 그렇게 비싸죠?" 그러자 의사가 대답했다. "물론 환자분이 원하시면 아주 천천히 뽑아드릴 수도 있습니다."

### 중국산이라 다 그래요

교육감이 초등학교 교실에 수업 참관을 하러 들어왔다. 교육감 왈,

"이게 뭐야! 왜 이 지구본이 기울어져 있어요?" 그러자 담임선생, "어제는 안 그랬는데 이상하네요." 담임 옆에 있던 교감 선생은 자기 책임은 아니라며 "사올 때는 안 그랬는데…." 그 말이 떨어지자마자 총책임자인 교장 선생, "요즘 중국산이라 다 그렇습니다. 예예, 제 방에 있는 것도 그래요."

### 영업부장의 허세

회사 영업부장이 영업부 회의에서 저조한 영업실적을 두고 직원들을 심하게 나무랐다. "지금까지 여러분이 달성한 초라한 실적은 무엇으로도 변명이 안 됩니다. 여러분이 그만둬도 영업할 사람은 얼마든지 있습니다. 기회만 닿으면 뛰어들 사람이 줄을 섰어요." 이어 영업부장은 자신의 말을 확인하려는 듯 프로 축구선수 출신의 영업사원에게 물었다.

"축구 경기에서 성적이 아주 안 좋을 때는 어떻게 합니까? 선수를 교체하지 않나요?" 이 말에 분위기는 급속하게 싸늘해졌다. 잠시 뒤 선수 출신 직원이 입을 열었다. "팀 전체에 문제가 있을 경우 보통 감독을 갈아치우지요…."

### 나는 무슨 파?

조폭 두목들이 모여서 자기 세를 과시하고 있었다. "난 막가파다." "난 지존파다." "난 용팔이파다." 그때 조폭들 뒤에서 그 모습을 구경하던 할머니에게 조폭이 말한다. "할머니는 뭐요?" "나? 노파." 라면에 양파 넣기를 좋아하는 노파다.

### 번호를 뽑아오세요

조폭이 주차위반에 걸려 벌금 내려고 은행에 갔다. 벌금 내려 왔다고 하니 여직원이 친절하게 번호를 뽑아오란다. 조폭은 할 수 없이 차에 가서 앞 번호판을 간신히 떼어가지고 왔다. 창구 여직원에게 번호판을 내밀자 "번호표 좀 주세요. 번호표는 뽑으셨나요?"

### 다시다시

조폭이 엄마 생일이라 하여 돈을 좀 송금하려고 은행에 들렀다. 그런데 계좌번호를 적어둔 수첩을 집에 두고 왔다. 부하가 수첩을 찾아 번호를 부른다. "123 다시 456 다시…." 그러자 조폭이 "야, 계속 왜 다시야? 다시 하지 말고 한 번에 불러."

### 어디로 가야 후회를 안 할까?

동경 부근의 '닛꼬 기누가와온센'이라는 곳에 가니 노천탕(로텐부로)이 있었다. 혼탕이 있지 않은가! 그러나 우리 일행 세 사람은 갈림길에서 멈출 수밖에 없었다. 왜냐하면 왼쪽으로 가면 별탕이고 오른쪽으로 가야 혼탕이었기 때문이다. 이때 내가 한마디를 했다. "우리 후회할 일은 하지 맙시다." 이 말이 떨어짐과 동시에 세 사람은 아무 말없이 혼탕 쪽으로 걸어갔다.

### 그냥 살자!

만날 "야, 너" 하던 남편 홍길동이 부인에게 앞으로 존댓말을 쓰겠다고 하자 부인은 기분이 좋아 뭐든지 시키는 것을 다 들어주겠다고 했다. 그 뒤로 홍길동이 계속해서 "여보, 재떨이를 좀 주세요! 여보, 담배 좀 사오세요! 여보, 양말 좀 갖다주세요" 하면서 꿈쩍도 하지 않았다. 참다 못한 부인이 한 말, "야 인마, 존댓말 하지 말고 그냥 살자!"

### 기초 실력이 있어야: 초중등학교 교육이 중요

서로 싸우다 교무실에 불려온 학생들에 대해

- 국어선생님: 이것들이 주제도 모르고 쯧쯧….
- 수학선생님: 분수를 알아야지 무리수를 두다니….
- 체육선생님: 그것도 발길질이라고 하냐?
- 음악선생님: 말리지는 못할망정 서로 장단 맞추냐?
- 세계사선생님: 니들이 싸운다고 세상이 변하냐?

### 네 자신을 알라: 사람 좀 되어라

회식이 있다고 하니 마누라가 말린 쑥을 주면서 쌈을 싸 먹을 때 몸에 좋으니 꼭 마늘과 함께 넣어서 먹으란다. 회식 때 옆에서 그것을 보던 과장이 뭘 그렇게 넣어 먹느냐고 묻는다. "이것은 마누라가 준 쑥인데 마늘이랑 같이 먹으면 좋다고 해서…." 그 말을 듣자 과장이 큰 소리로 웃는다. "그거 사람 되라고 하는 거야!" 아니, 이럴 수가!

### 이쁘고 돈 있는 여인인가, 강하고 부자인 여인인가?(성급하면 모래성)

기묘한 씨가 램프를 만지자 요정이 나와서 소원 한 가지를 들어 주겠다고 말하는데, 조건은 '한마디'만 말해야 한다는 것이다. 기묘한 씨가 돈 많은 멋진 여자와 결혼하겠다는 소원을 한 가지로 줄여서 "돈여자와 결혼"이라고 말하자 결국 "미친 여자와 결혼"하게 되었다. 그다음에 기회를 붙잡은 이상한 씨, 힘도 세고 부자인 사람과 결혼시켜달라는 소원을 빌자 "강부자와 결혼하라"고 하네.

### 마징가 Z

젊은 여선생 강길자는 퇴근하는 길에 방향이 같다는 교장선생님을 조수석으로 모셨다. 신호등에서 차가 멈추자 교장선생님이 조용히 한마디한다. "마징가?" 엉뚱한 질문에 선뜻 대답하기가 쉽지 않아 속으로 '교장선생님이 웬 마징가를?' 하며 생각만 하다가 그냥 갔다. 그런데 다음 신호등에서 차가 멈추자 또 교장선생님이 나지막하게 "마징가?"라고 하지 않는가! 할 수 없이 강 선생도 낮은 목소리로 "제트(Z)"라고 답했다. 사실 교장선생님이 물어본 것은 첫째인지 둘째인지를 묻는 것이었는데….

### 간디와 피터스 교수

- 피터스 교수가 간디와 함께 식사하는 것은 돼지와 새가 함께 식사하는 꼴이라고 하자 간디가 대뜸 "제가 다른 곳으로 날아가지요."
- 교수는 간디가 쓴 답안지에 점수를 0점으로 매겼다. 그러자 간디

가 "점수는 없고 교수님의 사인만 있네요."

- 교수가 간디에게 돈과 지혜 자루 중 선택하라고 하자 돈 자루를 선택했다. 교수가 자기 같으면 지혜 자루를 선택할 텐데 참 어리석다고 말하자 간디, "저는 제게 없는 것을 선택한답니다."

### 쌀 대책이 아니라 살 대책

(국정감사에서 국회의원) "농협중앙회장은 쌀 수입에 대한 대책을 말하시오." 이에 대해 경남 출신인 농협 회장, "살 수입에 대해…." 그러자 국회의원이 "회장님, 살이 아니라 쌀입니다." (쌀이라는 발음이 안 되는 농협 회장) "알았습니다. 살 수입은…." (다른 의원) "중앙회장이 '쌀'이라고 못하고 만날 '살'이라고만 하니 쌀 대책이 아니라 쌀을 살 대책만 나오는 것 아니오?"

### 저 내일 그만둡니다

부장님 유머는 흔히 공산품유머라고 한다. 부장님 유머의 특성은 유머를 자기 것으로 소화하지 못한 상태에서 앵무새처럼 옮기면서 부원들에게는 웃어줄 것을 강요하는 특성을 가진다. 즉, 유머에 권력이 개입하는 것이다. 어느 날 직원 한 명이 부장님 유머에 감히 웃지 않는 것이 아닌가! 분명히 뒤끝이 장난이 아닐 텐데…. 나중에 그 이유를 물어보니 "저 내일 이 회사 그만둡니다."

### 당신 27살 맞아?: 상식적으로 생각해야

평일이었다. 사람이 아무도 없는 국립공원 연못가 수풀에서 갑자기 나이가 60 가까이로 보이는 아줌마가 나타났다. "청년! 내가 본래 선녀인데, 젊은이가 나와 사랑만 나눠준다면 하늘나라로 갈 수 있으니 소원 한 번 들어주게나"라고 애원한다. '죽은 사람 소원도 풀어준다는데' 하는 생각에서 사랑을 나눴다. 그런데 그 아주머니가 선녀로 변하지 않는다. 아주머니가 조금 부족한 것 같다면서 한 번만 더 사랑을 해달란다. 그렇게 두 번을 해주었는데 역시 선녀가 되지 않는다. 그제야 청년이 "아니, 당신은 선녀가 아니지요?"라고 하자 그 아주머니, "청년 나이가 몇이지?" "스물일곱"이라고 하자, "아니 스물일곱 살이나 먹은 여석이 아직도 그런 이야기를 믿어?"

## 그게 뭐더라?

내가 혹은 상대가 착각, 건망증, 치매기를 보이면 유머는 물을 만난 물고기처럼 성공한다. 유머로 볼 때 무주공산이다. 모두가 전후 맥락을 잊어버리기 때문에 엉뚱한 결말이 튀어나오면 그냥 웃고 마는 것이다. 방문 앞에 서 있는 내가 지금 들어가려고 하는지 아니면 나가려고 하는지를 누가 알 수 있으랴.

### 앙드레 김의 아들

앙드레 김과 그의 아들은 유럽에서 패션쇼를 하기 위해 비행기를 탔다. 어린 아들은 기내에서 떠들었다. "좌~알쓰, 떠들면 안 돼요." 그러나 그의 아들은 계속해서 떠들어댔다. "좌~알쓰, 조용히 해야 해요…." 지나가던 스튜어디스 '역시 앙드레 김은 아들의 이름도 국제적으로 짓는구나' 생각하며 그의 아들에게 물었다. "네 이름이 좌~알스니?" 하고 묻자, 아들이 "아니요. 철수인데요."

### 부부싸움이 끝나는 날, 내 세상도 끝났다

한 남자가 매우 슬픈 표정을 지으며 술집에서 혼자 술을 마시고 있었다. 그는 아무런 말도 없이 술만 마셨다. 이에 궁금했던 마담이 "무슨 일 있으세요?"라고 물었다. 그러자 그 남자는 한숨을 내쉬며 힘없이 말했다. "지난달에 집사람과 좀 다퉜었습니다. 그리고는 한 달 동안 서로 말도 하지 말자고 약속했어요. 그런데… 그 평화롭던 한 달이 오늘로 끝나거든요…."

### 나는 꼽사리인가 픽사리인가?

다섯 마리의 피라미가 대장의 연락을 받고 급히 물가로 헤엄쳐갔다. 그런데 대장이 보니 한 마리가 더 많은 게 아닌가! "너는 뭐야" 하고 묻자 "저는 꼽사리인데요"란다. 그런데 이제 보니 또 한 마리가 숨을 헐떡이며 온다. "너는 또 뭐야?" 하고 묻자 그 피라미가 하는 말, "저는 픽사리인데요"란다.

### 신월 현수 무인하고 의사수목, 부부금토란 무슨 뜻일까?

어떤 주부가 있었다. 그녀는 집에서 무료하게 지내는 것이 싫어서 서예나 배워볼 겸 학원에 다니기 시작했다. 그리고 두 달 후 그 주부가 글씨를 써서 거실에 달았다. 남편이 집에 돌아와서 보니 한자로 "新月 現水 無人하고, 醫師水木夫婦金土日이라(신월 현수 무인하고, 의사수목 부부금토일이라)"라고 쓰여 있다. 이것을 본 남편은 이 글의 뜻이 궁금했다. 그래서 아내에게 저 글의 뜻이 도대체 무엇이냐고 묻자, 부인이 "신월, 즉 신세계 백화점은 월요일에, 현수, 즉 현대백화점은 수요일에 무인, 즉 사람이 없고[新世界 百貨店 月曜日 現代百貨店 水曜日 無人], 드라마 〈슬기로운 의사생활〉은 수-목요일에, 드라마 〈부부의 세계〉는 금-토요일에 방송한다(醫師生活 水木 夫婦世界 金土)라는 뜻이라고 하니.

### 염라대왕도 명퇴 당한다

한국인 때문에 여러 번 잘못된 심판을 내린 염라대왕이 드디어 조기명퇴를 신청했다. 즉, ① 저승사자를 시켜 한국 여성을 끌어왔는데 나중에 알고 보니 전혀 다른 사람을 잘못 데려온 것이다. 그 이유는 한국인의 정교한 성형술로 인해 잘못 보아 생긴 일이란다. ② 불지옥을 돈을 들여 리모델링했는데, 한국인들만 들어오면 찜질방에 익숙해서인지 뜨거워서 고통을 받는 것이 아니라 "아이고, 시원하다. 제대로 만들었네" 하면서 오히려 좋아하는 것이 아닌가! 그래서 리모델링 공사가 예산낭비로 지적을 받은 것이다.

## 엉뚱한 답: 생각이 서로 너무 다르다(소통이 없다)

설 명절 TV프로그램에서 단어를 맞히는 게임을 하고 있다.

- (천생연분) 할아버지가 할머니에게 '천생연분'을 다른 말로 설명한다.

  할아버지: 임자와 나 사이.

  할머니: 웬수?

  할아버지: 두 글자 말고 네 글자로.

  할머니: 평생 웬수?

  할아버지: 아니 아니, 좋은 말로 '천'으로 시작되는 거….

  할머니: 아, 천생연분!

- (애창곡) 아주머니가 아저씨에게 '애창곡'을 설명한다.

  아주머니: 당신이 노래방 가면 부르는 것을 세 글자로.

  아저씨: 〈안 동 역〉, 아니면 〈어머나〉?

  아주머니: 노래 말고 세 글자.

  아저씨: (큰 소리로) 도 우 미!

  아주머니: 그거 말고 '애' 자로 시작되는 것.

  그제야 "애창곡"이란다.

- (주차금지) 아주머니가 아저씨에게 '주차금지'를 설명한다.

  아주머니: 집 앞에 차를 대지 말라고 하는 것, 네 글자로.

  아저씨: 차 대지 마.

  아주머니: 아니, 항상 쓰는 거, 다른 말로 네 글자.

  아저씨: 딴 데다 대.

아주머니: 그거 말고.

아저씨: 치워뿌라.

아주머니: 아니고.

아저씨: 뽀사뿐다.

### 이 동네에서 안 살아서 모른다

오랜만에 만난 두 사람이 술에 흠뻑 취했다. 술집에서 나와 둥근 보름달을 쳐다보며 한 친구가 "둥근 태양이다." 그러자 다른 친구가 "저게 달이지 무슨 태양이냐!" 옥신각신하다가 한 사람을 만나 저것이 해인지, 달인지를 물어본다. 그의 대답은 "이 동네에서 살지 않아서 모르겠다"였다.

### 누구를 태워야 가장 좋을까?

버스도 끊어진 밤에 두 사람만 탈 수 있는 차를 몰고 가는데 읍내로 지금 나가야 한다는 친한 친구, 병원에 지금 가야 한다는 마을 할머니, 그리고 이상형의 멋진 아가씨 등 세 사람이 태워달라고 손을 흔든다. 어떻게 해야 좋을까? 결국 그는 자동차를 친구에게 주고 할머니를 병원까지 모셔드리라고 했다. 그리고 그는 아가씨와 함께 시내까지 데이트했다.

### 그는 어디 있을까?

〈독도는 우리땅〉이라는 노래는 5절까지 있다. 더운 여름날 가수가 노래 한 절이 끝날 때마다 옷을 하나씩 벗었다. 5절까지 다 부른 후의 가수의 모습은? 퇴장하여 무대 뒤에 서 있다.

### 사위의 승진

만년 과장에게 장모가 "자네 아직도 승진 못 했나? 자네 밑에는 몇 사람이나 있나" 하고 묻자 "지난달부터 제 밑에 500명이 있습니다." 그 이유는 지난달에 사위의 사무실이 2층에서 20층으로 이사했기 때문이다.

### 생활의 지혜

- 백화점만 가면 아내의 손을 꼭 잡는 이유는? 충동구매를 막기 위해서이다.
- 김씨 성을 가진 여성이 김태희 되는 법은? 이름을 태희로 바꾸는 것이다.
- '저기압인 사람은 고기압으로 오세요'라는 간판은 어느 업종에서 붙인 것인가? 정육점
- 대전에서 가장 높은 대학은 어디인가? '대전 천문대'이다.
- 한국에서 유명하지만 학생이 없는 대표 대학은? 청와대, 해운대, 태종대, 계룡대, 자운대 등이다.

### 거지가 깡통 두 개를 놔두는 이유는?

어떤 거지가 지하철에서 깡통을 두 개 놓고 구걸을 하고 있다. 이

상하게 생각한 행인이 "요즘 경기가 좋아졌나요? 깡통이 두 개나 되니…. (노숙자) "손님, 형편이 좋아진 것이 아니라 경기가 좋지 않아 체인점을 연 것입니다."

### 도둑이다

셜록 홈즈와 왓슨이 캠핑하러 가서 자다가 일어났다. 홈즈가 왓슨을 깨워서 "하늘을 보면 무슨 생각이 나는가?"라고 물었다. 왓슨이 "하늘 · 별 · 달"이라고 하자 홈즈가 갑자기 하는 말, "도둑이 들었다."

### 긴장한 강사: 여자 화장실

담당 김똑순 과장이 "오늘 회사 여직원 특강 강사 홍길동 씨죠? 긴장되시는가 보죠?"라고 하자, 홍길동 씨는 "아니, 괜찮습니다"라고 대답한다. 그러자 김 과장, "그러면 여자 화장실에서 뭘 하고 계신가요?"

### 자전거가 무료

아무리 못하게 해도 사람들이 대문 앞에 자전거를 계속 불법주차를 했다. 결국 집주인이 다음과 같이 대문에 붙였다. "여기 있는 자전거는 무료입니다. 마음대로 가져가기 바랍니다." 그러자 자전거 불법주차가 없어졌다.

### 우주용 볼펜

NASA가 수억 원을 들여 무중력상태에서 사용할 수 있는 볼펜을 개발했다. 이에 대해 아이들의 대답은? “연필로 쓰면 돼요!”

### 예수님의 사랑

예수가 타인에게 보여준 사랑은 어떤 종류였을까? 일반적인 정답은 ‘아가페적인 사랑(또는 아가페)’이지만 엽기적인 답은 “주님만이 아십니다”이다.

### 20년 전에 없었던 것은?

선생님이 중학생들에게 “20년 전에 우리에게 없었던 것 중에 한 가지를 말해보라”고 했다. 그러자 첫 번째 학생은 “휴대전화”, 두 번째 학생은 “아이폰”이라고 답했다. 마지막 학생은 잠시 생각하더니 “저요”라고 말했다.

### 무엇이 비밀인가?

중학교 영어시간에 홍길동이 secret(시크릿)이 뭐냐고 질문한다. 선생이 “비밀이야”라고 하자 다시 또 묻는다. “secret이 뭐라고요?” 선생이 다시 “비밀이라니까 이 녀석아!” 그래서 다시는 묻지 못했다.

### 왜 다시 하라고만 하는가?

어게인이라는 영어 뜻이 뭔지 몰라 맹구가 건너 방에 있는 누나한테 큰 소리로 "누나, 어게인이 뭐야?" 그러자 누나가 "다시" 그래서 맹구가 "누나, 어게인이 뭐라구?" 그러자 누나가 큰 소리로 "다시…."

### 다이어트: 누구의 살이 빠졌을까?

다이어트를 위해 1개월 승마만 하면 체중이 5킬로그램 이상 빠진다는 프로그램에 가입했다. 3개월이나 열심히 승마를 하였다. 그런데 살이 전혀 빠지지 않자 항의를 했다. 그러자 담당자가 하는 말, "참 이상하네요. 고객님의 살은 안 빠지고 말의 체중만 15킬로나 빠져버렸으니…."

### 단서 조항 수는?

A 변호사: 우리나라는 법률에는 '단'이라는 단서 조항이 너무 많아요. 우리나라 법률에 사용되는 '단' 조항이 몇 개나 되는지 아나?

B 변호사: 못되어도 2~3천 개는 되지 않을까?

A 변호사: 실제 세어봤어? 안 세봤으면 말을 말아야지. 거의 3만 개가 된다고 하던데.

C 변호사: 그러면 특별법을 하나 더 만들어서 앞으로는 '단' 자를 쓰지 않도록 하면 좋겠구먼.

## 별것이 다 유머가 되네

유머를 하며 함께 웃어야 할 사람은 바로 가족, 친구 등 가까운 사람들이다. 공자도 가까운 사람이 즐거우면 멀리 있는 사람이 찾아온다는 “근자열이면 원자래(近者悅 遠者來)”라고 했다. 함께 웃는 부부에게서는 이혼이 도망간다. 웃음이 있는 가정에는 성공과 행복이 자리 잡는다. ‘유찾사(유머를 찾는 사람들)’의 눈으로 주변을 보면 재미있는 이야기가 널려 있다. 어떤 직업에서나 어떤 사람에서나 어디에서나 웃음거리가 있는 것이다. 이런 웃음거리를 찾아내서 이야기한다면 삶이 행복으로 가득하게 된다.

### 타협과 절충이 답이다

애꾸눈인 왕이 자기 초상화를 잘 그리면 크게 포상을 하겠다고 했다. 초빙된 최고의 화가는 왕의 초상화를 제대로 잘 그렸다. 그러나 왕은 자신의 초상화가 영원히 애꾸눈으로 걸릴 것이란 생각이 들어 그 그림을 폐기 처리하도록 했다. 두 번째 화가는 처음 화가가 애꾸눈으로 그린 것 때문에 퇴짜 맞았다는 것을 알기에 두 눈을 전부 온전하게 그려서 초상화를 완성하였지만 다시 퇴짜를 맞았다. 왜냐하면 자신이 애꾸눈이라는 것을 다 아는데 두 눈을 온전하게 그린 것은 말이 안 된다고 생각했기 때문이다. 드디어 세 번째 화가가 초상화를 그렸는데 왕이 만족하였다. 그래서 포상까지 받았다. 세 번째 화가는 왕이 한 눈을 감고 사냥하는 멋진 모습의 초상화를 그렸기 때문이다.

### 저기압은 고기압으로(정육점 간판)

"저기압은 고기 앞으로 오세요"라는 고깃집에서 손님 중 한 사람이 "사장님! 고기가 왜 이렇게 질겨요?" 하며 큰 소리로 불만을 터트린다. 주인이 이 말을 듣고 바로 뛰어가서 "손님, 죄송합니다. 이 소는 평소에 운동을 너무 많이 한 것 같습니다. 적당히 운동한 고기로 바꿔드리지요!"

### (한국판) 화성에는 생명체가 살고 있다. 새로운 행성이 발견되었다

- 라스베가스 야경 중 반드시 봐야 하는 것 하나는 프리몬드 스트리트 익스피어리언스이다. 천장의 수많은 LCD판에서는 화상 쇼가 상영된다. 이 LCD판 중 상당 부분이 LG에서 작업한 것이다. 그래서 비행하는 지구 방위 우주선들이 모두 LG 마크를 달고 날아다닌다. 이로 인해 전 세계인들은 금성이라는 이름이 LG로 바뀌었다는 사실을 분명하게 알게 되었다.
- 세계 최대의 라스베이거스 전자 쇼에서 세상에 알려진 또 다른 두 가지의 역사적 사실로는 수성, 금성, 지구, 화성, 명황성 등 이미 알려진 행성 이외에 새롭게 '삼성'이라는 별이 발견되었다는 것이다. 또 화성에는 인간과 똑같은 생명체가 살고 있다는 것이다. 화성 연쇄 살인사건으로 인해 생명체의 존재가 분명해진 것이다.

### 신사용과 숙녀용 화장실의 영어 표시가 다르다

영어라고는 일자무식인 시골 아줌마들이 미국 여행을 갔다. 그들은 남녀 화장실을 구분하지 못하여 우왕좌왕했다. 가이더가 "길게 써진 것(gentleman)이 남자 화장실이고 짧게 써진 것(lady)이 여자 화장실입니다"라고 안내했다. 그런데 다음 휴게소에서 또 문제가 발생했다. 왜냐하면 'WOMAN', 'MAN'이라고 써져 있었기 때문이다.

### 고양이의 2개 국어

고양이에게 쫓기던 쥐가 쥐구멍까지 도착한 뒤, 고양이를 향해 돌아서며 승리의 미소를 지었다. 쥐구멍에 들어간 쥐는 고양이가 떠나기를 기다렸다. 이때 구멍 밖에서 강아지 소리가 들리는 것이 아닌가! 드디어 고양이가 가고 이웃집 강아지가 온 모양이라고 생각하여 살짝 밖으로 나왔다. 그리고는 바로 고양이에게 붙잡혔다. 억울하고 분통해하는 쥐에게 고양이가 하는 말, "글로벌 사회에서 살아남으려면 2개 국어는 해야 하는 거야!" 그 말을 듣고 쥐가 갑자기 자기 몸에 재를 뒤집어쓴다. 고양이가 그 이유를 묻자 "이왕 죽는 거 먹는 고기에 재나 뿌리자"라는 생각이라고.

### 코로나 19

(백신이 동났다) 코로나 19에 대한 백신 개발이 늦춰지자 한국에서는 자체적으로 만든 백신을 사재기하기 시작했다. 여기에서 백신이란 흰 고무신을 말한다. 스님들은 백신을 신고 있어서 코로나 19에 아무도 걸리지 않았던 것이다. (코로나 19 확진자) 코로나 19로 인해 방에 콕 박혀 지내는 방콕 생활을 오래 하다 보니 4킬로까지 확 살이 찐 확찐

자가 늘었다. 그러나 스님들은 백신 덕분에 확찐자가 없다.

(백신이 있다) 코로나 19에 대한 백신 개발이 늦어졌지만 인도 사람들은 코로나 19에 대해 신경을 덜 쓴다. 그 이유는 사람마다 100종의 신을 섬기는 백신을 가지고 있기 때문이다.

(백신은 나다) 코로나 19에 대한 백신 개발이 늦어졌지만 한국의 백씨 성을 가진 사람들은 전혀 걱정하지 않았다. 왜냐하면 백씨 성을 가진 사람들이 믿고 섬기는 신이 자기자신이기 때문이다. 백씨의 자기자신, 즉 백신 보유자이다.

### 메시지를 남겨라

최불암은 홍길동에게 전화를 걸었다. 삐 소리 후에 메시지를 남기라는 기계음이 나온다. 삐 소리를 들은 최불암이 큰 소리로 "메 시지"라고 녹음한다.

### 할머니는 행운의 주인공

한 할머니가 백화점에 들어섰다. 그 순간 갑자기 음악과 박수소리가 울려퍼지며 사람들이 할머니를 에워싸기 시작했다. 잠시 후, 비디오 카메라가 할머니를 촬영하는 가운데 사장인 듯한 사람이 할머니의 손을 잡았다. "축하합니다, 할머니는 저희 백화점을 찾아주신 백만 번째 고객이십니다. 자! 오늘은 어떤 물건을 사러 오셨는지 말씀해 주시겠습니까?" "난 어제 사간 물건을 물리러 왔는데요."

### 사람이 없어서…

근처 백화점에 입점한 루이비통 매장에 들어가려면 사람이 너무 많아 보통 한두 시간씩 줄을 서서 대기해야 한다. 그런데 화요일 오전 백화점 슈퍼에 가다 보니 매장 앞에 아무도 없었다. '아니 이런 일도….' 나는 바로 매장으로 들어섰다. 점원이 만면에 미소를 지으면서 "뭘 도와드릴까요?" 그래서 "괜찮습니다, 줄서는 사람이 없어서 그냥 들어와본 것입니다."

### 어떤 우유를 먹어야 좋은 대학으로?

좋은 대학에 보내기 위해 IQ가 높은 우유를 먹어야 한다. 저지방우유, 건국우유, 연세우유, 서울우유, 아인슈타인 우유, 이도저도 안 되면 매일우유라도 마시자.

### 마돈나 님

음식점에서 친목계 모임을 마치고 총무 아주머니가 계산대에 다가오자, 주인이 "아이고, 마돈나 님, 안녕하세요?"란다. "아니, 내가 왜 마돈나예요?" 주인 왈, "아, 저는 마지막으로 돈 내려고 나오시는 귀한 분을 마돈나라고 부르고 있답니다."

### 식혜는 운명

혜숙이는 길흠역에서 내려 집에 가는데 시골에서 초등학교를 함께 다녔던 친구 봉순이를 만나게 되었다. 너무 반가워서 "봉순아"라고 부르니 "애, 나 개명했어, 봉순이가 아냐." "그럼 이름이 뭐니?" "봉자로 바꿨어." 어떻든 혜숙이는 봉자에게 "우리 집에 가서 밥이나 먹자"고 해서 둘은 혜숙이 집에 갔다. 가만히 보니 혜숙이가 뜸을 들이려고 솥을 여는데 그만 거기에 혜숙이의 콧물이 뚝 떨어지는 것이 아닌가. 이 모습을 보고 봉자는 밥을 도저히 먹기가 어려웠다. 그래서 봉자는 "내가 지금 급한 일이 있는데 깜빡하고 밥 먹으러 와버렸는데, 아무래도 지금 나가봐야 할 것 같아. 일주일 후에 다시 점심 먹으러 올게" 하면서 가버렸다. 일주일 후에 봉자가 와서 점심을 먹었다. 점심을 먹고 나니 맛있는 식혜가 있다며 한 컵 따라준다. 식혜를 마시면서 봉자가 "이 식혜는 언제 만들었어?" 하고 묻자 혜숙이 왈, "아, 이 식혜는 지난 주 네가 밥을 안 먹고 그냥 가서 그것으로 만든 거야."

### 결혼하여 백만장자가 되었다고 슬퍼하다니

"남자는 역시 아내를 잘 만나야 돼." "왜?" "내가 아는 어떤 사람은 아내를 잘못 만나는 바람에 백만장자가 됐지 뭐야." "그럼 잘 만난 거 아냐?" "잘 만나긴! 결혼 전까지만 해도 억만장자였는데."

### 당신은 얼마 남지 않았어요

의사가 입원환자의 기록을 한동안 들여다보더니 말했다. "아무래도 당신은 얼마 남지 않았군요." 환자와 가족들이 깜짝 놀라 매달리듯이 묻는다. "선생님, 그게 정말입니까?" "정말이오." 그리고 의사가 다시 말한다. "퇴원할 날이 얼마 남지 않았다는 이야기입니다. 길어봐야 2~3일이면 퇴원하게 될 겁니다."

### 다리미 여기 있어요!

바람이나 쐰다며 동학사 나들이를 갔다. 국립현충원을 지나는데 갑자기 부인이 "여보, 내가 깜빡하고 다리미 코드를 꼽아놓고 그냥 왔는데, 아무래도 돌아가야겠어"라는 것이 아닌가! 할 수 없이 되돌아와서 보니 다리미 코드는 잘 빼놓은 상태이다. 다음에 다시 공주 마곡사 구절초 구경한다며 집을 나서 현충원을 넘어 동학사 박정자 3거리에 이르렀다. 그런데 또 부인이 "여보, 내가 깜빡하고 다리미 코드를 꼽아놓고 그냥 왔는데, 이번에는 진짜야. 아무래도 돌아가야겠어"라는 것이 아닌가! 그러자 남편이 길가에 차를 세우더니 트렁크에서 다리미를 꺼내 들고 아내에게 들이민다.

### 내 선글라스도!

노부부가 봄나들이를 갔다. 휴게소에 들러 등나무 밑에서 차 한잔 마시고 다시 출발했다. 한참 달리고 있는데, 할아버지가 "아이고, 내 모자! 휴게소 등나무 아래 두고 왔네" 하지 않는가! 그 말을 듣고 할머니가 "정신머리도 없는 양반아, 자기 물건은 자기가 잘 챙겨야지." 할 수 없이 휴게소로 되돌아갔다. 차를 멈추고 쉬었던 등나무 의자로 가려는 할아버지 뒤통수에 대고 할머니가 소리친다. "내 선글라스도 거기 있을 거여!"

### 어머니는 어디로

80이 다 된 어머니가 이모를 전송한다며 따라 나간다. 그런데 이모가 다시 집으로 들어오는 것이 아닌가! "이모님, 어떻게 된 일이에요?" 그러자 이모, "글쎄다, 네 엄마가 나 택시 태워준다고 함께 나갔는데 택시가 오자 네 엄마가  타고 가버렸다." 한편 택시를 탄 어머니는 택시기사에게 문창동으로 가자고 말한다. 그런데 한참 가다가 정신이 돌아온 어머니가 "택시기사님, 내가 어디로 가자고 했슈?" 그러자 택시기사, 깜짝 놀라며 "아이고, 할머니 언제 탔슈?"란다.

### 치매에 좋다는 치매 예방책을 또 사오는 시아버지

시아버지가 오늘 《일주일에 마치는 치매예방 비법》이란 책을 사왔다. 이 책이 그렇게 치매예방에 좋단다. 그런데 일주일이 지나자 또 그 책을 사오셨다. 이 책이 그렇게 치매에 좋다며…. 그런데 일주일이 지나자 또….

### 최불암의 애인: 읍내다방의 김마담

〈전원일기〉의 최불암이 하루는 읍내다방에 갔다. 차 한잔 함께 마시던 김 마담이 최불암에게 집에 가서 다음과 같이 마누라한테 고백해보란다. "'당신한테 고백하지 않으면 앞으로 도저히 맘 편히 살 수 없을 것 같아 오늘 내 비밀을 털어놓으려고 해. 그러니 화내지 말고 들어줘. 꼭 용서해줘. 약속할 거지?' 그렇게 말하면서 '사실은 당신과 결혼하기 전에 젊은 여인이랑 함께 살았어. 그 여인은 예쁘고 살결도

곱고…' 등등. 그러면 '그 여자가 누구야!' 할 거야. 그러면 점잖게 '약속했으면서 왜 이렇게 화를 내. 그 여자는… 그 여자는… 지금도 함께 살고 있는 우리 어머니지… 하하'라고 하는 거지." 재미있겠다 싶어 최불암이 집에 들어가자마자 김혜자를 불러놓고 고백을 한다. 그런데 그 여자에 대해 너무 자세하게 과장해서 이야기하고 말았다. 그 말을 듣고 머리끝까지 화가 난 김혜자가 최불암의 머리칼을 확 붙잡으면서 "그년 누구야! 그년이!" 너무 화가 난 김혜자의 말과 행동으로 인해 깜빡 정신을 잃어버린 최불암이 정답을 생각해내지 못하고 그만 "읍내 김 마담이 김 마담이…."

### 수영만 금지

공원 연못에 아무도 없는 것을 확인하고 김미녀 씨가 옷을 벗고 막 물에 들어가려는데 관리인이 몰래 이를 지켜보고 있다가 다가와서 '수영금지' 지역이라고 한다. 미녀 씨가 급히 중요한 곳을 가리며 "옷 벗기 전에 이야기를 하셔야죠!" 하며 신경질적으로 이야기하였다. 그러자 관리인이 말하기를 "수영만 금지이니 옷 벗는 것까지는 괜찮다"고 하더라나.

### 입구를 봉쇄하라: 미련하면 평생 고생

범인을 포위한 경찰서장, 입구를 봉쇄하라고 지시했는데 범인은 도망치고 말았다. 출구로 도망친 것이다.

## 화장실에서 밝혀진 진실

- **낙서에서 밝혀진 최강자**

  - 낙서: 신은 죽었다. (홍길동)

  - 여기에 대한 댓글: 홍길동 너 죽었다. (신)

  - 최종 댓글: 홍길동, 신, 네들 다 죽었다. (청소아줌마: 최강자이다)

- **낙서에서 밝혀진 우선순위**

  - 백만학도여, 민주주의를 위해 일제히 일어서자!

  - 위에 대한 댓글: 밑이라도 닦고 일어서자.

- **가장 똑똑한 사람**

  세상에서 더 이상 똑똑할 수 없는 사람은? 화장실 문을 "똑똑" 했는데 안에서 "똑똑" 하는 경우 밖에 있는 사람은 더 이상 "똑똑" 할 수 없다.

- **너 이름 뭐니?**

  화장실에서 아이가 끙끙 하며 힘쓰고 있다. 밖에서 기다리던 아주머니, "너 변비니?" 하고 말하자 안에서 답한다. "변비 아닌데요. 저는 철수입니다."

- **화장실과 교수 연구실의 공통점**

  - 항문(학문)에 힘쓰고

  - 항문(학문)을 넓히고

  - 항문(학문)을 닦는 곳

- **화장실 낙서들**

  - 안에 있는 사람은 사색에 잠기지만 밖에서 기다리는 사람은 사

색이 된다.

- 안에 있는 사람은 밀어내기에 힘쓰지만 밖에서 기다리는 사람은 조이기에 힘쓴다.
- 남자 화장실: 권총이라고 말하지 않을 테니 한 발짝 앞으로!
- 남자 화장실: 남자가 흘리지 말아야 할 것은 눈물만이 아니다.

### 생텍쥐페리의 미소

생텍쥐페리는 스페인 내전에 참전했다가 포로가 되어 내일이면 죽어야 하는 신세가 되었다. 감옥에 있으면서 생텍쥐페리가 마지막 담배 한 개비를 꺼내서 이것을 피우려 했으나 성냥불이 없었다. 그는 자기에 대해 전혀 무관심한 간수에게 "죄송하지만 불이 좀 있으면 빌려주십시오"라고 청했다. 간수가 성냥을 켜서 불을 붙여주었다. 이때 시선이 마주치자 그 순간 생텍쥐페리가 미소를 지었다. 그 미소는 창살 너머에 있는 간수의 마음을 움직였고, 간수는 "당신도 자식이 있느냐"라고 물었다. 생텍쥐페리가 가족이 있다면서 가족사진을 보여주자(가족사진을 가지고 있었다는 것도 중요) 그 사람도 자신의 가족사진을 보여주며 자기 가족과의 미래, 희망 등을 이야기했다. 그러면서 생텍쥐페리에게 가족들과 미래에 무엇을 하려는지를 묻자 자신은 곧 죽을 거라서 다시는 가족을 보지 못하게 되는 것이 두렵다고 이야기했다. 그러자 간수는 생텍쥐페리에게 감옥 문을 열어주며 탈출하는 길을 안내해주고 사라져버렸다.

### 아우슈비츠에서 자신을 살려낸 빅터 프랭클의 미소

빅터 프랭클은 그의 책《죽음의 수용소에서》에서 자신이 아우슈비츠 수용소에서 어떻게 살아났는가에 대해 이야기하고 있다. 그는 "나에게 있어 가장 큰 어려움은 '내일이 없다'는 것이었다. 그리고 모든 행동에 있어 정상적인 반응을 보이는 사람들은 다음 날이면 행방불명이 된다는 현실이었다. 그래서 나는 정상적인 반응은 절대로 하지 않았다. 예를 들어 똥물이 얼굴에 튀어도 닦지 않았다. 또 카포(감독자)에게 어떻게 하면 아직은 내가 쓸모 있으며 젊다는 것을 보여줄 수 있을까에 초점을 맞추었다. 항상 면도함으로써 청결함을 보여주고, 운동을 열심히 하여 체력을 길렀다(만델라 대통령도 20년 이상을 감옥에 있으면서 하나님이 내게 나중에 일을 맡기실 때 수행할 수 있도록 항상 운동을 열심히 했다고 함). 그리고 카포의 어떤 지시에 대해서도 항상 미소를 보내며 해냄으로써 당신의 지시는 정당하다는 지지를 보냈다." "나를 살린 것은, 삶을 절대 포기해서는 안 된다, 어떤 경우에도 정상적 반응을 해서는 안 된다, 항상 미소를 지어야 한다, 그리고 그가 지시하는 것은 뭐든지 할 수 있는 능력이 있다는 것을 보여줘야 한다"는 결심이었다고 말하고 있다.

### 배 째실라고 그랴

도둑이 복면을 쓰고 칼까지 들고 도둑질을 하러 들어왔으나 집 안에 별로 훔쳐갈 것이 없자, 이불을 뒤집어 쓴 홍길동 부부에게 다가와서 이 황당 퀴즈를 다 맞히면 그냥 나가겠다고 한다. "일본, 프랑스, 러시아를 세 글자로 뭐라고 부르지? 그리고 삼국시대 세 나라 이름을 대봐!" 그러자 부인이 남편 옆구리를 찌르면서 "당신이 좀 맞춰봐"라고 말한 뒤 꿈쩍을 하지 않는다. 그러자 도둑이 "남자 나와"라고 한다. 할 수 없이 길동이 덜덜 떨며 기어가는 소리로 "나만 왜 불러(왜, 불란서, 러시아의 첫말 모음)? 내가 못 맞히면 그 칼로 배 째실라고 구려(백제 신라 고구려)?"라고 해서 길동 부부는 무사할 수 있었다고 한다.

### 병아리는 모이 먹는 중

가족끼리 저녁을 먹고 있는데, 화장실에 간 딸의 스마트폰으로 전화가 걸려왔다. 아빠가 전화를 받는다. 그러자 전화를 건 남자아이가 "우리 병아리 뭐해?" 하고 묻는다. 아빠 대답하기를 "병아리 모이 먹는 중이다." "누구세요?" "양계장 주인이다."

### 나는 누구인가? 밥만 먹고 사냐?

우스갯소리지만 마누라가 남편을 구분할 때, 아니 등급을 매길 때 네 가지 유형으로 나눈다고 한다. 따라서 부부싸움이 벌어지면 마누라가 쏘아붙이는 말도 각 유형에 따라 다르게 된다. 즉, ① 돈도 잘 벌어다주고, 나무랄 곳 없이 잘하는 남편인 금상첨화형(錦上添花型)에게는 "그래그래, 잘 났어, 정말." ② 돈은 좀 벌어오지만 실속이 없는, 뭔가 부족하여 사는 재미가 없는 외화내빈형(外華內貧型 또는 유명무실형 有名無實型, 용두사미 龍頭蛇尾型, 양두구육형 羊頭狗肉型) 남편에게는 "밥만 먹고 사냐!" ③ 돈은 잘 벌어오지 못하는데 남자도리는 잘하는 실속파인 외유내강형(外柔內剛型) 또는 천만다행형(千萬多幸型) 남편에게는 "아이고 저 짐승 같은 놈, 쫓아낼 수도 없고…." ④ 그리고 경제력도 없고 남자 구실도 제대로 못하는 설상가상형(雪上加霜型 또는 사면초가형 四面楚歌型, 진퇴양난형 進退兩難型) 남편에게는 "저승사자는 눈이 삐었나? 저런 사람 잡아가지도 않고…. 밥이라도 먹고 살자. 나가 죽어라" 등이다. 금상첨화 유형을 제외하고는 모두가 다 조금씩 부족하다. 특히 네 번째 유형은 밥도 못 먹고 사니 더 말할 것이 못 된다. 그리고 두 번째와 세 번째 유형은 신경 쓰이는 유형이다. 두 번째 유형의 "밥만 먹고 사냐?" 는 잘 산다고 말하기 어렵다. 사람이 밥만 먹고 산다면 짐승이나 다름없을 것이다. 인간에게는 무엇인가 밥 이외의 것이 있기 때문에 사람일 것이다. 그러니 세 번째 유형이 오히려 행복하다. 천만다행이기 때문이다. 밥 이외의 것이 있다. 부인이 힘들게 일은 하지만 콧노래가 나오는 유형이다.

## 불러드려요?

결혼한 지 세 달도 안 된 새신랑 홍길동이 9월 말 지방 출장을 가게 되었다. 어느 허름한 시골 읍내 여인숙에서 하룻밤을 자게 되었다. 조바(심부름 하는 여인)가 들어와 "불러드릴까요?"라고 물었다. 길동은 하룻밤 함께 지낼 여성을 불러줄지를 묻는다고 생각하여 "필요 없어요"라고 말했다. 잠자려고 하는데 또다시 물과 수건을 들고 들어와서 "불러드릴까요?" 하고 묻는 것이 아닌가! 그래서 신경질적으로 "필요 없어요"라고 말했다. 그다음 날 일어나 보니 감기기가 있는 것이 아닌가! 간밤에 조바가 "불을 넣어드릴까요" 하고 물었으나 거절하는 바람에 냉방에서 자고 만 것이다.

### 하늘과 땅 사이, 저승과 이승 사이에는 무엇이 있는가?

하늘과 땅 사이를 한마디로 말하면? 과

저승과 이승 사이에는 무엇이 있는가? 과

### 담배를 끊어라

골초 홍길동은 신문에 난 흡연자의 폐와 비흡연자의 폐를 비교하는 컬러사진을 보고 이참에 끊기로 결심을 했다. 그리고 당장 전화를 걸어 신문구독을 중단했다.

### 가짜 농약일 줄이야

만주 평야에 땅을 빌려 채소농사를 짓기로 했다. 우선 채소 씨앗을 샀다. 파종을 했다. 싹이 나지 않았다. 가짜 씨앗이었다. 손해가 이만저만이 아니어서 자살하기로 했다. 만주의 심양에서 농약을 샀다. 그리고 유서를 써놓고 농약을 마셨다. 그런데 죽지 않았다. 농약도 가짜였기 때문이다.

### 부활이 무서워

시어머니를 모시고 성지순례차 예루살렘으로 여행을 떠난 며느리. 예루살렘을 여행하는 동안 시어머니가 갑자기 세상을 떠나버렸다. 여행팀장인 목사님이 며느리에게 "시어머니를 한국으로 운구하는 데 5,000달러가 든답니다. 그러나 신성한 이 땅에 시어머니를 묻으면 150달러만 있으면 된답니다. 어떻게 할까요?" 며느리는 한참을 생각하더니 목사에게 시어머니를 고국으로 운구해달라고 말했다. 목사는 너무 이상해서 며느리에게 물었다. "당신은 왜 시어머니를 운구하는 데 5,000달러나 쓰시나요? 이 성스러운 땅에 묻으면 150달러만 있으면 되는데…." 그러자 며느리가 심각하게 말했다. "예전에 예수님이 세상을 떠나 이 땅에 묻혔는데 3일 후에 살아 돌아오셨습니다. 저는 그런 일을 당하고 싶지 않아서요…."

### 한국에는 있지만 이태리에서는 찾아보기 힘든 세 가지는?

① 이태리 전역을 돌아다니며 공중목욕탕을 들어가봐도 이태리타월을 찾아보기는 어렵다. ② 소렌토를 관광하면서 기아차 소렌토를 찾아보기 어렵다. ③ 휴양지 카프리섬에서 카프리맥주를 찾아 마시기 어렵다.

### 아이쿠 늦었네

건망증이 심한 아주머니가 미장원에 들렀다. "오늘 중요한 일이 있으니 30분 내에 머리 손질해주세요." (미장원 주인) "예, 알았어요. 30분 내에 해드리지요." 한참 손질하던 주인이 "이왕 오신 김에 머리를 마는 것이 훨씬 보기 좋을 텐데요." 솔깃해진 아줌마가 "그럼 간만에 파마나 한번 해볼까?" 드디어 3시간이 걸려서 파마가 끝났다. 뿌

듯한 마음으로 집으로 돌아온 아주머니는 결국 딸의 결혼식을 비디오로 봐야 했다.

### 우선 돈부터 받아둬야…

환자: 요즘 저는 바로 전에 한 일도 잊어버리는 건망증 때문에 걱정입니다. 어떻게 하면 좋지요?

의사: (잠시 생각하다가…) 우선 진료비부터 계산을 하시지요. 그다음에 바로 처방을 해드리도록 하지요.

### 동네 이발소

홍길동이 눈을 감고 면도하기를 기다리고 있다. 곧 따뜻한 물수건을 얼굴에 덮을 것이다. 그런데 갑자기 뜨거운 물수건이 얼굴에 떨어지는 것이 아닌가! 깜짝 놀라 길동이 "앗, 이게 뭐요, 손님한테." 그러자 이발사가 "사실은 저도 너무 너무 뜨거워서 그만…." 이 소동을 겪고 나서 면도가 시작되었다. 그런데 면도날로 얼굴을 베어버리지 않는가! "여보시오, 피가 나요, 피가!" 그러자 이발사가 "죄송합니다. 제가 이렇게 실수하면 한 번 피날 때마다 5,000원씩 드린답니다. 바로 앞 손님은 20,000원을 받아갔어요."

### 요즘 세상

- 옛날에는 도둑을 보면 개가 짖는다고 했는데 요즘 세상에는 짖지 않는다. 왜냐하면 요즘 세상은 사람들이 다 도둑같이 보여서 개가

구분하지 못하기 때문이라나….

- 옛날에는 남녀칠세부동석이라고 했지만 요즘 세상은 남녀칠세지 남철이라나….
- 옛날에는 가는 말이 고와야 오는 말이 곱다고 했는데 요즘 세상은 가는 말이 험해야 오는 말이 부드러워진다고 하니 원….
- 옛날에는 젊어서 고생은 사서라도 한다고 했는데 요즘 세상에는 젊어서 고생하면 늙어서 신경통만 심하다고 하니….
- 옛날에는 낮말은 새가 듣고 밤말은 쥐가 듣는다고 했는데 요즘 세상은 낮말은 기자가 듣고 밤말은 인터넷에 뜬다고 하니….
- 옛말에는 아니 땐 굴뚝에 연기가 나랴 했는데 요즘 세상에는 잔뜩 땐 굴뚝도 막으면 된다고 억지를 쓰니….
- 옛말에는 입이 열 개라도 할 말이 없다고 했는데 오늘날 정치권에만 가면 오리발 내미느라고 입이 열 개라도 모자르다고 하니….

## 유머로 만남을 맛나게 하라

**(자기소개, 대화, 인사말, 건배사를 멋지게)**

첫 만남은 앞으로도 계속 만날 것인지를 결정하는 중요한 만남이다. 첫 만남에서의 성공은 인생의 성공으로 이어진다고 한다. 첫 만남에서 제일 먼저 나누는 것은 인사와 자기소개이다. 서로 인사가 끝나면 그다음에는 날씨, 교통, 뉴스 등 공통적 관심사를 이야기하는 것이 순서이다. 이때 적절한 유머로써 함께 웃게 되면 첫 만남은 지속적인 만남으로 이어질 가능성이 높아진다.

## 자기소개하기

인생은 만남이다. 70억 명의 인구 중에서 누군가를 만났다는 것 자체가 사실은 하늘이 부여해준 기회이다. 이러한 만남을 끈끈하게 만드는 것은 나의 노력에 달렸다. 따라서 누군가를 만날 때는 이 귀중한 기회를 살리기 위해서 제대로 자기소개를 해야 한다. 처음 만났을 때 내 자신을 어떻게 소개하느냐는 인생의 성공을 담보하는 아주 중요한 일이다. 만남은 인연이 되고 인연은 필연으로까지 발전되면서 운명을 결정한다. 그러므로 우리는 미리 자기를 어떻게 재미있게, 인상적으로 소개할 것인가에 대해 생각하고 정리해둬야 한다. 자기 이름으로 3행시를 지어 소개하거나, 별명, 핵심 경력, 개인기 등을 중심으로 재미있게 상대방에게 소개한다. 이때 상대방이 알아먹을 수 있도록 적당한 성량, 명확한 발음, 쉼을 주면서 이야기해야 한다.

### 명함을 건네면서 자기를 소개하기

우선 자기의 명함을 다른 사람의 일반 명함과 색상, 내용 등에 있어 조금 다르게 만들어 준비하는 것이 필요하다. 자기 명함을 보고 상대방이 물어올 가능성이 있는 질문에 대해서는 미리 예상 답변을 준비해둔다. 그리고 다른 사람의 명함을 받을 때는 매우 진지하게 두 손으로 받으며 상대방에게 "아, ○○분야 전문가이시네요. 반갑습니다. 저도 앞으로 많은 도움을 받아야겠네요" 하면서 이야기를 끌어가도록 한다. 이런 이야기를 주고받는 중에 자신에 대해서도 소개한다.

### 3행시로 소개하기

명함을 준비하지 못했거나 명함을 일일이 전달할 수 있는 상황이 아닌 경우에는 직접 구두로 자신을 소개하는 방법을 선택해야 한다. 이때 쉬운 방법은 자기 이름을 재미있는 3행시로 준비하여 소개하는 것이다. 이를 위해서는 미리 자기 이름 3행시를 준비하는 것이 필요하다. 3행시로 자기를 소개할 때에는 반드시 자기 이름 ○○○을 3행시로 소개하겠다는 것 그리고 ○○○을 차례대로 운을 띄워줄 것을 부탁한다. 혹시 잊어버릴 수 있으므로 다시 한 번 "자, ○○○입니다. 운을 띄워주세요."

**사례 1** 가장 이야기하기 쉬운 이름 3행시

(이) 이동규입니다. 성은 이씨이고 이름은 동규 즉, 이동규입니다.

(동) 동규라고 이름만 불러줘도 괜찮습니다. 동 자는 항렬자가 아니랍니다.

(규) 규라고도 불러주면 더 좋지요. 규가 바로 항렬자입니다.

**사례 2** 이름에서 연유된 자기 별명 이용하기

(이) 이씨가 성이고 이름이 동규여서

(동) 동규 동규하고 부르다가 동기 동기로 변해서 마침내 발 동기가 별명이 되어버렸습니다.

(규) 규가 어떻게 기가 되느냐고 대들어봤자 아무 소용이 없었습니다. 그래도 여러분들은 규라고 불러주시기 바랍니다.

**사례 3** 자유롭게 자기 이름으로 재미있게 지어서 하는 3행시

(이) 이렇게 재미나는 세상

(동) 동키호테처럼 좌충우돌하면서

(규) 규칙대로가 아니라 내 맘 내키는 대로 삽시다.

### 자기 스토리로 소개하기

강의나 강연 등 대중 앞에서 자기를 소개할 때는 자신의 스토리를 재미있게 짧게 미리 준비해둔다. 여기에는 자기의 성과 이름, 강점, 약점, 경력 등을 유머러스하게 표현할 필요가 있다.

**사례 1** 동음이의어 활용하기

저는 회계학을 전공하여 무려 35년간이나 회계만 했습니다.

그래서 지금은 더 회개할 것이 없는 아주 깨끗한 사람이 되었습니다. (회계를 동음이의어인 회개로 살짝 전환시킴) 심지어는 피도 A급입니다. (혈액형이 A형을 A급으로 살짝 바꿈)

**사례 2** 성씨를 엉뚱하게 붙여서 자기소개하기

제 성씨가 이씨입니다. 이씨는 21세기에 적합한 성씨입니다. 이씨는 우선 글로벌합니다. 이유, 이태리, 이스탄불, 이스라엘, 이집트 등 이브와 이솝의 후예들이 세운 나라들이 있습니다. 그리고 오늘날은 이시대(e시대)가 아닌가요? 이비즈(e-biz), 이메일(e-mail), 이천년, 이공이공 등 모두 이씨입니다. 그래서 우리나라에서 가장 큰 마트도 이마트입니다. 오늘날은 말 그대로 이씨 전성시대가 아닌가 싶습니다. 2020도 이영이영, 즉 이대로 영원하기입니다.

**사례 3** 만남을 강조하여 자기소개하기

유머달인 강사 이동규입니다. 인생은 만남입니다. 좋은 만남은 인연이 되고 다시 필연으로 발전하여 운명을 바꿉니다. 남녀관계는 연인 또는 친구가 되고 평생 동지로 발전하여 인생을 만듭니다. 오늘 여러분을 운명적으로 만난 것은 제가 오늘까지 살아있게 한 이유 같습니다(과장법 적용). 저에게 크나큰 은혜입니다. 앞으로 이 좋은 인연을 더욱 발전시켜서 행복한 미래를 함께 여는 사람이 될 수 있도록 노력하겠습니다. 반갑습니다. 감사합니다.

**사례 4** 강의와 관련한 자기소개하기

저를 처음 보시는 분은 제가 유머 강사란 점에 당혹스럽지요? 왜냐하면 제 인상은 사실 유머와는 너무 거리가 있거든요. 이런 얼굴로 유머를 가르친다는 것이 웃기지 않습니까? 이것이 바로 유머입니다. 유머 아닌 것 같으면서도 은근슬쩍 웃기게 되면 그것이 유머입니다. 사실 제가 유머에 관심을 가진 것은 제가 너무 유머가 없는 사람이어서입니다. 그런데 유머에 슬쩍슬쩍 도전을 해보니까 재미가 있어요. 사람은 울면서 태어나서 웃음을 배운다는 것이 맞는 말입니다. 그래서 저는 용기를 내서 유머 책을 세 권이나 냈습니다. 하나는 《일주일만에 유머달인 되기》이며 다른 하나는 《행복은 유머를 먹고 자란다》입니다. 그리고 이번에는 세 번째 책 《유머 수업》을 출간했습니다. 제가 생각해도 정말 웃기는 일입니다. 우리가 유머를 항상 데리고 다닌다면 웃음과 건강이 덩달아 따라와서 행복세상을 만듭니다. 유머란 유와 미가 행복하면 머니는 보너스라는 말입니다.

**사례 5** 유머수업으로 소개하기

제가 항상 하는 일은 배우는 일입니다. 웃는 일입니다. 그리고 또 한 가지는 테니스입니다. 매일 책을 읽고 글을 쓰면서 배웁니다. 또 매일 테니스를 합니다. 매일 사람들과 만나면 유머를 말하며 함께 웃습니다. 책은 읽을수록 재미있고, 새로운 세계를 만날 수 있을 뿐만 아니라 다른 사람들에게 뭔가를 나눌 수 있어 좋습니다. 또 테니스는 건강에 아주 좋습니다. 건강하니까 여행도 하고 책도 읽고 강의도 할 수 있습니다. 그리고 유머와 웃음은 소위 꿀잼입니다. 웃으면 스트레스가 쌓이지 않습니다. 웃음은 바이러스처럼 전파되어 다른 사람에게 갔다가 다시 제게 돌아옵니다. 세상이 웃음이 가득하여 평화롭고 행복해집니다. 바로 오유행, 오늘도 유머로 행복하기입니다.

**사례 6** 성씨로 스토리 만들어 소개하기

이동규입니다. 오늘은 제 성씨 자랑 좀 하겠습니다. 여러분이 잘 알다시피 서양에서 이씨는 유머리스트로서 인기가 좋고 아주 뿌리가 깊습니다. 소위 인류의 조상이라고 하는 이브가 바로 이씨입니다. 또 유머리스트로서 자타가 공인하는 이솝이 바로 이씨가 아닙니까! 프랑스에서 유명한 가수 겸 낭만파 영화배우인 이브 몽땅도 저랑 같은 이씨입니다. 요즘은 이러한 이씨의 후예들이 이태리, 이집트, 이스탄불, 이스라엘, 이유(EU)와 같은 국가도 세우고 계속 영토를 확장하고 있습니다. 그리고 우리나라에서도 전통적으로 유머가 많은 오성(이항복)과 한음(이덕형)이 모두 이씨입니다. 애국지사인 월남 이상재 선생도 이씨입니다. 또 오늘날 21세기 디지털시대에 와서는 이씨의 영역은 더욱 넓어졌습니다. 이 노베이션, 이 메일, 이 비즈, 이 세상, 이천년, 이공이공(2020) 등도 모두 이씨 집안의 혈통을 빛내고 있는 얼굴들입니다. 여기에 이스트(동쪽)의 별 이 동규가 떠 있습니다.

**사례 7** 자기 스토리로 자기소개하기

저는 전남 장흥이 고향이지만 대전에서 46년째 살고 있습니다. 제 이름이 동규 즉, 동쪽의 별입니다. 형제가 넷이었으면 제가 첫째이니 당연히 동규이고 그다음은 서규, 남규, 북규가 되었을 것입니다. 그런데 남동생이 하나뿐이어서 제 동생 이름은 남규입니다. 앞으로는 물론 뒤로도 여러분과 좋은 관계를 맺고자 합니다. 여러분을 뵙게 되어 평생에 큰 영광입니다. 고맙습니다.

### 다른 성이나 이름의 자기소개(예)

**사례 1** 전씨 성을 가진 사람의 자기소개

제가 바로 유명한 부전자전의 전○○입니다. 부전자전이란 아버지가 전씨이면 아들도 전씨라는 것이죠.

**사례 2** 김찬달의 자기소개

저는 김찬달이라고 합니다. 받침만 다 빼면 기차다입니다. 제 자신이 생각해도 저는 기가 가득합니다. 오기, 패기, 혈기, 용기, 활기를 가지고 죽기 살기로 살고 있기 때문입니다. 그래서 인기도 좋고 지내기가 편합니다. 앞으로 여러분들과 화기애애한 관계를 갖기를 원합니다.

**사례 3** 김찬국의 자기소개

제 이름만 보면 제가 굶을 이유가 하나도 없습니다. 김도 있고 반찬의 찬도 있고 또 국까지 있는 김 찬 국입니다.

**사례 4** 김진백의 자기소개

저는 이름이 김진백입니다. 받침만 다 빼면 기지배입니다. 그래서 어려서 별명이 기집애였습니다.

**사례 5** 다른 유명한 사람을 예를 들면서 이야기를 끌고 가다기 갑자기 역주행하면서 자기를 끼워넣어 소개하기

"저는 ○○고등학교를 수석으로 졸업하여 서울법대를 수석으로 졸업하였으며 3학년 때 최연소로 사법시험에 합격한 홍길동 군과 가장 친한 친구인 ○○○입니다." 이 자기소개에서는 한참 유명한 사람과 함께 고속으로 주행하다가 갑자기 엉뚱한 방향으로 역주행한다.

**사례 6** 미래까지 보면서 자기를 소개하기

- 저는 ○○○입니다. 3대가 빌어야 만남이 이루어진다는데 오늘 귀한 여러분을 만나니 정말 제가 복을 받은 사람이라는 생각이 듭니다. 여러분만 생각하면 가슴이 설레고 그리워질 것입니다. 여러분 반갑습니다.
- 저는 ○○○입니다. 생물에 공해가 묻어있다면 바로 썩어버린다고 합니다. 그러나 그것이 때 묻지 않고 깨끗하다면 발효, 즉 삭힘을 한다고 하지요. 여러분과는 썩힘의 관계가 아니라 오래가면 갈수록 맛이 더해지는 삭힘의 관계가 되고 싶습니다.

**사례 7** 자신의 약점을 공개하면서 끝부분에서 반전시키는 자기소개

내 약점을 내가 이야기할 때는 자신을 낮추고 상대를 높이는 효과가 있어 괜찮은 유머로서 힘을 발휘한다. 그러나 남의 약점을 내가 이야기한다면 소위 웃자고 한 말이 죽자고 싸우는 일이 될 수 있으므로 해서는 안 된다.

- 제가 초등학교 때 공부를 잘 못했습니다. 특히 국어와 수학이 약했습니다. 그래서 지금도 주제파악을 제대로 못하고 분수도 모르고 허둥대다 보니 가끔 무리수를 둔답니다.
- 저는 술만 마시면 실제와는 정반대로 이야기하는 습관이 있습니다. 특히 술만 마시면 거짓말을 잘하고 남을 무조건 칭찬하는 버릇이 있습니다. 그리고 아주 잘못된 버

릇은 술만 마시면 시력이 나빠져서 옆에 있는 여인을 마누라로 오해하니 조심하시기 바랍니다. 물론 이 이야기도 거짓말입니다만….

- 저는 너무 살이 쪄서 목이 없습니다. 그래서 사람들이 나를 보면 월화수금토일이라고 합니다. 목이 없다 보니 목도리가 필요 없습니다. 목이 없다 보니 머리와 팔간의 거리가 가까워져서 생각을 바로바로 행동에 옮길 수 있다는 장점도 있습니다.
- 저는 키가 아주 작습니다. 그래서 엘리베이터에서 여성들이 많이 타면 괜히 웃음이 나옵니다. 벼락도 제가 제일 늦게 맞을 것입니다.
- 저는 얼굴이 못생겼습니다. 어떤 사람은 나를 두 얼굴의 사나이라고 합니다. 정말 제가 두 얼굴이 있다면 이런 못생긴 얼굴을 가지고 다니겠습니까?
- 저를 여자들이 좋아합니다. 왜냐하면 워낙 못생겨서 이런 사람이면 바람을 피울 수 없을 것이라고 안심하기 때문입니다.
- 저는 말을 더듬습니다. 혀가 머리의 회전 속도를 따라가지 못해서입니다. 그래서 거짓말을 못합니다.
- 저는 거짓말을 제일 잘합니다. 사실 이 말도 거짓말입니다.
- 저는 술도 안 마십니다. 담배도 안 피웁니다. 연애도 안 합니다. 오직 잘하는 것은 거짓말입니다. 이 말도 거짓말

입니다.

- 저는 대통령이 될 수 있는 아홉 가지의 능력을 가지고 있습니다. 그중 첫째는 바로 기억력입니다. 한번 들으면 절대 잊어버리지 않습니다. 그리고 둘째는… 생각이 나지 않는군요.

## ✌ 공통적, 일상적인 주제로 대화하면서 말문을 튼다

날씨나 교통 정보 또는 뉴스 등을 중심으로 이야기를 튼다. 이야깃거리는 "주여, 신식의사가 천생연분이오"를 생각하면서 적절한 주제를 꺼내도록 한다. 여기에서 "주여, 신식의사가 천생연분이오"란 다음과 같은 주제들의 첫 글자이다. 물론 이들 주제에 대해 미리 생각해둔 것이 있어야 현실에 적용할 수 있을 것이다.

주: 주택이나 부동산 등

여: 여행과 관련된 에피소드

신: 신문, TV 뉴스, 유비통신 등의 뉴스

식: 식생활, 음식, 맛집

의: 의생활, 액세서리, 옷차림

사: 사업, 업무, 일

가: 가족관계, 집안 에피소드

천: 천재지변, 기후, 일기

생: 생명, 건강

연: 연애, 결혼, 가벼운 음담, 사랑 에피소드

분: 분위기, 환경

이: 이웃, 친지

오: 오락, 취미, 운동

## 축사나 인사말을 멋지게

### 반드시 미리 준비한다

공식적으로 인사말이나 축사를 해야 할 경우에는 반드시 미리 준비해야 한다. 준비하지 않으면 실패를 준비하는 것이나 마찬가지다. 다음은 유명인들의 축사다. 매우 짧은 대학 졸업식 축사지만 사실은 사전에 충분히 준비한 것이다.

- 처칠(옥스포드대 졸업식 축사): 절대 포기하지 말라(Don't give up! Never give up! Never Never give up)!
- 부시(예일대 졸업식 축사): A 학점은 매우 훌륭하다. 그러나 C 학점도 대통령이 될 수 있는 학점이다(A grade is brilliant. But C grade also can be president).
- 스티브 잡스(어느 대학 졸업식 축사): 감사합니다(Thank you)! 너무 짧은가요? Thank you! Thank you! 그래도 짧은가요? Thank you!

Thank you! Thank you very much!

**여러 사람에게 축사나 인사말을 할 때에는 최대한 과장법이나 과소법을 사용한다**

- 여러분은 과거에도 최고였고, 지금도 최고이며, 앞으로도 최고인 저의 동지들입니다.
- 저는 이 세상에 태어나서 여러분처럼 좋은 사람들을 만난 적이 없습니다. 제게는 엄청난 행운이죠.
- 이 세상에서 태어나 여러분과 같이 존경스러운 사람을 만나게 된 것에 감사하고 지냅니다. 오늘이 저에게는 엄청난 축복의 날입니다.
- 저는 앞으로 여러분의 여러분에 의한 여러분을 위한 사람이 되겠습니다.
- 저는 여러분이 저에게 무엇을 해줄 것인가를 생각하지 않고 제가 여러분에게 무엇을 할 것인가를 항상 생각하겠습니다.
- 저는 여러분을 사랑합니다. 이것이 바로 제가 존재하는 이유입니다.
- 내일 어떤 일이 닥치더라도 저는 여러분을 위해 열과 성을 다해 봉사하겠습니다.

## 멋지게 건배사를!

### 건배사의 의미

건배사는 회식자리 혹은 파티장에서 술잔을 들고, 술잔을 비우기 전에 하는 스피치이다. 건배사는 자기를 알릴 수 있고 모임의 분위기를 띄울 수 있는 절호의 기회이다. 이런 효과를 거두기 위해서는 유비무환, 즉 재미있고 인상적인 건배사를 미리 준비하고 연습해두어야 한다.

### 건배사의 진행

건배사는 1분 이내에 끝내도록 하되 다음과 같은 준비순서를 알고 있으면 더 효과적이다.

- 참석자 모두에게 술잔을 채우도록 이야기한다.
- 그다음, 이러한 건배 제의 기회를 갖게 해준 회사 대표나 모임의 회장 혹은 사회자에게 간단히 감사를 표하며 아울러 참여자에 대해서도 두루 고마움을 이야기한다.
- 그리고는 당일 모임 취지와 관련하여 간단히 언급(멘트)하고
- 끝으로 직접적인 건배 대상, 목표 등을 언급(송년회, 송별회, 정기모임, 부부동반 등)하면서 이에 걸맞은 건배사를 한다. 물론 특별히 언급할 대상이 없다면 참석자 전체의 건강과 행복 그리고 발전을 기원하는 일반적인 내용으로 건배사를 한다.
- 참고로 건배사를 할 때는 일어서서 하는 것이 좋다. 그래야 모

두 집중하게 된다. 물론 전부 일어설 수 있다면 더 좋지만 분위기를 봐서 유도해야 한다.

- 건배사의 맨 끝은 가급적 "위하여"로 한다. 이때 모두가 함께 복창하도록 유도한다. 술잔을 기울인 다음 손뼉을 치는 것으로 끝맺는다. 건배 제의를 "위하여!"라는 말로 끝내는 것은 모임의 발전과 모두의 건강, 행복 등을 한마음으로 기원하는 의미가 있기 때문이다. 건배사를 혼자 일방적으로 읊기보다는 모두가 따라올 수 있도록 간단한 설명과 연습을 미리 한 다음 건배사를 하는 것이 효과적이다.

### 건배사 예시: 일반형 건배사

- 여러분, 저에게 건배 제의할 기회를 주셔서 정말 감사합니다. 오늘 모임은 (중략) 제 건배사는 '위하여'로 하겠습니다. '위하여'란 '위기를 만나도, 하하 웃으며, 여유롭게 살자'라는 뜻입니다. 제가 '위하여' 하면 모두 크게 '위하여' 해주시기 바랍니다.
- 제 건배사는 여행과 다행으로 하겠습니다. '여행'이란 여기가 행복이다. '다행'이란 다 함께 하니 행복하다입니다. 제가 '여행과 다행을 위하여'를 외치면 여러분 모두 '여행과 다행을 위하여'를 크게 외쳐주시기 바랍니다.
- 〈이하 같은 형식으로〉

- 지최(지금이 최고다)
- 이영(이대로 영원히)

- 백두산과 한라산(백 살까지 두 발로 산과 들을 누비자, 한마음으로 백 살까지 라라라 부르며 산과 들을 누비자)
- 당신멋져(당당하게 살자, 신나게 살자, 멋지게 살자)
- 명승부(명년에도 승승장구하여 부자 되세요)
- 3통(의사소통, 운수대통, 만사형통)
- 노발대발(노인이 발전해야 대한민국이 발전한다. 이 건배사는 젊은이들이 들으면 노발대발할 염려가 있음)
- 소취하 당취백(소주에 취하면 하루지만 당신에 취하면 백 년…)
- 우하하(우리는 웃는다. 하루 종일 웃는다. 하하 하고 웃는다)
- 건배사(건강하자, 배우자 혹은 배려하자, 사랑하자)
- 소화제(소통과 화합이 제일이다)

*정치인이 하는 3대 거짓말은 첫째, 자신은 거짓말은 절대 하지 않는다는 말, 둘째, 자신은 돈을 절대 안 먹는다는 말, 셋째, 국민만을 보고 일한다는 말이다.*

# 에필로그

① 이번 코로나 19라는 초유의 사건이 발생하여 모든 강의가 휴강이 되는 바람에 이 책을 정리하는 기회를 갖게 되었으니 위기는 기회인가?

② 유머에 대해 정리할수록 내가 사회심리학, 언어학, 웃음미학 등에 대해 충분한 지식이 없음을 깨닫는다. 이제부터라도 좀 더 공부하여 다음 네 번째 책에서는 보다 완성된 저술을 해야겠다는 다짐을 해본다.

③ 유머에서 핵심은 아재개그 등 말장난에 있다고 보고 다음번 책에서는 이 부분에 집중해서 《말장난이 이렇게 재미있을 줄이야》를 집필해보고 싶다.

④ 각 쪽마다 그 쪽의 내용과는 별로 관계가 없지만 내가 독서하면서

마음에 와닿은 글귀를 실었다. 이 글을 실은 목적은 유머가 복합예술이며 생각의 다양성과 다중성을 핵심으로 하기 때문이다. 명언일수도 있지만 일상에 관련된 아주 사소한 것일 수도 있다.

⑤ 유머 강의, 유머 경영 등은 이 책에서 언급하지 않았다. 이 부분도 별도의 책《유머강의》,《유머경영》등으로 출간할 계획을 가져본다.

⑥ 원고를 끝냈지만 역시 완성이라기보다는 미완성된 것 같아 아쉬움이 가득하다.

# 참고도서


김찬호, 《유머니즘》, 문학과지성사, 2019.

베르나르 베르베르, 《웃음 1》, 이세욱 역, 열린책들, 2011.

______, 《웃음 2》, 이세욱 역, 열린책들, 2011.

이동규, 《낭비야 가라: 아름다운 동행을 향해》, 북코리아, 2008.

______, 《더불어 참을 열다》, 나눔의 책, 2016.

______, 《일주일 만에 유머 달인 되기》, 선학사, 2008.

______, 《행복은 유머를 먹고 자란다》, 북코리아, 2012.

한승헌, 《산민객담: 한승헌 변호사의 유머산책》, 범우사, 2005.

______, 《한승헌 변호사의 유머기행: 속 산민객담》, 범우사, 2007.

______, 《유머수첩》, 한승헌 변호사의 산민객담 3, 범우, 2012.

# 유머수업 참여자의 글

나는 본래
마라톤 풀코스를
35회 완주한
마라토너였다
-
**백광현**
**(유머리스트 100)**

나는 2000년도 늦은 나이에 마라톤에 입문하였지만 마라톤 마니아가 되었다. 매일 10km 이상을 달리는 고된 기초체력훈련을 바탕으로 국내 · 외 마라톤대회에 출전하여 풀코스를 35회 이상 완주하였다. 그러면서 남미, 아프리카, 남극 등을 신나게 여행하였다. 성취감에 도취되어 술자리가 잦아지고 과음 횟수도 늘어 가끔은 건강이 염려되기도 했지만 “설마 내게 무슨 일 있겠어?” 하며 그 생활에 안주하였다. 그러나 어느 날 정신 차리고 보니 내 몸에 적신호가 하나둘 나타났다. 이제는 몸도 잘 보살피고 아울러 마음에도 쉼이 있어야 한다는 신호였다. 때마침 2017년도 초 대전시민대학교 유머전문가 이동규 교수님의 〈유머 달인 되기〉 과목이 설강되었다. '마음의 치유는 바로 유머이다'라는 생각으로 등록하여 아재개그부터 열심히 배웠다. 역시 '웃음'이라는 보약은 효과가 있었다. 유머는 마음은 물론 몸을 치유하는 무료 보약이었다. 그러다 보니 벌써 4년째 유머강의를 듣고 있다.

가끔은 썰렁한 유머를 날리기도 하지만 웃음을 주는 유머의 달인이 되기 위해 계속 노력 중이다. 부작용이 없는 만병통치약 '웃음'을 터트리는 유머 수업에서 즐겼던 내용들이 《유머 수업》이라는 책으로 나오게 된다니 감개무량하다. 이 책을 읽게 되면 독자들도 웃음이라는 보약을 평생 복용하며 행복한 삶을 누리게 될 것이라 믿어 의심치 않는다.

**라떼는 말이지~**

–

**김석래**

요즘 젊은이들 사이에서 유행하는 말이 있다.

"라떼는 말이지~." "나 젊었을 때는 이러했다" 하며 무용담을 꺼낼 때 쓰는 말이다. 너 나 할 것 없이 부지런히 일만 하고 살았던 우리 세대들은 누구나 당당하게 할 수 있는 말인데, 아들딸뻘 되는 젊은 사람들은 듣기 싫어할 수도 있기에 나온 말이 아닌가 싶다.

하지만 잘 들어보면 도움이 될 만한 것들이 참

많다. 우리 세대들은 누구보다 치열하게 삶을 살아왔으니…. 앞만 보며 달릴 때에는 매일 매일이 보람차고 힘든 줄도 모르고 살았는데, 나이 들어 현직을 떠나 한가로이 살다 보니 마음 한구석이 늘 허전했다. 지인의 추천도 있고, 혹시나 이런 내 마음의 허전함을 채울 수 있는 해답이 있지 않을까 하는 마음에서 〈유머 달인 되기〉 수업을 신청했다. 교수님의 첫인상은 유머 강사이지만 별로 유머가 없어 보였다. 그러나 강의를 들으면 들을수록 점점 그 매력에 빠져들었고, 네 학기를 연달아 수강하게 되었다. 유머도 재미있었지만 무엇보다 삶에 대해 긍정적이었고 솔직함에 바탕을 둔 교수님의 인생철학이 담긴 강의였기 때문이다.

그의 삶 속에 녹아 있는 유머적인 사고방식은 내 삶에 대해서도 여러 가지 생각을 하게 하였다. 그동안 잊고 살았던 삶의 여유라는 것, 즉 삶은 웃음이라는 것을 깨닫게 해준 것이다.

내가 교수님처럼 유머 달인이 될 수 있을지 자신은 없지만, 계속 유머 달인이 되려고 노력할 생각이다. 〈유머 달인 되기〉 수업은 올곧게 그리고 열심히 일만 하고 살았던 내 삶에 즐겁게 사는 맛을 더해준 최고의 조미료이며 비타민임을 깨닫는다.

이 책《유머수업》을 적극 추천한다.

## 작가 이동규의 걸어온 길

### 나서 배우고 살아온 길

1946년 음력 9월 21일(4술: 병술년, 무술월, 임술일, 경술시)에 전남장흥월평 148에서 태어났다. 장흥동초등학교, 장흥중학교와 광주제일고등학교, 서울대 농대(농학사)를 거쳐 충남대에서 경영학 석사, 전남대에서 경영학 박사를 취득했다. 농협중앙회 연수원에서 9년간 교수생활(1973~), 충남대학교 경상대학(1982~)에서 30년간 교수생활을 하였으며, 1979년 5월부터 6개월간 이태리 토리노 ILO(국제노동기구) 교육훈련센터에 파견되어 협동조합 지도자과정을 연수했다. 현재 (주)살림(www.sameri.kr) 대표이자 충남대 경영학부 명예교수이며, 대전시민대학에서 〈유머수업〉을 강의하고 있다.

### 주로 해온 일

- 충남대학교 경상대학 교수(1982~2012)
- (사)대한회계학회 회장(2000~2002)
- 한국학교회계학회 회장(2006~2008)
- 대전참여자치시민연대 상임의장(2006~2009)
- 대전시민단체연대회의 상임대표(2008~2009)
- 대전충남녹색연합 대표(2012~2018)
- (주)살림(www.sameri.kr) 대표(2012~현재)
- 충남대학교 경영학부 명예교수(2012~현재)
- 대전시민대학 〈유머수업〉 강사(2015~현재)

### 문인활동

- 《한맥문학》 7월호 시 부문 신인작가상 수상(등단, 2001)
- 대한문학인협회 회장(2007~2009)
- 한국해외문화교류회 대표(2013~2015)
- 호서문학회 회원(2009~현재)
- 대전문인총연합회 회원(2009~현재)
- 별곡문학회 회원(2005~현재)
- 한국작가협회 회원(2015~현재)
- 장흥문인협회 회원(2018~현재)

**주요 저서**

- 대학 관련

《대학 경영위기》(선학사, 1995), 《IMF하의 대학경영》(선학사, 1998), 《사립대학의 경영》(한국사학진흥재단, 1999), 《사학기관의 재무재표 분석》(선학사, 1999), 《사립대학의 경영과 회계》(선학사, 2001), 《사학기관 경영진단》(세경사, 2006), 《대학의 전략적 재무분석》(한국사학진흥재단, 2009)

- 비영리조직 관련

《사회복지법인의 경영과 회계》(집문당, 2006), 《정부 및 비영리조직의 회계: 전정판》(선학사, 2009)

- 전공서적 관련

《원가회계》 외 10권

- 문학 관련
  - 시집: 《몸이 말을 하네》(동남기획, 2002), 《몸의 말을 듣네》(작가마을, 2004), 《몸에 박힌 말》(북코리아, 2009), 《몸과 말 사이》(나눔의 책, 2015)
  - 산문집: 《아버지 정당 이병하 일대기》(한일출판사, 1993), 《낭비야 가라: 아름다운 동행을 향해》(북코리아, 2009), 《더불어 참을 열다》(나눔의 책, 2015)
  - 유머집: 《일주일에 유머달인 되기》(북코리아, 2009), 《행복은 유머를 먹고 자란다》(북코리아, 2012), 《유머수업》(북코리아, 2020)

**주요 여행**

3대 폭포(나이아가라, 이구아수, 빅토리아), 이태리, 이집트, 터키, 그리스, 프랑스, 영국, 아일랜드, 독일, 체코, 슬로바키아, 오스트리아, 헝가리, 러시아, 핀란드, 스웨덴, 라투비아, 리투아니아, 에스토니아, 덴마크, 아시아, 뉴질랜드, 호주, 일본(20회), 미국, 캐나다, 멕시코, 쿠바, 사이판, 필리핀, 인도네시아, 코스타리카, 페루, 아르헨티나, 브라질, 칠레, 파라과이, 짐바브웨, 남아프리카, 케냐, 잠비아, 보츠와나, 싱가포르 등

**기타**

전국교수테니스대회 11회 입상(우승 6회), 아마추어 전국 왕전 우승(2013) 및 전국 아마테니스대회 10회 이상 우승